DICTIONNAIRE DE L'HUMOUR ET DU LIBERTINAGE

DU MÊME AUTEUR

DICTIONNAIRE DES PROVERBES,
SENTENCES ET MAXIMES
(Larousse)
Prix de l'Académie française

TRAITS ET MOTS D'ESPRIT DANS L'HISTOIRE
(Albin Michel)
Prix Scarron

Maurice Maloux

DICTIONNAIRE DE L'HUMOUR ET DU LIBERTINAGE

AM

Albin Michel

22, rue Huyghens, 75014 Paris

ISBN 2-226-01767-4

Ce sont ici des traits d'esprit : de Juvénal aux écrivains contemporains.
Le lecteur trouvera, au gré des pages, une quintessence de l'esprit littéraire dans ses aspects multiformes : boutades, définitions caustiques, répliques qui font balle, épigrammes, pointes satiriques, grains de sel ou de poivre, sarcasmes, trouvailles d'expression.
Certains de ces textes ne sont connus que des érudits ; ils ont échappé jusqu'à ce jour au vaste public cultivé. D'autres sont sur toutes les lèvres. C'est un choix, non pas de traits inédits ou peu connus, mais de traits qui nous ont paru bons.
On nous critiquera peut-être d'avoir quelque peu donné dans le badinage libertin. Certains de ces textes, effervescents, ont été tirés des jupes de l'Histoire. Mais le Français aime la liberté, même et surtout libertine. Aussi bien, on se réfère à l'acception classique : « C'est être libertin que d'avoir de bons yeux. »

*
* *

Répertorier les textes d'une façon intéressante, logique en même temps que pratique, a été notre souci.
Notre classement est fondé sur le « sens intrinsèque », c'est-à-dire que les sens sont distribués dans l'ordre thématique, par mot-idée ou expression-thème. A l'intérieur de chaque grande rubrique, nous avons suivi, avec des sous-titres appropriés, l'ordre logique. Mais l'ensemble est classé alphabétiquement.

*
* *

Fixer les traits de la littérature universelle, de ces traits qui partent comme des éclairs, ceux qui reflètent « le carnaval étrange de la vie », et le sourire de Bouddha.
Nos vœux seraient contentés si, à feuilleter ce livre sulfureux, le lecteur goûtait autant de divertissement que l'auteur en a trouvé à le faire, sachant bien qu'il reste à parfaire, un ouvrage de cette sorte étant une création continue.

M. M.

A

ABSENCE ET PRÉSENCE

— C'est en amour surtout que les absents ont tort!

Pol Mercier et Édouard Fournier, *Christian et Marguerite*, scène IX (1851).

Les absents ont toujours tort de revenir.

Jules Renard, *Journal*, 14 juillet 1896.

La plus cruelle absence est celle que l'on peut toucher avec la main.

Paul-Jean Toulet (1867-1920) *Les Trois Impostures*, almanach, 80.

Jamais, je le sens bien, sa présence sera à la hauteur de son absence...

Henri Duvernois, *Une dame heureuse*, VI (1926).

ABUS

On ne peut abuser que des choses qui sont bonnes.

Montaigne, *Essais*, II, VI (1580).

Plus l'abus est antique et plus il est sacré.

Voltaire, *Les Guèbres*, I, I, 23 (1769).

C'est l'abus d'encens qui m'a fait éternuer.

Hervé Bazin.

ACADÉMICIEN

Il est bien plus facile d'être immortel de son vivant qu'après sa mort.

Maurice Barrès (1862-1923).

Ce sont des esprits qui s'asseyent dans les fauteuils académiques, et non des séants, comme dans les fauteuils ordinaires.

Jean Dutourd, *Discours de réception à l'Académie française,* 10 janvier 1980.

ACADÉMIE FRANÇAISE

Distique

Sommes-nous trente-neuf, on est à nos genoux.
Quand nous sommes quarante, on se moque de nous.

Fontenelle (1657-1757).

Ils sont là quarante, qui ont de l'esprit comme quatre.

Piron (1689-1773), *Œuvres badines.*

Les candidats prennent les politesses pour des promesses et les académiciens leurs promesses pour des politesses.

Ernest Legouvé (1807-1903).

Les candidats à l'Académie sont extraordinaires : ils confondent notre parole avec notre voix.

Alfred Capus (1858-1922).

Être immortel, c'est tout de même être un petit peu mort.

Mot pour rire de Henri Jeanson (1900-1970), à Marcel Pagnol (1895-1974).

L'académie, avec une minuscule, est un corps de jolie femme. L'Académie, avec une majuscule, est un corps de vieux barbons.

Paul Morand (1888-1976).

ACHEVER

Quand le vin est tiré il faut le boire, surtout s'il est bon.

Marcel Pagnol (1895-1974).

ACTEUR, ACTRICE

Certains jouent la comédie — et la perdent.

Carlo Rim, *Travelling et Sex-Appeal* (1952).

Tous les hommes sont des comédiens, sauf, peut-être, quelques acteurs.

Sacha Guitry (1885-1957).

L'acteur est un sculpteur de neige.

Pierre Fresnay (1897-1975, Pierre Laudenbach, dit)

L'acteur sans rôle est une amoureuse née que personne ne regarde.

André Roussin, *Le Rideau rouge* (1982).

ACTIONS (bonnes et mauvaises)

Les bonnes actions étourdiment faites sont souvent plus regrettables que les mauvaises actions raisonnablement commises.

Charles Chincholle, *Les Phrases courtes* (1891).

ADMIRER

Un moyen commode de faire croire qu'on a compris.

André Prévot, *Petit Dictionnaire à l'usage des Optimistes* (1947).

ADULTÈRE

Les eaux dérobées sont les plus douces, et le pain du mystère est le plus suave.

Livre des Proverbes, IX, 17 ; IVe s. av. J.-C.

Je sais qu'il y a des mariages blancs, mais je ne crois pas beaucoup aux adultères blancs.

Tristan Bernard, *Jules, Juliette et Julien,* III (1929).

Pour éteindre le remords, il n'est que de renouveler souvent l'acte qui l'a fait naître.

Bernard Shaw (1856-1950).

Les plaisirs de la jeunesse sont grands, mais on ne saurait les comparer aux plaisirs de l'adultère.

Tony Mayer, *L'Humour anglais* (1961).

ADULTÈRE de la FEMME

Toutes les sensations qu'une femme apporte à son amant, elle les échange ; elles lui reviennent plus fortes ; elles sont aussi riches de ce qu'elles ont donné que de ce qu'elles ont reçu. C'est un commerce où presque tous les maris finissent par faire banqueroute.

Honoré de Balzac, *Physiologie du Mariage,* XIX (1829).

Il n'y a rien de tel au monde que l'amour d'une femme mariée ; c'est une chose dont aucun mari ne peut se rendre compte.

Oscar Wilde (1856-1900).

Il n'y a pas d'adultère réussi sans la sympathie du mari pour l'amant.

Étienne Rey, *De l'Amour* (édit. de 1925).

ADULTÈRE de l'HOMME

— Désirer du bien à une femme, est-ce vouloir du mal à son mari ?

Beaumarchais, *Le Mariage de Figaro,* I, IX, Bazile (1784).

AFFAIRES (les)

Les affaires, c'est l'argent des autres.

Béroalde de Verville, *Le Moyen de parvenir*, Généalogie (1610).

Passent avant tout. Une femme doit éviter de parler des siennes.

Gustave Flaubert (1821-1880), *Dictionnaire des Idées reçues.*

Les affaires ne sont vraiment fatigantes que quand on n'en fait pas.

Pierre Véron, *Propos d'un Boulevardier* (1888)

Ne mêlons pas les femmes à nos affaires; elles ont assez des leurs.

Ludovic O'Followell, *A. B. C. de l'Humour* (1958).

AFFAIRES (Homme d')

Un aventurier est toujours de bas étage. S'il était de haut étage, ce serait un homme d'affaires.

Auguste Detœuf, *Propos de O.-L. Barenton, confiseur* (1937).

L'homme d'affaires, c'est un hybride du danseur et du calculateur.

Paul Valéry, *Tel Quel,* I (1941).

AFFECTION

Il y a des affections que l'on appelle amour, comme il y a des tisanes que l'on baptise champagne.

Étienne Rey, *De l'Amour* (édit. de 1925).

L'affection est un sentiment fade, c'est l'amour des gens tièdes.

Paul Léautaud (1872-1956), *Journal littéraire.*

AFFINITÉ

Il cherchait une âme-sœur,
Il trouva un confrère.

Jean Cocteau. — *Sur Alfred Mortier*
qui avait épousé Mme Aurel.

AFFLICTION

Affliction. — Douleur raisonnable.

Dictionnaire de l'Académie de l'Humour français, René Dubreuil (1934).

AFRIQUE

L'Afrique... c'est très simple. Je vais vous expliquer : c'est noir, et ça grouille.

Général de Gaulle (1890-1970).

ÂGE

Ne reste pas longtemps ingrat.

Définition de mot croisé, par Tristan Bernard (1866-1947).

Personne n'est jeune après quarante-cinq ans, mais on peut être irrésistible à tout âge.

Gabrielle-Coco Chanel (1883-1971).

ÂGE MÛR

A Paris, ce qu'on appelait autrefois l'âge mûr tend à disparaître. On reste jeune très longtemps, puis on devient gâteux.

Alfred Capus (1858-1922).

L'âge idéal est l'âge mûr. On est alors assez vieux pour reconnaître ses erreurs passées et assez jeune pour en faire d'autres.

Anatole France (1844-1924).

Les plaisirs de l'amour n'ont toute leur saveur que dans la maturité. Ce n'est pas à vingt ans qu'un homme sait jouir pleinement du sexe d'une femme, ni une femme du sexe d'un homme.

Paul Léautaud, *Amour,* aphorismes (1939).

La jeunesse est une acquisition de l'âge mûr.

Jean Cocteau (1891-1963).

AIDER

Aidez-moi, j'aiderai le Ciel.

Jacques Rigaut (1897-1929).

ALEXANDRIN

Un beau vers a douze pieds, et deux ailes.

Jules Renard, *Journal* (1902).

Ce n'est pas par orgueil, mais c'est pour qu'on le sache.

X.Y.Z.

ALLEMAGNE

Il y a cent expressions allemandes pour exprimer l'ivresse.

Schopenhauers Handchriftlichem Nachlass (1864).

Chaque Allemand ne connaît que sa spécialité, pour le reste il s'en remet au Gouvernement...

Jean Giraudoux, *Siegfried et le Limousin* (1922).

J'aime tellement les Allemands que je me réjouis tous les jours qu'il y ait deux Allemagnes.

François Mauriac (1885-1970).

ALLUSION

Glissez, mortels, n'appuyez pas.

Chute d'un quatrain du poète Pierre-Charles Roy (1683-1764), *figurant sous une gravure du* XVIIIᵉ *siècle, « L'Hyver », dessin de Lancret, qui représentait des patineurs.*

ALTERNATIVE

Il faut qu'une porte soit ouverte ou fermée. On oublie les portes entrouvertes...

Alphonse Karr (1808-1890).

ALTRUISME

Ne faites pas aux autres ce que vous voudriez qu'ils vous fissent. Leurs goûts peuvent différer des vôtres.

Bernard Shaw, *Maxims for Revolutionists* (1905).

ALTRUISME. — L'art de se servir des autres en ayant l'air de les aimer.

Dictionnaire de l'Académie de l'Humour français,
René Dubreuil (1934).

Ne fais pas à autrui le mal que tu ne voudrais pas qu'il te fît, ni le bien que tu sais qu'il ne te ferait pas.

Fernand Vandérem, *Gens de Qualité,* « Minimes » (1938).

AMABILITÉ

Le monde est une caméra : souriez, s'il vous plaît !

Proverbe américain.

Un mot aimable est comme un jour de printemps.

Proverbe russe.

AMANT et MAÎTRESSE

Avoir une nouvelle maîtresse est un plaisir que surpasse seulement celui de se débarrasser d'une ancienne.

William Wicherley (1640-1716).

L'amour d'un amant décroît en raison du cube de la distance qui le sépare de sa maîtresse et du carré du temps de l'absence.

Francesco Algarotti, *Newtonianismo per le dame* (1737).

Une maîtresse est aussi embarrassante qu'une femme quand on n'en a qu'une.

Byron (1788-1824).

Isis se montre sans voile, mais l'homme a la cataracte.

Goethe (1749-1832), *Maximes et Réflexions.*

Je veux bien que vous vous donniez, mais si vous savez vous reprendre.

Charles Chincholle, *Pensées de tout le monde* (1868).

— Tu as cru être une torche, tu as été une pompe !

Alexandre Dumas fils, *Une visite de Noces,* scène III, Lebonnard (1871).

Entre amants, quand il n'y a pas une dupe, c'est qu'il y en a deux.

Étienne Rey, *De l'Amour* (1909).

On aime d'amour ceux qu'on ne peut pas aimer autrement.

Natalie Clifford Barney, *Éparpillements* (1910).

Entre amants, il n'y a que les coups et les caresses.

André Suarès, *Voici l'homme* (1922).

— Mais qu'y a-t-il entre eux ?
— Rien, pas même une chemise.

Willy (1859-1931).

Drieu La Rochelle (1893-1945) disait à l'écrivain mémorialiste Henry Muller :
— *Lorsqu'on couche un peu longtemps avec une femme mariée, il y a toujours un moment où l'on est* **pour** *le mari.*

Les coups donnés par un amant ressemblent à la dégustation du raisin.

Proverbe égyptien.

Qui chevauche en croupe d'autrui ne se met pas en selle quand il veut.

Proverbe espagnol.

AMATEUR

Prenez pour vous régaler le blanc d'une poularde, l'aile d'une perdrix, la cuisse d'une nonnain et, pour que la chose y tienne, lui donnez un clystère Barbarin.

Beaumarchais (1732-1799), *Opuscules.*

Il est deux métiers au monde où les amateurs sont supérieurs aux professionnels : la stratégie et la prostitution.

Général Carl Spaatz, *U. S. A. A. F.*

AMBITION

— Je maintiens mon dire : si Bonaparte fût resté lieutenant d'artillerie, il serait encore sur le trône.

*Pensée de M. Joseph Prudhomme, en légende d'un dessin d'*Henri Monnier (1805-1877).

ÂME

ÂME. — Ensemble des facultés résultant des fonctions encéphaliques.

Anonyme, Lexique parodique (Littré) (1912).

S'il y avait moins d'âmes, je les croirais volontiers immortelles.

Jean Mistler, *Bon poids...* (1976).

AMÉRIQUE (ÉTATS-UNIS d')

On est prié de ne pas tirer sur le pianiste. Il fait ce qu'il peut.

Avis imprimé sur le piano dans un salon de danse, à Leadville, dans le Far-West. — Cf. Oscar Wilde, *Miscellanies,* qui raconte son voyage en Amérique (1882).

Certains catholiques américains trouveraient assez normal que le prochain pape fût Américain, afin de « s'assurer le contrôle de l'affaire ».

Gilbert Cesbron, *Journal sans date,* p. 23 (1963).

Les Français sont formidables, disait un jeune New-Yorkais. Ils font l'amour même quand ils ne sont pas saouls.

Mot cité par Jean Galtier-Boissière.

AMITIÉ

L'amitié est un contrat par lequel nous nous engageons à rendre de petits services afin qu'on nous en rende de grands.

Montesquieu (1689-1755), *Variétés.*

PIRON. — *Tous deux, nous sommes amis comme cochons.*
VOLTAIRE. — *Mais vous êtes bien plus cochons qu'amis.*

Voltairiana.

Il faut prendre les gens à très petites doses.

Emerson (1803-1882), *Society and Solitude* (1870).

Il y a toujours un peu de vide dans les amitiés les plus pleines, comme dans les œufs.

Jules Renard, *Journal* (1904).

Ne dites pas du mal de mes amis, je suis capable de le faire aussi bien que vous !

Sacha Guitry (1885-1957).

Un ami, c'est quelqu'un sur qui nous pouvons toujours compter pour compter sur nous.

François Périer.

L'amitié réside dans les nerfs du ventre. (Il n'y a de véritable amitié qu'entre amant et maîtresse.)

Proverbe arabe.

AMITIÉ chez l'homme et la femme (l')

Six fers de hache tiennent ensemble, mais deux quenouilles se séparent.

Catherine II (1729-1796).

Deux ménages peuvent avoir les mêmes goûts. Deux femmes, les mêmes secrets. Mais seuls deux hommes peuvent être amis.

Raymond Lindon, *Guide du nouveau savoir-vivre,* XII (1971).

AMI et ENNEMI

Mieux vaut être piqué par une ortie que par une rose.

John Lyly, *Euphues,* II (1579). — *Mieux vaut souffrir par un ennemi que par un ami.*

Entre tous les ennemis, le plus dangereux est celui dont on est l'ami.

Alphonse Karr (1808-1890).

La morale nous ordonne d'aimer nos ennemis. Mais — déclare le pessimiste — elle ne nous ordonne pas d'aimer nos amis.

Édouard Herriot (1872-1957), *Notes et Maximes.*

Les ennemis de nos ennemis sont nos amis.

Proverbe français.

AMITIÉ et AMOUR

L'amitié est à l'amour ce qu'une estampe est à un tableau.

Sénac de Meilhan, *Considérations sur l'esprit et les mœurs* (1788).

AMITIÉ et ARGENT

Deux vrais amis vivaient au Monomotapa.

La Fontaine, *Fables,* VIII, XI, « Les Deux Amis ».

Jusqu'au jour où l'un vint voir l'autre et le tapa.

Paul-Jean Toulet (1867-1920).

AMITIÉ et PROSPÉRITÉ

Les amis sont les thermomètres qui marquent la température de notre crédit.

Comtesse de Blessington, *Desultory Thoughts and Reflections* (1839).

AMOUR

L'amour, tyran des héros et des lapins.

Anacréon (VIe s. av. J.-C.), *Odes.*

L'amour est comme une petite crise d'épilepsie.

Attribué à Hippocrate (Ve s. av. J.-C.).

Il est plus dangereux de tomber en amour que du haut d'une falaise.

Plaute, *Trinummus,* 238 (IIe s. av. J.-C.).

L'amour est un crocodile sur le fleuve du désir.

Bhârtrhari, *Le Vairâgia* (Ier s. av. J.-C.).

Le service le plus plaisant à Dieu est de remettre le diable en enfer.

Boccace, *Décaméron,* III, X (env. 1350).

Plus l'amour est nu, moins il a froid.

John Owen, *Épigrammes,* II, 88 (1613).

L'amour est une affection
Qui par les yeux dans le cœur entre,
Puis, par une défluxion,
S'escoule par le bas du ventre.

Mathurin Régnier (1573-1613), *Épigrammes.*

Quand on prend de l'amour, on n'en saurait trop prendre.

Quinault, *Roland,* II, V, « Chœur des Amours » (1685).

L'amour, tel qu'il existe dans la société, n'est que l'échange de deux fantaisies et le contact de deux épidermes.

Chamfort (1741-1794), *Caractères et Anecdotes.*

La question n'est pas de savoir si nous baisons parce que nous aimons, ou si nous aimons parce que nous baisons. Donc celui qui a dit :

Aimer sans foutre est quelque chose,
Foutre sans aimer ce n'est rien...

n'a pas plus décidé de la question que s'il avait dit le contraire.

Beaumarchais (1732-1799), *Lettre à Mme de Goderville.*

L'amour est comme la rougeole, plus on l'attrape tard, plus le mal est sérieux.

D. W. Jerrold, *Wit and Opinions* (1858).

AMOUR. — Sentiment d'affection d'un sexe pour l'autre.

Émile Littré, *Dictionnaire de la langue française* (1863).

L'amour est un repos laborieux.

Ernest Hello (1828-1885).

En amour, on ne s'explique pas : on se fait comprendre.

Émile Pontich, *Les Cahiers d'un Individualiste*, V (1911).

L'amour, ce n'est pas un sentiment honorable.

Colette, *La Naissance du jour* (1928). *Le mot est cité d'après une lettre de sa mère.*

Je te m'aime.

Louis Scutenaire, *Mes Inscriptions*, 17 (1945).

L'amour, c'est une question de peau — mais qu'est-ce que vous voulez répondre à une question pareille !

Sacha Guitry, *Elles et Toi* (1948).

Ventre affamé n'a pas d'yeux.

Paul Léautaud (1872-1956).

Le même mot, *affection,* désigne l'amour et une maladie. Ce n'est point simple hasard.

Jean Mistler, *Bon poids...* (1976).

Vitalité de l'amour : on ne saurait médire sans injustice d'un sentiment qui a survécu au romantisme et au bidet.

Eugène Cioran.

Voir Fellation ; Femme et l'amour (la) ; Homme et l'amour (l')

AMOUR (Amours d'automne et d'hiver)

Les plaisirs de l'amour n'ont toute leur saveur que dans la maturité. Ce n'est pas à vingt ans qu'un homme sait jouir pleinement du sexe d'une femme, ni une femme du sexe d'un homme.

Paul Léautaud (1872-1956), *Amours.*

Il n'est vendanges que d'automne.

Proverbe français.

AMOUR chez l'homme et la femme (l')

Les femmes ont moins de chaleur parce qu'elles ont plus d'humidité.

Guillaume Bouchet, *Les Serées,* III (1584).

Qui a le plus de plaisir & de bien dans l'amour ? L'homme ou la femme ? — Avisez que si l'oreille vous démange & que la grattiez de vostre petit doigt, qui a le plus de plaisir & de bien ? N'est-ce pas l'oreille ?

Béroalde de Verville, *Le Moyen de parvenir,* I, « Partie » (1612).

L'homme aime, la femme se laisse aimer.

Sénac de Meilhan, *Considérations sur l'esprit et les mœurs* (1787).

Le désir nous met au pied des femmes, mais à son tour, le plaisir nous les soumet.

Beaumarchais (1732-1799), *Opuscules.*

C'est un supplice pour l'homme qu'on lui résiste. C'en est un bien plus grand pour la femme que de résister.

Étienne Rey, *De l'Amour* (1909).

Il y a beaucoup d'hommes, quoiqu'on dise, qui ne se vantent pas de leurs victoires, mais toutes les femmes racontent leurs défaites à quelqu'un.

Tristan Bernard, *Deux amateurs de femmes* (1925)...

Chez vous, les hommes, la sensualité n'a pas grand-chose à voir avec les sentiments. Chez les femmes, tout se tient.

André Maurois, *Terre promise,* XXVI (1936).

Il est curieux que ce soit toujours la femme qui « accorde ses faveurs » à l'homme. Ce n'est pourtant qu'un échange de bons procédés.

Paul Léautaud, *Passe-Temps,* « *Mots, Propos et Anecdotes* » (1952).

Les hommes sont des olfactifs et les femmes des tactiles...

Paul Guth, *Le Naïf sous les drapeaux,* IV (1954).

A l'homme, la fortune procure les bonnes fortunes. A la femme, ce sont les bonnes fortunes qui apportent la fortune.

Georges Elgozy, *Le Fictionnaire* (1973).

L'homme est la flamme, la femme est le brasier.

Proverbe russe.

AMOUR (aimer ou être aimé)

— Vaut-il mieux être aimé qu'aimer ?
— Il vaut mieux aimer ; ainsi, on peut choisir...

Comtesse Clauzel. — Cf. Léon Treich, *Histoires diplomatiques.*

— Pourquoi vaut-il mieux aimer qu'être aimé ?
— C'est plus sûr !

Sacha Guitry (1885-1957).

AMOUR (les amoureux)

Les amoureux sont comme les somnambules ; ils ne voient pas seulement avec les yeux, mais avec le corps tout entier.

Barbey d'Aurevilly, *Une vieille maîtresse,* VII (1851).

Ton nom est dans mon cœur comme dans un grelot.

Edmond Rostand, *Cyrano de Bergerac, III, 7* (1897).

Si je me penche sur tes yeux, c'est pour m'y voir !

Tristan Derême, *La Verdure dorée, LVII* (1922).

Dieu, que tu étais jolie au téléphone !

Sacha Guitry, *Elles et Toi* (1948).

AMOUR (coup de foudre)

Je le vis, je rougis, je pâlis à sa vue ;
Je sentis tout mon corps et transir et brûler.

Racine, *Phèdre,* II, 3 (1677).

Je m'avançai vers la maîtresse de mon cœur...
Le coup de foudre au ralenti, cela doit exister.

Pierre Daninos, *La Galerie des glaces* (1982).

Le chevalier Des Grieux rencontrant Manon Lescaut pour la première fois à Amiens, dans une hôtellerie, Manon étant venue dans cette ville pour se faire religieuse. — Abbé Prévost, *Manon Lescaut* (1731).

Quand elle le vit, elle ressentit ce coup de couteau au cœur que les personnes qui n'ont jamais été sidérées par l'amour prennent pour une métaphore.

Abel Hermant, *La Fille des Palmgrave* (1928).

Il y a des coups de tête qui partent de plus bas.

Le peintre Jean-Gabriel Domergue (1889-1962).

AMOUR (commencements de l' — faire la cour)

Celuy qui a un grand persuasif, il a de quoi faire une grande expression de ses pensées amoureuses.

Béroalde de Verville, *Le Moyen de parvenir,* II, « Emblesme » (1612).

En amour, le cœur n'est pas difficile sur les productions de l'esprit.

Beaumarchais, *Le Barbier de Séville,* I, VI, Figaro (1775).

Les sensations aident le sentiment et une seule action fait plus que tous les discours.

Choderlos de Laclos, *Les Liaisons dangereuses,* lettre 125, le vicomte de Valmont à la marquise de Merteuil (1782).

Quand on plaît déjà à une femme et qu'elle ne demande qu'à se rendre, il est bon de la menacer de se tuer parce qu'on lui fournit un prétexte décisif, rapide et honorable.

Benjamin Constant (1767-1830), *Le Cahier rouge.*

Il vaut mieux faire rougir une femme que de la faire rire.

Alphonse Karr, *Menus Propos, Mélanges philosophiques* (1859).

Une femme commence par résister aux avances d'un homme ; ensuite, elle l'empêche de s'enfuir.

Oscar Wilde (1856-1900).

Auprès des femmes, les paroles doivent être plus respectueuses à mesure que les gestes le sont moins.

Étienne Rey, *De l'Amour* (1900).

Il n'y a pas de bijoux sans ivresse.

Paul Éluard, *152 Proverbes mis au goût du jour* (1925).

Quand les yeux sont cernés, la place est prise.

Willy (1859-1931).

Le vrai problème dans le domaine de l'amour, ce n'est pas de séduire les femmes, c'est de les conduire dans un endroit clos.

Jean Giraudoux (1882-1944).

Je ne lui ai pas fait d'avances, mais elle les a acceptées.

Louis Scutenaire, *Mes Inscriptions* (1945).

Les femmes, c'est comme la soupe, il ne faut pas les laisser refroidir.

Jean Anouilh, *Ornifle ou le Courant d'air,* IV, Machetu (1945).

Les femmes aiment ce qu'elles entendent, les hommes ce qu'ils voient.

Marcel Achard, *Le Mal d'Amour,* II, Gaspard (1955).

To bed or not to bed ?

Nicole (Françoise Parturier), *Les Lions sont lâchés* (1955).

Aucune chance de les séduire en leur disant : « Vous n'êtes pas mal. » Il faut aller au moins jusqu'à : « Vous êtes unique au monde », minimum qu'elles tolèrent.

Céline (1894-1961).

Une femme vous dira non à dix heures du matin et oui à cinq heures de l'après-midi, sans que rien ait changé entre-temps, sinon l'heure...

Dictionnaire des Femmes, « Logique » (1961).

Les règles du « jeu de dames » sont bizarres. Par exemple, il est souvent plus difficile d'adresser la parole à une femme que de coucher ensuite avec elle.

Gilbert Cesbron, *Journal sans date,* 73 (1963).

Pour une femme, le premier baiser est la fin du commencement ; pour un homme, le commencement de la fin.

Helen Rowland.

Faire des agace-pissette.

Expression canadienne.

Chatouillez la vanité de la femme jusqu'au creux.

Proverbe chinois.

Un baiser donné à temps épargne bien des poignées de main.

Proverbe italien.

Voir Flirt.

AMOUR (déclaration d')

Au théâtre où jouait la comédienne Rachel (1821-1858), le prince de Joinville (1818-1900), troisième fils de Louis-Philippe, lui faisait passer ce billet cavalier : « *Quand ? Où ? Combien ?* » Au vu de la signature, elle répondit : « *Quand vous voudrez. Chez vous. Pour rien.* »

— Si je n'avais eu le tort ridicule de venir au monde trente ans avant vous !

Lettre de Béranger *(1780-1857), en réponse à un billet de Virginie Déjazet où la comédienne disait au chansonnier sa fierté d'être son interprète.*

Quand une femme vous dit : « Un homme comme vous... » c'est une façon de vous dire : « Quand vous voudrez, Monsieur. »

Jules Renard, *Journal,* 29 avril 1898.

Un Cassagnac, aïeul de Saint-Granier, charmé par une jolie fille de théâtre, lui avait fait porter en coulisse ce billet écrit à la hâte : « Quand on vous voit, on vous aime ; et quand on vous aime, où vous voit-on ? »

Gérard Bauër, *Instants et Souvenirs,* « Amours de 1900 ».

AMOUR (l'Heure du Berger)

Pour les sermons de la vertu
Un cul chaud n'eut jamais d'oreilles.

François de Maynard (1582-1646), *Les Priapées.*

On ne fait pas la loi au désir, c'est le désir qui fait la loi.

Freud (1856-1939).

Il y a des gens si lourds, si grossiers que, pour eux, « l'Heure du Berger » doit être plutôt « l'Heure du Bouvier ».

Henri de Régnier, *Donc...* (1947).

BERGER (HEURE DU). — Instant du soir fixé par la nature pour l'extinction des feux chez les brebis égarées.

Georges-Armand Masson, *L'Amour de Ah ! jusqu'à Zut !* (1960).

AMOUR (lettres d')

On cite de Julie de Lespinasse (1732-1776) la lettre d'amour la plus courte de la littérature française, adressée à son amant le comte de Guibert : « *Mon ami, je souffre, je vous aime et je vous attends.* »

— En amour, écrire est dangereux, sans compter que c'est inutile.

Alexandre Dumas fils, *Le Demi-Monde,* III, II, Suzanne (1855).

Les seules lettres d'amour qui aient quelque utilité sont les lettres de rupture.

Étienne Rey, *De l'Amour* (édit. de 1925).

X... disait : « Des lettres d'amour, il faut bien en écrire. Il y a des choses qu'il n'est pas facile de demander de vive voix à sa maîtresse, de l'argent, par exemple. »

Henri de Régnier, *Donc...* (1927).

AMOUR (remèdes à l')

Les plus grands fleuves diminuent quand on divise leurs eaux entre de nombreux ruisseaux.

Ovide, *Remedia amoris,* 446 (env. 2 av. J.-C.).

AMOUR (rivalité d')

Il n'y a rien qui désunisse davantage deux femmes que d'être obligées de faire leurs dévotions au même autel.

Honoré de Balzac (1799-1850), *Réflexions et maximes.*

AMOUR (serments d')

Les serments d'amour sont comme les vœux des marins, on les oublie après l'orage.

John Webster, *The White Devil,* V (1608).

SERMENT. — Forme sentimentale du chèque sans provision.

Georges-Armand Masson, *L'Amour de Ah ! jusqu'à Zut !* (1960).

AMOUR (stratagèmes)

Tous les moyens sont bons dans la guerre et dans l'amour.

John Fletcher et Francis Beaumont, *The Lover's Progress,* V, I (1634).

Entre Bacchus et le sacré vallon,
Toujours on vit une étroite alliance.

La Fontaine, *Poèmes,* « Le Quinquina », II, 194-195 (1682).

AMOUR (tactique amoureuse des femmes)

De quelle adresse une femme n'a-t-elle pas besoin pour faire qu'on lui dérobe ce qu'elle brûle d'accorder !

Jean-Jacques Rousseau, *Émile ou Traité de l'Éducation,* V (1762).

TACTIQUE. — Savoir se faire demander comme une grâce ce qu'on brûle d'offrir.

Daniel Darc (Mme Marie Régnier), *Petit Bréviaire du Parisien* (1883).

Les hommes s'imaginent toujours qu'ils nous attaquent ; et pourtant ils ne s'approchent guère de celles qui oublient de les regarder.

Pierre Louÿs, *Les Aventures du roi Pausole,* I (1901).

Il y a des femmes qui se jettent à votre cou comme elles se lanceraient à la tête d'un cheval — pour vous faire croire que vous êtes emballé.

Sacha Guitry, *Elles et Toi* (1948).

C'est la femme qui choisit l'homme qui la choisira.

Paul Géraldy, *L'Homme et l'Amour,* XII (1951).

La grande tactique des femmes est de faire croire qu'elles

aiment quand elles n'aiment pas et, lorsqu'elles aiment, de le dissimuler.

Jean Cocteau, *Discours de réception à l'Académie royale de Langue et de Littérature françaises de Belgique,* 1er octobre 1955.

SAVOIR-VIVRE. — Art chez une femme de ne point montrer trop vite son savoir-faire.

Georges-Armand Masson, *L'Amour de Ah ! jusqu'à Zut !* (1960).

Ne dites pas : « Et tu sais, tu es le premier. » Car il feindrait assurément de le croire, mais ce serait courtoisie pure.
Mais dites : « Avant de te connaître, je ne savais pas ce que c'était. » Car cela, les hommes le croient toujours.

Georges-Armand Masson, *ibid.*

Voir Femme et l'Amour (la)

AMOUR (tactique amoureuse des hommes)

Une occasion manquée se retrouve, tandis qu'on ne revient jamais d'une démarche précipitée.

Choderlos de Laclos, *Les Liaisons dangereuses,* lettre 33, la marquise de Merteuil au vicomte de Valmont (1782).

Pour obtenir une femme qui le veut bien, il faut la traiter comme si elle ne le voulait pas.

Beaumarchais (1732-1799), *Opuscules.*

Le secret de mes succès auprès des femmes ? Je traite les soubrettes comme des duchesses et les duchesses comme des femmes de chambre.

Brummell (1778-1840). — Cf. H. L. Mencken, *Dictionary of Quotations.*

Sois amoureux sans empressement. Elle viendra d'elle-même à toi. Sache alors la prendre de force, le jour où elle entend se donner.

Pierre Louÿs, *Les Chansons de Bilitis,* « Conseil à un amant » (1894).

Quand on dit à une femme qu'elle est jolie, elle se croit de l'esprit.

Jules Renard, *Journal,* 9 février 1899.

La crédulité des femmes est sans bornes parce qu'elles se croient seules à savoir bien mentir.

Jacques Natanson, *L'Enfant truqué,* II, Artoul (1922).

Les hardiesses amoureuses doivent être exécutées, non parlées. Les gestes sont moins effrayants que les mots, et le silence sauvegarde la pureté sur le plan intellectuel.

André Maurois, *La Conversation* (1937).

Il faut toujours dire à une femme qu'elle est différente des autres. Elle le croit et elle est si contente que vous pouvez ensuite vous conduire avec elle comme avec toutes autres.

Wyndham Lewis.

La règle d'or du séducteur : feindre de considérer la femme comme un sujet désiré et non comme un sujet désirable.

Daniel Grisoni.

Voir Homme et l'Amour (l').

AMOUR et AMITIÉ

L'amitié est la sœur de l'amour, mais pas du même lit.

Sophie Arnould (1744-1802).

L'amour se simule mieux que l'amitié.

Jacques Deval, *Afin de vivre bel et bien* (1969).

AMOUR et ARGENT

Les chaînes de l'amour ne sont jamais aussi fortes que lorsque les chaînons sont en or.

Richard Tyler, *The Contrast*, II (1790).

A quel âge est-on aimé pour soi-même ? — En nourrice.

Comtesse Diane, *Livre d'or*, 181 (1895).

« Sans argent, dit le proverbe, pas de Suisse. » Pas de Suissesse, non plus.

Anatole France (1844-1924).

En amour, ce n'est pas assez d'avoir de grands moyens ; il faut avoir les moyens.

Georges-Armand Masson, *L'Art d'accommoder les classiques*, « La Rochefoucauld, Maximes », XVIII (1924).

« Les petits cadeaux entretiennent l'amitié » ; les grands maintiennent l'amour.

Decoly, *Impertinences et autres Pensées* (1952).

AMOUR (l'art d'aimer chez les femmes)

C'est en amour surtout que la façon de donner vaut mieux souvent que ce qu'on donne.

Paul-Jean Toulet, *Mon amie Nane* (1905).

AMOUR (l'art d'aimer chez les hommes)

L'art d'aimer ? C'est savoir joindre à un tempérament de vampire la discrétion d'une anémone.

C.-M. Cioran, *Syllogismes de l'amertume*, 133 (1952).

L'amour et la foi, aux œuvres on les voit.

Proverbe espagnol.

AMOUR (brève rencontre)

Distique

La trépidation excitante des trains
Vous glisse des désirs dans la moelle des reins.

Alphonse Allais, *Œuvres anthumes,*
Rose et Vert Pomme, « Trépidation » (1894).

— Vous ne pourriez pas me dire quelle était la couleur de ma robe, la première fois que vous m'avez vue !
— Oh ! madame, je pourrais même vous dire quelle était la couleur de votre pantalon.

Jules Renard, *Journal,* 10 février 1906.

AMOUR-CAPRICE (l')

La seule différence entre un caprice et une passion éternelle, c'est que le caprice peut durer.

Oscar Wilde, *The Picture of Dorian Gray,* II (1891).

Nous devons nous trouver contents
d'être les êtres que nous sommes :
des amoureux intermittents
qui sont fous l'un de l'autre en somme
de temps en temps.

Paul Géraldy, *Toi et Moi,* « Sagesse » (1913).

AMOUR FÉCOND (l')

Tant va la cruche à l'eau qu'à la fin elle s'emplit.

Variante sarcastique donnée par Beaumarchais (*Le Mariage de Figaro,* I, XI) *du proverbe classique : Tant va la cruche à l'eau qu'à la fin elle se brise.*

Qu'est-ce que les femmes craignent le plus ? — Travailler pour la postérité.

Comtesse Diane, *Livre d'or,* 249 (1895).

AMOUR INFÉCOND (l')

Huitain

Quoi ! vous craignez l'avènement
De l'amoureux mystère ?
Vous ne savez donc pas comment
On agit à Cythère ?

L'amant, modérant sa raison,
Dans cette aimable guerre,
Sait bien arroser le gazon,
Sans imbiber la terre !

Voltaire (1694-1778), *Poésies mêlées.*

— Ô Marie conçue sans péché, faites que je pèche sans concevoir !

Augustine Brohan, *sociétaire de la Comédie-Française 1824-1893, faisait chaque matin ce vœu à la Sainte Vierge.*

AMOUR et FIDÉLITÉ

Il y a dans la fidélité de la paresse, de la peur, du calcul, du pacifisme, de la fatigue, et quelquefois de la fidélité.

Étienne Rey, *De l'Amour* (édit. de 1925).

La fidélité des époux n'est plus article d'obligation après trois rivières franchies.

Proverbe chinois.

La fidélité n'est pas une preuve d'amour, c'est un manque de curiosité.

Proverbe italien.

AMOUR et INFIDÉLITÉ

Le changement de mets réjouit l'homme :
Quand je dis l'homme, entendez qu'en ceci
La femme doit être comprise aussi.

La Fontaine, *Contes et Nouvelles,* IV, « Les Troqueurs » (1675).

En amour, il n'y a que les commencements qui soient charmants ; c'est pourquoi on trouve du plaisir à recommencer souvent.

Prince de Ligne, *Mémoires* (1811).

Le monde d'aujourd'hui est, pour les hommes, un harem, et pour les femmes, un haras.

Abel Hermant, *Vérités* (1906).

En amour, l'homme change, mais la femme circule.

Étienne Rey, *De l'Amour* (1909).

— Dans le pardon de la femme, il y a de la vertu... Mais dans celui de l'homme, il y a du vice...

Alfred Capus, *La Traversée,* II, 14, Noël (1920).

Il était une fois un homme fidèle... c'est une belle histoire. Il était une fois une femme fidèle... c'est un conte de fées !

Maurice Jeanneret.

Changement d'herbage réjouit l'animal.

Proverbe français.

AMOUR et JALOUSIE

La femme pardonne rarement qu'on soit jaloux ; ni jamais ne pardonne qu'on ne le soit pas.

Paul-Jean Toulet (1867-1920), *Les Trois Impostures.*

Le papillon ne demande pas à la fleur : ***As-tu déjà reçu les baisers d'un autre papillon ?*** et celle-ci ne lui dit pas : ***As-tu déjà voltigé autour d'une autre fleur ?***

Henri Heine (1797-1856).

Voir Femme jalouse (la) ; Homme jaloux (l')

AMOUR-PASSION (l')

Une femme garde généralement beaucoup de reconnaissance à l'amant qui a voulu la tuer.

Marguerite Grépon, *Lotissement-Journal,* 30 (1926).

Il m' fout des coups
Il m' prend mes sous
Je suis à bout
Mais malgré tout
Que voulez-vous ?...

Mistinguett, chanson *Mon homme* (1927).

La passion, c'est comme le tonnerre, ça ne tombe jamais sur vous.

Abel Hermant (1862-1950).

Il y a des passions nerveuses, comme il y a des grossesses nerveuses.

Marcelle Auclair, *L'Amour,* Notes et Maximes (1963).

Bien sent le feu de qui la cape brûle.

Proverbe espagnol.

AMOUR-PLAISIR (l')

Toutes pour tous et tous pour toutes,
Chascune pour chascun commune
Et chascun commun à chascune.

Roman de la Rose, vers 13 886-87-88 (XIIIe siècle).

Un aimable viveur du temps de Louis XV, le marquis de Genlis, disait avec désinvolture de l'une de ses conquêtes : « ***Je l'ai eue deux fois ; la première fois, pour moi ; la seconde fois,*** *pour elle. Je n'y suis plus retourné ensuite; il n'y avait plus personne à obliger.* »

Il n'y a aucune raison pour trouver une fantaisie de table moins extraordinaire qu'une fantaisie de lit.

Marquis de Sade (1740-1814).

La tête, le cœur font mille bêtises, les mains se trompent rarement.

Jean Anouilh, *La Répétition ou l'Amour puni*, III, Hortensia (1950).

Le plaisir de faire l'amour s'augmente de l'indifférence éprouvée à l'égard du partenaire.

Claire Lardinois, *Réflexions mauvaises* (1951).

AMOUR PLATONIQUE (l')

AMOUR PLATONIQUE. — Celui qui a pour objet une femme plate.

Ludovic O'Followell, *A. B. C. de l'Humour* (1958).

L'âme-sœur finit malheureusement assez souvent par coucher avec le corps-frère.

Gilbert Cesbron, *Journal sans date*, p. 53 (1963).

AMOUR (la possession)

A la guerre comme en amour, le corps à corps seulement donne des résultats.

Maréchal de Montluc (1501-1577).

Il n'y a pas cinq sens, mais six. Le sixième, c'est le sens du cul.

Béroalde de Verville, *Le Moyen de parvenir*, « Cause » (1612).

En amour, comme à la guerre, pour conclure il faut se voir de près.

Napoléon Ier (1769-1821), *Aphorismes*.

Le contact est l'alpha et l'oméga de l'affection tendre.

Alexandre Bain (1818-1903).

Il y a des femmes qui, comme certaines pièces de théâtre, méritent des reprises et plaisent davantage la seconde fois.

Étienne Rey, *De l'Amour* (édit. de 1925).

Il y a à souhaiter une femme plus de charme qu'à l'obtenir et l'ivresse de la possession est toujours en dessous du rêve que l'on s'en fait.

Georges Courteline (1860-1929).

Qu'est-ce qu'un amour qui refuse la flamme ?

Marcel Arland, *Discours de réception à l'Académie française* (1969).

Un homme, pour posséder totalement une femme, doit l'initier à trois villes : Florence, Tolède et Sodome.

James de Coquet, *Lettre aux gourmets* (1977).

Ne priez pas une femme au lit, ni un cheval dans l'eau.

Proverbe espagnol.

Ne lance pas ton cheval au galop avant de l'avoir fait trotter.

Proverbe persan.

Le temps de faire cuire un œuf et de le gober.

Proverbe yiddish.

AMOUR (vicissitudes de l')

Il est évidemment bien dur de ne plus être aimé quand on aime, mais cela n'est pas comparable à l'être encore quand on n'aime plus.

Georges Courteline, *La Philosophie de Georges Courteline* (1927).

Toutes les histoires d'amour, compliquées, obscures, sont toujours des histoires de gens qui se sont montré leur derrière alors qu'ils n'en avaient pas le droit.

Georges Courteline (1860-1929).

Les amours sont comme les champignons. On ne sait si elles appartiennent à la bonne ou à la mauvaise espèce que lorsqu'il est trop tard.

Tristan Bernard (1866-1947).

L'amour est une douceur dont le jus est savoureux et la pâte amère.

Proverbe persan.

AMOUR (chagrin d')

— La maladie d'amour ne tue que ceux qui doivent mourir dans l'année.

Marguerite de Navarre, *L'Heptaméron*, V, 50 (1559).

C'est un excellent consolateur que celui qui a lui-même besoin d'être consolé.

Chevalier de Bruix, *Réflexions diverses* (1758).

LE COMTE. — ... Le cœur est encore l'étoffe qui se déchire le plus facilement.

ANDRÉ. — Et qui se raccommode le plus vite.

Alexandre Dumas fils, *Un père prodigue*, I, XII (1859).

Si jamais une femme me fait mourir, ce sera de rire.

Jules Renard, *Journal*, 17 février 1898.

Les chagrins éternels sont l'occupation de ceux qui n'ont rien à faire.

Mme Aubernon de Nerville (1825-1899).

— Je ne peux pleurer une femme que dans les bras d'une autre. Sans ça, je n'ai pas de chagrin.

Gaston de Caillavet et Robert de Flers, *Le Bois sacré*, III, II, Zakouskine (1910).

Les imbéciles seuls ont le droit de se suicider, ils ne suppriment rien.

Henri Duvernois, *Crapotte*, V (1911).

... Mais on a beau pleurer très sincèrement, il y a toujours un moment où il faut remettre de la poudre.

Henri Duvernois, *Cœur* (1930).

Boldini pleurait un jour une femme qui l'avait quitté, lorsqu'un ami le questionna sur la cause de ses larmes. Il répondit : — *Je ne pleure pas, j'ai la tête pleine d'eau.*

Le peintre Jean Boldini (1845-1931).

Il n'y a pas de complications sentimentales à moins de trente mille francs de rente.

Paul Bourget (1852-1935).

Si l'on mourait de toutes les aventures d'amour, il n'y aurait plus personne pour les raconter.

Marcel Pagnol, *Discours de réception à l'Académie française*, 27 mars 1945.

Celle qui reconnaît qu'un chagrin d'amour l'enlaidit est déjà à moitié guérie.

Marcelle Auclair, *L'Amour*, Notes et Maximes (1963).

— ... J'ai bu pour oublier, pour ne pas être obsédé par votre image... Hélas ! quand j'étais saoul, je vous voyais deux fois...

Marcel Achard.

Un désespoir d'amour n'est éternel que si l'on en meurt tout de suite.

Jacques Deval (1898-1972).

On ne meurt pas d'amour. Quelquefois, on meurt de l'amour de l'autre, quand il achète un revolver.

Marcel Pagnol (1899-1974).

AMOUR non partagé (l')

— Ce n'est pas pour vous que le four chauffe.

Adrien de Montluc, *La Comédie de Proverbes,* II, III (1634).

Rien n'est plus difficile à partager qu'un amour.

Natalie Clifford Barney, *Nouvelles Pensées d'une Amazone* (1939).

Oreste aime Hermione qui ne l'aime pas.
Hermione aime Pyrrhus qui ne l'aime pas.
Pyrrhus aime Andromaque qui ne l'aime pas.

Maurice Jeanneret.

AMOUR (l'art de rompre)

Pour faire l'amour avec ton amie, prends la position que tu crois le moins l'avantager.

Ovide, *Remedia amoris,* 409 (env. 2 av. J.-C.).

Quand on doit rompre avec une maîtresse, plus le motif de rupture est insignifiant, plus il est sage...

Paul Bourget, *La Duchesse bleue,* IV (1898).

Après s'être débarrassé de Bérénice, Titus a dû dire : « Allons ! je n'ai pas perdu ma journée ! »

Tristan Bernard. — Cf. Jules Renard, *Journal,* 20 avril 1901. — (***Les historiens rapportent que Titus, surnommé « les Délices du genre humain », quand il avait passé un jour sans avoir fait une bonne action, disait : « J'ai perdu ma journée ! »***)

Il n'y a qu'un moyen sûr de quitter une femme, c'est d'être quitté par elle.

Étienne Rey, *Maximes morales et immorales,* 549 (1914).

AMOUR (épilogue de l') — DÉSAMOUR —

On aime, on n'aime plus ; toute cérémonie,
Du commerce amoureux est maintenant bannie.

Destouches, *Le Mari confident,* I, I, 31-32, Le Baron (1750).

On s'enlace,
Puis, un jour,
On s'en lasse,
C'est l'amour.

Victorien Sardou (1831-1908), *Les Papiers de Victorien Sardou. Notes et Souvenirs.*

En amour, c'est comme à la guerre, malheur aux vaincus.

Étienne Rey, *De l'Amour* (1909).

— Nous ne nous sommes pas quittés... C'est tombé en feuille morte...

Henri Duvernois, *Cœur*, II (1930).

On s'adore pendant plus ou moins de temps. Un jour, on s'étranglerait.

Paul Léautaud, *Amour*, aphorismes (1939).

— Le goût du vin se bonifie en prenant de la bouteille, le goût de l'amour s'aigrit.

Jean Anouilh, *Ornifle ou le Courant d'air*, III, Ornifle (1955).

Je suis pour la séparation des corps quand ils n'ont plus rien à se dire.

Natalie Clifford Barney (1876-1972).

Son absence lui était devenue parfaitement indispensable.

Maurice Jeanneret.

Quand l'amour se déchire, on ne peut pas en recoudre les bords.

Proverbe malgache.

AMOUR (souvenirs d')

Ah ! les fraises et les framboises !
L' bon vin qu' nous avons bu !
Ah ! les belles villageoises,
Nous ne les verrons plus.

Refrain d'une chanson du XVIIIe siècle.

Les souvenirs d'amour sont les rentes du cœur.

Charles Chincholle, *Les Phrases courtes*, 46 (1891).

Chez un homme, les souvenirs d'amour sont avant tout des souvenirs de vanité. Chez une femme, ce sont des souvenirs de volupté.

Étienne Rey, *De l'Amour* (1909).

Les feux de l'amour laissent parfois une cendre d'amitié.

Henri de Régnier, *Donc...* (1927).

AMOUR du PROCHAIN

Si l'on doit aimer son prochain comme soi-même, il est au moins juste de s'aimer comme son prochain.

Chamfort (1740-1794), *Maximes et Pensées*.

Il faut aimer son prochain. Les autres sont trop loin.

Claude Sergent, *L'Humour vert* (1964).

AMOUR-PROPRE

L'homme est un mécanisme que l'amour-propre remonte chaque jour.

Louis Dumur, *Petits Aphorismes* (1892).

Il est si simple de décider avec soi-même que les blessures d'amour-propre ne comptent pas. Elles ne font souffrir que si on le veut bien.

Tristan Bernard, *L'Affaire Larcier* (1906).

AMPHIBOLOGIE

Vous me connaissez mal : la même ardeur me brûle,
Et le désir s'accroît quand l'effet se recule.

Corneille, *Polyeucte*, I, I, 41-42, Polyeucte (1642).

Je sortirai du camp, mais, quel que soit mon sort,
J'aurai montré, du moins, comme un vieillard en sort.

Adolphe Dumas, *Le Camp des Croisés* (1838). *Les ennemis de l'auteur prétendaient avoir entendu cet hémistiche :* ... **comme un vieil hareng saur.**

Arbre ou peuple, toujours la force vient d'en bas :
La sève humaine monte et ne redescend pas !

Eugène Manuel, *Les Ouvriers*, scène VI (1870).

L'adversaire n'a même pas l'apparence d'un fondement.

Me Adrien Peytel, *L'Humour au Palais*, p. 272 (1925).

Il n'était plus pour moi que vous et le silence,
Et je pris mon bonheur comme une urne, par l'anse.

La poétesse Hélène Picard, *L'Instant éternel*, « Rencontre » (1907).

AN (premier jour de l')

C'est le premier jour de l'An
Ah ! quel jour charmant
... Quand on est absent !
Si l'on est présent,
Il faut, sur-le-champ,
... Foutre le camp !

Vincent Hyspa, *L'Esprit montmartrois* (1932).

Le 1er janvier : seul jour de l'année où les femmes oublient notre passé grâce à notre présent.

Sacha Guitry (1885-1957).

ANCIEN et le NEUF (l')

Pour savoir si un siège est d'époque, il y a un moyen. Il suffit de s'asseoir dessus, puis de se balancer. S'il ne casse pas, il est faux. S'il casse, il était peut-être vrai.

Un antiquaire de la Belle Époque.

La beauté du neuf, tout de même, c'est d'être propre.

Jules Renard, *Journal*, 14 octobre 1906.

ANDROGYNE → HERMAPHRODITE

ANGE et la BÊTE (l')

Hélas, l'Ange, parfois, *reprend du poil de la Bête...*

Gilbert Cesbron, *Journal sans date*, p. 32 (1963).

ANGLETERRE

Les Anglais sont occupés, ils n'ont pas le temps d'être polis.

Montesquieu (1689-1755), *Variétés.*

Pour bien jouir de l'été en Angleterre, il faut le faire encadrer et le mettre sous verre dans un salon confortable.

Horace Walpole (1717-1797).

On ne trouve en Angleterre de fruits mûrs que les pommes cuites et de poli que l'acier.

Comte de Lauraguais (1735-1824).

En Angleterre, nous n'avons pas d'autres distractions que le vice et la religion.

Sydney Smith (1771-1845).

Devant la cuisine anglaise, il n'y a qu'un seul mot : soit !

Paul Claudel, *Journal* (1908).

Ses robes viennent de Paris, mais elle les porte avec un fort accent anglais.

Hector Saki (1870-1916).

Si le silence est d'or, l'Angleterre est le pays le plus riche du monde.

Jane Rouch, *Le Rire n'a pas de couleur*, p. 82 (1956).

Il se peut que les Anglais aiment la musique, mais ils aiment surtout le bruit qu'elle fait.

Thomas Beecham, *célèbre chef d'orchestre anglais* (1880-1961), *Beechamismes.*

Dans sa bonté infinie, Dieu a donné la pluie aux Anglais afin de leur fournir pour l'éternité un sujet de conversation.

Anthony Chester.

Les Anglaises adorent les chevaux, mais elles semblent ignorer le bidet.

Hervé Lauwick.

Il n'est pas interdit de penser que, si l'Angleterre n'a pas été envahie depuis 1066, c'est que les étrangers redoutent d'avoir à y passer un dimanche.

Pierre Daninos.

L'Angleterre attend de chaque Américain qu'il fasse son devoir.

Aphorisme américain en paraphrase facétieuse du célèbre Ordre du Jour de l'amiral Nelson à la flotte anglaise, le 21 octobre 1805, à Trafalgar.

Quand on ne voit pas la France depuis le rivage, c'est qu'il pleut — et quand on la voit, c'est qu'il va pleuvoir.

Dicton anglais du comté de Kent.

Un certain lord Verulam déclarait que l'on devrait interdire l'enseignement du français dans les écoles. « ***Cette langue est inutile dans les affaires*** », affirmait-il. Une de ses compatriotes, l'écrivain Nancy Mitford, lui répliqua : « ***Monsieur, nous savons par Jeanne d'Arc elle-même, que le français est une langue parlée au ciel.*** »

ANTHROPOPHAGIE

ANTHROPOPHAGE. — L'assassin qui a une excuse.

Dictionnaire de l'Académie de l'Humour français. Pierre Valdagne (1934).

Le seul reproche grave qu'on puisse faire à l'anthropophagie est que, tôt ou tard, elle conduit au meurtre, comme l'épargne à l'avarice, le courage à la violence, etc.

Gilbert Cesbron, *Journal sans date*, p. 176 (1963).

Un cannibale est un homme qui aime son prochain avec de la sauce.

Jean Rigaux.

ANTIPATHIE et SYMPATHIE

Le mariage des esprits est plus grand que celui des corps.

Érasme, *Procus et Puella* (1521).

Les antipathies sont un premier mouvement et une seconde vue.

Edmond et Jules de Goncourt, *Idées et sensations* (1886).

ANTIPHRASE

Pierre Ier, dit le Grand (1672-1725), empereur de Russie, est un des plus beaux ornements de l'espèce humaine.

Michelet (1798-1874).

APPAREILLEUSE → ENTREMETTEUSE

Jean Aicard. — Le premier des poètes français.

Par ordre alphabétique, compliment par antiphrase. Félix Fénéon (1861-1947).

APPARENCE

Ô vous qui recherchez l'honneur d'un pucelage,
Amants, ne jugez pas du con par le visage.

Le Parnasse satyrique du XVIIIe siècle, édit. de 1874.

La neige est une pureté menteuse.

Goethe (1749-1832), *Maximes et Réflexions.*

Les apparences sont donc bien en péril, puisqu'il s'agit toujours de les sauver.

Natalie Clifford Barney, *Pensées d'une Amazone* (1921).

Tout ce qui brille n'est pas or.
Tout ce qui ne brille pas non plus.

Louis Scutenaire, *Mes Inscriptions,* 29 (1945).

Dessous chemise blanche, il y a brune hanche.

Proverbe français du XIIIe siècle.

APPÉTIT

Manger avec quelqu'un qui n'a pas d'appétit,
C'est comme parler art avec un abruti.

Raoul Ponchon (1848-1937), *La Muse vagabonde,* « Aphorismes de table ».

APPLAUDIR

APPLAUDIR. — Beaucoup d'autres gestes des mains témoignent de plus de sincérité.

Dictionnaire de l'Académie de l'Humour français. Pierre Valdagne (1934).

APPRENTI

Souffler dans la flûte, ce n'est pas en jouer ; il faut mouvoir les doigts.

Goethe (1749-1832), *Maximes et Réflexions.*

APPROPRIATION

Les blasphèmes peuvent valoir mieux que les cantiques.

Proverbe libanais.

ARBITRE

Arbitre. — Officier chargé de couper la poire en deux au moyen du fil à couper le beurre.

Auguste Detœuf,
Propos de O.-L. Barenton, confiseur, « Petit Lexique industriel » (1937).

ARCHITECTURE

Je hais les tours de Saint-Sulpice,
Quand par hasard je les rencontre,
Je pisse,
Contre.

Raoul Ponchon (1848-1937).

Lorsque Louis XIV édifiait son palais de Versailles, il mettait notre argent de côté.

Sacha Guitry (1885-1957).

On fait parfois des pendaisons de crémaillère. Il vaudrait mieux, de temps en temps, pendre un architecte !
Aristote enseignait que l'homme est à la mesure de toutes choses. Nos architectes l'ont oublié.

Jean Mistler, *Bon poids* (1976).

ARGENT

Ayez beaucoup d'argent et ne soyez pas pendu, c'est toute la vie humaine.

Armand Marrast (1801-1852), *Sur Monsieur Thiers.*

Quand j'étais jeune, je croyais que, dans la vie, l'argent était le plus important. Maintenant que je suis vieux, je le sais.

Oscar Wilde (1856-1900).

Le dédain de l'argent est fréquent, surtout chez ceux qui n'en ont pas.

Georges Courteline, *La Philosophie de Georges Courteline* (1927).

L'argent, c'est comme les femmes : pour le garder, il faut s'en occuper un peu, ou alors, il va faire le bonheur de quelqu'un d'autre.

Édouard Bourdet (1887-1945).

Il faut regarder l'argent de haut, mais ne jamais le perdre de vue.

André Prévot, *Réflexions et Dialogues* (1957).

L'argent ne fait pas le bonheur de celui qui n'en a pas.

Boris Vian (1920-1959).

Il faut mépriser l'argent, surtout la petite monnaie.

François Cavanna, *Je l'ai pas lu* (1969).

Ce n'est pas que l'argent n'ait pas d'odeur, c'est que l'homme n'a pas d'odorat.

Henri Jeanson (1900-1970).

Dieu règne au ciel et l'argent sur la terre.

Proverbe allemand.

L'argent est un fruit toujours mûr.

Proverbe anglais.

Même l'aveugle peut voir l'argent.

Proverbe chinois.

Si tu montres trop ta femme et tes argents, tu risques qu'on te les emprunte. Et pour ce qui est de les revoir, il y a des chances pour qu'elle te revienne plus vite qu'eux.

Proverbe lyonnais.

ARGUMENT

Un seul bon argument vaut mieux que plusieurs arguments meilleurs.

Tristan Bernard, *Secrets d'État,* Avant-propos (1925).

ARME

Quelle est l'arme la plus dangereuse ? — Une patte de velours.

Comtesse Diane, *Livre d'or,* 313 (1895).

ART, ARTISTE

Il faut décourager les Beaux-Arts.

Pierre Puvis de Chavannes (1824-1898).

L'artiste n'a besoin que d'une seule approbation : la sienne.

André Siegfried, *Quelques maximes* (1946).

Il y a assurément un autre monde, mais il est dans celui-ci. *(Cet autre monde, c'est la vie transformée par l'art.)*

Léon Pierre-Quint (1905-1958).

Il est incontestable que, de tous les arts, l'art culinaire est celui qui nourrit le mieux son homme.

Pierre Dac (1896-1975).

ARTISAN de son SORT (Chacun est l')

« Comme on fait son lit, on se couche » ; mais comme on se couche on se lie.

Decoly, *Impertinences et autres Pensées* (1952).

ASCÈTE

L'ascétisme raffiné ne consiste pas à se priver, mais à mépriser les choses de choix dont on fait usage.

Tchitchérine (1872-1936).

ASPIRATION

Il faut être quelqu'un, non quelque chose.

Édouard Herriot (1872-1957), *Notes et Maximes.*

ASSASSINAT

Défiez-vous de l'assassinat : il conduit au vol et, de là, à la dissimulation.

François Sommier, dit Henry Somm (1844-1907).

ASSOCIATION

L'union de l'homme et de la femme est l'unique bonne association.

Proverbe indien.

A la croisée des chemins, le pot des associés se brise.

Ibid.

ASSURANCES (Compagnies)

Les compagnies d'assurances sont comme les femmes : elles conçoivent dans le plaisir et accouchent dans la douleur.

Me Henri-Robert (1863-1936).

ATHÉISME

Le moins que l'on puisse demander aux athées est de ne pas faire de leur athéisme un article de foi.

Aurélien Scholl (1833-1902).

ATTENDRE

Il est urgent d'attendre.

Clemenceau (1841-1929).

L'attente, c'est un bonheur pour vierges. C'est un bonheur solitaire.

Jean Giraudoux, *Electre,* II, 5, Clytemnestre (1937).

AUDACE

Le tact dans l'audace, c'est de savoir ***jusqu'où on peut aller trop loin.***

Jean Cocteau, *Le Rappel à l'Ordre* (1926).

AUTEUR

Je soutiens qu'on ne peut en faire de meilleur,
Et ma grande raison, c'est que j'en suis l'auteur.

Molière, *Les Femmes savantes,* III, III, 999-1000, Trissotin (1672).

Même pour son bien, je ne veux obliger personne à me considérer comme son auteur favori.

Bernard Shaw (1856-1950).

AUTOMOBILE

AUTOMOBILE. — C'est bien à propos d'elle que l'on peut dire : *Les morts vont vite.*

Ludovic O'Followell, *A. B. C. de l'Humour* (1958).

Une voiture automobile consomme davantage sur autoroute ; mais elle va beaucoup plus vite ; ergo, elle consomme moins longtemps.

Pierre Dac (1896-1975).

AUTRUI

Le bossu ne voit pas sa bosse et voit celle de son confrère.

Les Facétieuses Nuits de Straparole, XI, 3 (1573).

On croit qu'il y a des saucisses chez le voisin et il n'y a même pas de clous pour les accrocher.

Cervantès, *Don Quichotte,* I, 25 (1605).

On me reproche le goût de la solitude. Je suis plus accoutumé à mes défauts qu'à ceux des autres.

Chamfort (1741-1794).

Le plus souvent, nous ne jugeons pas les autres, mais nous jugeons nos propres facultés dans les autres.

Sainte-Beuve (1804-1869).

Ce qu'il y a d'admirable dans le bonheur des autres, c'est que l'on y croit.

Catulle Mendès (1841-1909)

C'est un péché de penser du mal d'autrui, mais c'est rarement une erreur.

Henry Mencken, *A Book of Burlesques* (1931).

— L'enfer, c'est les autres.

Jean-Paul Sartre, *Huis Clos,* scène V, Garcin (1944).

On ne peut faire de souhaits pour chaque éternuement d'autrui.

Proverbe russe.

AUTRUI (défauts d')

On cherche toujours à être différent des autres ; c'est de soi qu'il faut être différent.

William Bott.

Ne donnez pas de leçon si vous avez un squelette dans votre placard.

Proverbe russe.

AUTRUI (mal d')

Les tragédies des autres sont toujours d'une banalité désespérante.

Oscar Wilde, *The Picture of Dorian Gray,* IV (1891).

Tout malheur qui ne m'atteint pas n'est qu'un rêve.

Jules Renard, *Journal,* avril 1898.

— Il vaut mieux trembler pour la santé des autres que pour sa santé à soi... D'abord, ça fait moins mal.

Tristan Bernard, *Triplepatte,* I, V, Le Docteur (1905).

Ils sont fatalistes, en ce qui concerne autrui.

Natalie Clifford Barney, *Pensées d'une Amazone* (1921).

Nous sentons plus notre mal de dents que le martyre de Jeanne d'Arc.

Marguerite Grépon, *Lotissement-Journal,* 9 (1946).

Ne vous brûlez pas les doigts à moucher la chandelle d'autrui.

Proverbe italien.

AVANTAGE et INCONVÉNIENT

On ne mange pas le diable sans en avaler les cornes.

Proverbe italien.

AVARICE

Ci-gît, dessous ce marbre blanc,
Le plus avare homme de Rennes.

S'il est mort le jour de l'an,
C'est pour ne pas donner d'étrennes.
Quatrain que l'on peut lire, dit-on, au cimetière de Rennes.

AVENIR

Nous ne savons pas ce qu'il nous adviendra, la vérole ou de l'argent.

Béroalde de Verville, *Le Moyen de parvenir,* I, « Minute » (1612).

L'avenir, c'est du passé en préparation.

Pierre Dac (1896-1975).

AVENTURE

On va bien loin quand on ne sait pas où l'on va.

Charles Nodier, *Fantaisies et Légendes* (1842).

AVIS

Je pardonne aux gens de n'être pas de mon avis, je ne leur pardonne pas de n'être pas du leur.

Talleyrand (1754-1838).

Quand X... n'est pas de mon avis, ça m'afflige pour lui ; quand il est de mon avis, ça m'inquiète... pour moi.

Aurélien Scholl (1833-1902).

C'est une question de propreté : il faut changer d'avis comme de chemise.

Jules Renard, *Journal,* 17 octobre 1902.

Je ne suis pas toujours de mon avis.

Paul Valéry (1871-1945).

AVOCAT

— Vous avez perdu votre procès, c'est vrai, mais vous avez dû éprouver bien du plaisir à m'entendre plaider.

Légende d'une caricature de Daumier (1808-1879).

Les avocats sont comme les lames d'une paire de ciseaux qui ne s'entaillent pas entre elles. Mais gare à ce qui passe en travers.

Augustine Brohan, *sociétaire de la Comédie-Française* (1824-1893).

— Je ne comprends pas encore comment il a fait ça... Je l'ai expliqué dans une plaidoirie excellente, mais je ne l'ai jamais bien compris.

Alfred Capus, *L'Adversaire,* I, IX (1903).

Avocat. — Le défenseur de la veuve et de l'orphelin; à plus forte raison quand la première a tué son mari et le second ses père et mère.

Ludovic O'Followell, *A. B. C. de l'Humour* (1958).

Un parfait avocat est celui qui plaide de telle manière que le jury rend ce verdict : « *Nous déclarons l'accusé non coupable, mais nous l'engageons vivement à ne pas recommencer.* »

Me Maurice Garçon (1889-1967).

— Vous n'avez pas réussi votre suicide. En somme, vous ne réussissez que les assassinats.

Me René Floriot, *avocat de la partie civile, en cour d'assises.*

Plaider, c'est mentir avec art.

Mot de robin.

AVOCAT et AVOUÉ

La différence entre un avocat et un avoué est simplement celle d'un crocodile et d'un alligator.

Proverbe anglais.

AVOUER

Avouez et soyez pendu.

Christopher Marlowe, *The Jew of Malta,* IV, II (1590).

On oublie sa faute quand on l'a avouée à un autre; mais, d'ordinaire, l'autre ne l'oublie pas.

Nietzsche, *Humain trop humain* (1875).

A quoi servent les aveux? — A faire croire que l'on n'est coupable que de ce que l'on avoue.

Comtesse Diane, *Livre d'or,* 65 (1895).

B

BAISEMAIN (le)

Je suis en faveur de la coutume qui veut qu'un homme baise la main d'une femme la première fois qu'il la voit. Il faut bien commencer par un endroit quelconque.

Sacha Guitry (1885-1957).

BAISERS (les)

Le plus lent des baisers est encore trop hâtif.

Thomas Middleton, *A Chaste Maid in Cheapside,* IV (1607).

Si j'avais été embrassée par Napoléon, je ne me serais jamais plus débarbouillée de ma vie !

Virginie Déjazet (1797-1875).

Un baiser, c'est bien douce chose !...

Henri Chivot et Duru, *La Mascotte,* III, 9,
musique d'Edmond Audran (1880).

Les baisers sont les thermomètres de l'amour. C'est par eux que l'on se rend compte de la gravité de son état.

Armand Silvestre (1837-1901).

Un baiser ne dure pas autant qu'un bon plat.

George Meredith (1828-1909).

Ta bouche a des baisers si bons, si doux, si longs, si fous, si frais, si tendres.

Albert Willemetz, *Ta bouche,* I, valse (1922).

— Avez-vous l'impression que la Terre tourne ?
— Non.
— Alors, vous n'avez jamais été embrassée comme il faut. Les

bras vous tombent, les genoux plient, la croupe est très lourde, etc.

Mistinguett (1875-1956) *à une jeune actrice.*

Les baisers drus sont les messagers du cœur.

Proverbe espagnol. — Texte édulcoré que le lecteur rétablira par l'assonance.

Quand on carillonne au clocher, il est fête en la paroisse.

Proverbe français.

BANQUE, BANQUIER

Une Banque vous prête un parapluie quand il fait beau et vous le retire dès qu'il se met à pleuvoir.

Jerome K. Jerome (1859-1927).

Un banquier est toujours en liberté provisoire.

Raymond Poincaré (1860-1934). *Cité par* Édouard Herriot, *Notes et Maximes.*

Une banque ou une Compagnie ne sont pas des créatures qui respirent de l'air. Elles respirent des bénéfices.

John Steinbeck, *The Grapes of Wrath,* V (1940).

Votre banque vous aime. Aimez-la.

Slogan publicitaire.

BANQUEROUTE

— Qu'est-ce qu'une banqueroute, papa ? demande le jeune Meyer.
— Une banqueroute, mon enfant, c'est quand vos créanciers saisissent votre veston et que vous avez mis votre argent dans la poche-revolver de votre pantalon.

Tristan Bernard (1866-1947).

Qui veut bien dormir achète le lit d'un banqueroutier.

Proverbe espagnol.

BARBARISMES

Malgré qu'il pleut, on part à Gif nous deux mon chien ; c'est pour sortir Azor, surtout qu'il n'est pas bien.

Émile Faguet (1847-1916).

BATAILLE

Aucun jeu de hasard n'offre autant de chances favorables qu'une bataille. Elle présente trois possibilités pour chaque général : la victoire, le coup nul, la défaite. Le coup nul étant

considéré automatiquement comme une victoire par les deux parties, chaque chef a bien deux chances sur trois.
Les risques ne se calculent pas de la même manière pour le simple soldat.

Tristan Bernard (1866-1947).

BAVARDAGE

Femmes et grands parleurs. — Plus une tête est vide, plus elle cherche à se désemplir.

Montesquieu (1689-1755), *Cahiers.*

Il parle comme une pendule qui sonnerait les minutes mais jamais l'heure.

Samuel Johnson (1709-1784).

On est fort long, quand on n'a rien à dire.

André Chénier (1762-1794), *Perfection et Décadence des Lettres.*

BEAU-PÈRE — BELLE-MÈRE — BRU — GENDRE

Discussion entre George Sand et son gendre, le sculpteur Clésinger.
Mme SAND. — *Je ferai connaître votre conduite...*
CLÉSINGER. — *Et moi, je sculpterai votre cul. Tout le monde le reconnaîtra.*

Edmond et Jules de Goncourt, *Journal* (1852).

Si vous avez à choisir, entre demeurer avec votre belle-mère ou vous brûler la cervelle, n'hésitez pas, brûlez-la-lui.

Victorien Sardou (1831-1908).

Il n'y a pas de bonheur parfait, comme disait cet homme quand sa belle-mère mourut et qu'on lui présenta la note des Pompes funèbres.

Jerome K. Jerome (1859-1927).

Un ami à qui je demande des nouvelles de sa belle-mère me répond : « *Elle descend la pente doucement !... Mais elle freine.* »

Eugène Fleuré, *Le Baluchon* (1977).

De sa belle-mère hargneuse et nonagénaire, le gendre disait : « *Je comprends ce que* cela *veut dire, quand on me parle de l'éternel féminin...* »

Maurice Jeanneret.

Celui qui se donne la peine de frapper sa belle-mère doit lui fendre la tête.

Proverbe arabe.

Jamais belle-mère n'aima sa bru,
C'est écrit dans la raie du c...

Proverbe champenois.

La belle-mère et la bru dans la même maison sont comme deux chats dans un sac.

Proverbe yiddish.

BEAUTÉ PHYSIQUE

Je n'ai encore vu personne qui aimât autant la vertu que l'on aime la beauté du corps.

Confucius, *Livre des Sentences,* IX, 17 (VIe siècle av. J.-C.).

A côté de la beauté, l'esprit et le cœur font toujours l'effet de parents pauvres.

Étienne Rey, *Maximes,* 78 (1914).

De beau raisin parfois pauvre vin.

Proverbe français.

BEAUTÉ FÉMININE

Trois choses font dix fois une belle fille.
Trois noires : la prunelle, le sourcil, le pénil.

Filber Bretin, *Poésies amoureuses* (1576).

Une femme qui est belle a toujours de l'esprit : elle a l'esprit d'être belle.

Théophile Gautier, *Mademoiselle de Maupin,* V (1835).

Les femmes extrêmement belles étonnent moins le second jour.

Stendhal (1783-1842).

Cette femme mariée est si jolie que nous la mépriserions un peu si elle n'avait pas d'amants.

Jules Renard, *Journal,* 31 octobre 1898.

Il en est des femmes très belles comme des gens très millionnaires : elles ne sont jamais complètement ruinées.

Ernest Legouvé (1807-1903).

On[1] a dit de la beauté que c'était une promesse de bonheur. On n'a pas dit qu'elle fût tenue.

Jean-Paul Toulet (1867-1920), *Les Trois Impostures,* « Almanach », 73.

La plus belle partie de son corps, c'était la longue chute des hanches, à partir de la naissance du dos, et la rondeur paisible,

1. Stendhal : La beauté n'est que la promesse de l'amour *(De l'amour).*

endormie des fesses. Comme des collines de sable, disent les Arabes, douce et descendant en longue pente.

David-Herbert Lawrence, *L'Amant de Lady Chatterley,* VII (1928).

Aimez-vous mieux une belle garce qu'une sainte femme mal bâtie ?

Léon-Paul Fargue, *Sous la lampe* (1929).

Il ne suffit pas, pour être belle, d'être belle.

Paul Raynal, *Au soleil de l'instinct* (1948).

Le vaisseau de la féminité : galbée en proue, majestueuse en poupe, et poivrée dans les écoutilles.

Maurice Jeanneret.

Un bel édifice n'est pas forcément un sanctuaire.

Proverbe kurde.

La lune brille mais elle ne chauffe pas.

Proverbe russe.

BEAUTÉ MASCULINE

La beauté de la taille est la seule beauté de l'homme.

Montaigne, *Essais,* II, 17 (1580).

Il est tellement beau qu'il semble avoir raison !

Edmond Rostand, *Chantecler,* II, III, La Faisane (1910).

— Pour un homme... comme disait Talleyrand... « la beauté fait gagner quinze jours ».

Attribution fantaisiste à Talleyrand. Françoise Sagan, *Château en Suède,* II, Sébastien (1960).

BEAUTÉ et LAIDEUR

Ni tellement belle qu'elle tue, ni tellement laide qu'elle épouvante.

Cervantes, *Nouvelles exemplaires,* « Sancho Panza » (1613).

On n'a jamais pu s'entendre sur ce qu'était la beauté ; par contre, la laideur entraîne un assentiment unanime.

Francis de Miomandre, *Éloge de la laideur* (1925).

La laideur a ceci de supérieur à la beauté : elle dure.

Daniel Mussy, *Les Limites de l'impossible* (1963).

Les gens laids sont exigeants pour la beauté des autres. Exigeants — et réticents.

Pierre Daninos, *Snobissimo,* IX (1964).

La laideur rend méchant, la beauté rend cruelle.

Jean Mistler, *Bon poids...* (1976).

BELGIQUE, BELGE

Ce n'est pas une tare d'être belge ; mais il n'y a pas de quoi se vanter.

Francisque Sarcey (1827-1899).

BELLE-MÈRE → BEAU-PÈRE — BELLE-MÈRE — BRU — GENDRE

BESTIALITÉ

L'Amazone passait, sur le bord de la route. Un Centaure y pensait, des plus visiblement... Mais l'Amazone, triste et qu'assiège un doute : « Est-ce à moi qu'il en veut ou bien à ma jument ? »

Tristan Bernard (1866-1947), *Treize à la douzaine.*

BÊTISE

Elle (la reine Marie-Antoinette) monta sur l'échafaud assez effrontément.

Le citoyen Tisset, *Compte rendu aux sans-culottes* (1794).

AMOUR. — Un ensemble complexe de phénomènes cérébraux.

Émile Littré, *Dictionnaire médical* (1855).

Ce n'est pas la méchanceté qui fait le plus de mal, c'est la bêtise.

Alexandre Dumas père (1803-1870).

La bêtise humaine est la seule chose qui donne une idée de l'infini.

Ernest Renan (1823-1892).

La bêtise n'est pas mon fort.

Paul Valéry, *La Soirée avec M. Teste* (1894).

Aux innocents les mains vidées.

Louis Scutenaire, *Mes Inscriptions,* 304 (1945).

Quand on est mort, c'est pour longtemps. Quand on est bête, c'est pour toujours.

Catherine Bugnard (Justin Godard), *La Plaisante Sagesse lyonnaise* (1951).

La bêtise est une forme d'oppression.

Jean-Paul Sartre (1905-1980).

Voir Sot ; Sottise.

BIDET

Pour le bidet en faïence de Rouen
N'oublie, ô nymphe à qui je suis consacré,
D'orner souvent mes bords de mousse pubienne ;
Et fay, surtout, qu'un bouquet empourpré
S'effeuille chaque mois en ma tendre fontaine.

Fernand Fleuret, *Le Carquois du sieur Louvigné du Dézert* (1912).

BIDET. — Petit cheval qui n'a pas de tête, mais autant de derrières que l'on veut.

Dictionnaire de l'Académie de l'Humour français.
Miguel Zamacoïs (1934).

BIEN et le MAL (le)

Celui qui vesse l'emporte sur celui qui répand des parfums.

Proverbe libanais.

BIEN MAL ACQUIS

Le bien mal acquis profite toujours à quelqu'un.

Paul Léautaud, *Passe-Temps,* Souvenirs de basoche (1952).

Ce qui est gagné sur le dos du diable est dépensé sous son ventre.

Proverbe français. — Dauphiné.

BIENFAIT

Dieu a recommandé le pardon des injures, il n'a point recommandé celui des bienfaits.

Chamfort (1740-1794), *Caractères et Anecdotes.*

Rien ne vieillit plus vite qu'un bienfait.

Proverbe français.

L'escalier, dans la maison du bienfaiteur, de commode et spacieux qu'il était, est devenu étroit et en colimaçon.

Proverbe turc.

BIGAMIE → MONOGAMIE et BIGAMIE

BIGOTERIE

Le Vendredi Saint, elle se privait de soupe, mais pas de médisance.

Jules Renard, *Journal,* 8 avril 1904.

BIOGRAPHIE

Quand vous lisez une biographie, rappelez-vous que la vérité n'est pas faite pour être publiée.

Bernard Shaw (1856-1950).

BOIRE

Buvons, lavons-nous le cou par le dedans.

Béroalde de Verville, *Le Moyen de parvenir,* I, « Minute » (1612).

Buvons, jamais nous ne boirons si jeunes.

Adrien de Montluc, *La Comédie de Proverbes,* II, III (1616).

Buvons un coup, buvons-en deux
A la santé des amoureux !

Le 31 du mois d'août, chanson montmartroise de la « Belle Époque ». Auteur inconnu.

Quand mon verre est vide,
Je le plains ;
Quand mon verre est plein,
Je le vide.

Raoul Ponchon (1848-1937), *La Muse gaillarde* (1939).

L'eau pour la peau, le vin pour la vitalité.

Proverbe italien.

Voir Manger ; Boire.

BOITEUX, BOITEUSE

Celui-là ne connaît pas Vénus en sa parfaite douceur qui n'a couché avec la boiteuse.

Proverbe italien. — Cité par Montaigne, *Essais,* III, XI.

Les boiteux ont le bruit d'être bons étalons, ce qui est confirmé par le proverbe latin, *Claudus optime virum agit.*

Guillaume Bouchet, *Les Serées,* XVIII (1597).

BONHEUR

Un obstacle au bonheur, c'est de s'attendre à trop de bonheur.

Fontenelle (1657-1757).

Cette chose qui n'existe pas et qui, pourtant, un jour, n'est plus.

Louise de Warens (1700-1762).

Ce qui suffit à notre bonheur ne suffit pas toujours à notre plaisir.

Jacques Deval.

Le malheur des hommes est de ne pas prendre leur bonheur en patience.

Louis Pauwels.

C'est avoir beaucoup de bonheur que de n'avoir pas de malheur.

Proverbe latin.

BONTÉ

BONTÉ. — La plus aimable forme de l'égoïsme.

Ludovic O'Followell, *A. B. C. de l'Humour* (1958).

Nous faisons tous cette prière : « Ô Dieu, rends-moi meilleur, mais pas à mes dépens. »

Jacques Deval, *Afin de vivre bel et bien* (1969).

BOSSU, BOSSUE

« Il n'importe que la cloche ait quelque défaut, pourvu que le battant soit bon. »

Réponse de la sœur de l'empereur Maximilien à laquelle on voulait faire épouser le duc de Mantoue qui était fort bossu. — Cf. Brantôme, *Les Dames galantes,* V.

Il y a des bossues qui sont belles, la bosse leur sert de grâce, & puis toutes choses sont choses.

Béroalde de Verville, *Le Moyen de parvenir,* I, « Synode » (1612).

Rien n'est si rare qu'un bossu bête. Tous les gens d'esprit n'étant pas bossus, et tous les bossus étant gens d'esprit, j'ai décidé depuis longtemps que ce n'est pas l'esprit qui donne le rachitis, mais le rachitis qui donne l'esprit.

Casanova (1725-1798), *Mémoires,* III, 3.

BOUCHE

Une bouche si belle que, vraiment, on ne saurait dire qu'elle a une lèvre inférieure.

Jules Renard, *Journal,* 2 décembre 1896.

BOUCHE. — Tantôt un bouton de rose ; tantôt une pomme d'arrosoir.

André Prévot, *Petit Dictionnaire à l'usage des Optimistes* (1917).

BOUDER

Qu'est-ce que faire la tête ? — Donner l'air bête à celle que l'on a.

Comtesse Diane, *Livre d'or,* 190 (1895).

BOUGRE — BOUGRETTE → ENVERS et ENDROIT (l') — SODOMITE (AMOUR)

BOURGEOIS

J'appelle bourgeois quiconque pense bassement.

Gustave Flaubert (1821-1880).

Un homme modérément honnête avec une femme modérément fidèle, tous deux buveurs modérés, dans une maison modérément claire, voilà l'image de la classe bourgeoise.

Bernard Shaw, *Maxims for Revolutionists* (1905).

YVONNE. — Être bourgeoise, c'est être honnête.
Mme BOURJON. — Non, mon enfant, être bourgeoise, c'est être mariée.

Francis de Croisset et Robert de Flers, *Les Vignes du Seigneur*, I, VI (1923).

Le bourgeois ne ferait pas de mal à un lion.

Léon-Paul Fargue, *Sous la Lampe* (1929).

Le bourgeois n'est que ce qu'il a.

Pierre Daninos, *Snobissimo*, V (1964).

BOURSE

Il y a deux moments où un homme ne devrait jamais spéculer en Bourse :
1° Quand il n'en a pas les moyens.
2° Quand il en a les moyens.

Mark Twain (1835-1910).

« Achetez au son du canon. Vendez au son des violons. » N'est-ce pas aussi clair que joli ?

Pierre Daninos, *Un certain Monsieur Blot* (1960).

BOUTE-EN-TRAIN

Le boute-en-train joue pour les juments poulinières le même rôle que les jeunes premiers de l'écran pour les spectatrices que « quelqu'un attend à la maison ». Il aide.

Francis Claude, *Dictionnaire des Courses et du Tiercé* (1964).

BRAVOURE

BRAVE. — Un homme qui tient peu à sa vie ; — et encore moins à celle des autres !

Adrien Decourcelle, *Les Formules du docteur Grégoire* (1868).

BRUIT

Pour faire du bruit, on choisit les petites gens et les tambours.

G. C. Lichtenberg, *Aphorismen* (1799).

Il y a trois sortes d'hommes : les trompeurs, les trompés, les trompettes.

Proverbe français.

BRUTE

Brute : pas de cervelle, du cervelas.

Jules Renard, *Journal,* 12 décembre 1905.

BURLESQUE

Quand on a tout perdu, quand on n'a plus d'espoir,
La vie est un opprobre et la mort un devoir.

Voltaire, *Mérope,* II, VII, Mérope (1743). On a donné du second vers la variante suivante : *Du pan de sa chemise, on se fait un mouchoir.*

BUTOR

Butor. — Celui qui ne sait pas cueillir un fruit sans casser la branche.

André Prévot, *Petit Dictionnaire à l'usage des Optimistes* (1947).

C

CADEAU

Un cadeau est bien arrivé quand il n'est pas trop mal reçu.

Goethe (1749-1832), *Maximes et Réflexions.*

Les cadeaux sont comme les conseils ; ils font plaisir surtout à ceux qui les donnent.

Édouard Herriot (1872-1957), *Notes et Maximes.*

CADEAU en APPELLE un AUTRE (un)

Les cadeaux sont comme les Muses : ils aiment les chants alternés.

André Chamson, *Les Nouvelles littéraires,* 30 décembre 1954.

CALEMBOUR

— Moi, je suis comme Silvio Pellico, je dis : « Méprisons ! »

Henri Duvernois, *Crapotte,* X (1911).

Il ne faut pas jeter le manche après s'être cogné.

Charles Morelet, *Calembredaines* (1952).

La vie n'est pas un conte de fées. C'est un compte de faits.

Henri Jeanson (1900-1970), *Soixante-dix ans d'adolescence.*

Elle est bien trop distinguée pour avoir ce... qu'ont les autres femmes.

Maurice Jeanneret.

CALL-GIRL

CALL-GIRL. — Demoiselle qui fait le trottoir par téléphone.

Georges-Armand Masson, *L'Amour de Ah ! jusqu'à Zut !* (1960).

CALOMNIE

Il y a une chose plus terrible que la calomnie, c'est la vérité.

Talleyrand (1754-1838).

CALVITIE

Il ne suffit pas d'être chauve pour ressembler à Jules César.

Édouard Herriot (1872-1957), *Notes et Maximes.* A propos de Joseph Caillaux.

CAMBRONNE (le mot de) → MOT DE CAMBRONNE (le)

CAMPAGNE et VILLE

Les villes devraient être bâties à la campagne, l'air y est tellement plus pur !

Henry Monnier (1805-1877), *Propos de Monsieur Joseph Prudhomme.*

Dieu a fait la campagne, l'homme a fait la ville, et le diable la petite ville.

East Anglian Daily Times, 20 mai 1922.

A quoi bon la campagne. On s'y em... le jour. La nuit on y a peur.

Tristan Bernard (1866-1947).

CANNIBALE → ANTHROPOPHAGIE

CANULAR

Les ténèbres s'évanouissent lorsque le soleil se lève.

Dans le canular monté par le journaliste Paul Brault, en mars 1914, c'était la devise de l'imaginaire grand poète Hégésippe Simon, né à **Poil** (Nièvre), apôtre de la libération des Poldèves, dont le nom éveillait de vagues réminiscences avec Hégésippe Moreau, le poète de *La Voulzie.* Un comité se fonda pour lui élever une statue dans son village natal. Les réponses affluèrent. Celle d'un sénateur est restée fameuse : « *Il me sera malheureusement impossible d'être à Poil dimanche prochain.* »

Prolongement du boulevard Saint-Michel jusqu'à la mer.

Promesse électorale de Ferdinand Lop, 1932.

CAPITALISME — COMMUNISME — RADICALISME — SOCIALISME

Un socialiste indépendant jusqu'à ne pas craindre le luxe

Jules Renard, *Journal,* 19 décembre 1906.

Rouge à l'extérieur, blanc à l'intérieur et, comme le radis, toujours dans l'assiette au beurre.

Légende d'un dessin de **L'Assiette au beurre** (1907).

Les économistes ont raison : le capital est du travail accumulé. Seulement, comme on ne peut pas tout faire, ce sont les uns qui travaillent et les autres qui accumulent.

Auguste Detœuf, *Propos de O.-L. Barenton, confiseur* (1937).

Si les socialistes comprenaient quelque chose en économie politique, ils ne seraient pas socialistes.

André Frossard (1889-1946).

Les conservateurs sont ceux qui ont de l'argent et qui veulent que les autres le leur conservent.

Claude Sergent, *L'Humour vert* (1964).

Les socialistes sont des gens qui ne savent pas où ils vont, comme Christophe Colomb. Quand ils arrivent, ils ignorent où ils sont. Et tout cela avec l'argent des autres.

Winston Churchill (1874-1965).

Le capitalisme, c'est l'exploitation de l'homme par l'homme. Le communisme, c'est le contraire.

Arthur Koestler.

Cuba était un bordel américain. C'est maintenant une caserne soviétique.

L'écrivain mexicain Octavio Paz.

CARACTÈRE

Un homme de caractère n'a pas bon caractère.

Jules Renard, *Journal,* 2 janvier 1907.

L'hirondelle ne fait pas le printemps, mais le chameau fait le désert.

Réflexion d'Alfred Capus (1858-1922) *sur une directrice de théâtre.*

Mieux vaut un mauvais caractère que pas de caractère du tout.

Georges Bernanos, *Le Chemin de la Croix-des-Ames* (1942).

A l'école, c'est la classe qui permet de discerner les intelligences, mais la récréation seule révèle les caractères.

André Siegfried, *Quelques maximes* (1946).

CARAMBOUILLE

Vous achetez cher, mais à crédit, des choses que vous revendez bon marché, mais au comptant.

Définition d'un professeur à la Faculté de Droit.

CARESSE → FELLATION

CARPE DIEM

Épitaphe

Ci-gît, dans une paix profonde,
Cette *Dame de volupté*
Qui pour plus grande sûreté
Fit son paradis en ce monde.

(*Épitaphe, composée par elle-même,* de la marquise Marie-Françoise-Catherine de Boufflers (1711-1787). — *Elle était surnommée « la Dame de volupté » à la cour de Lunéville où elle était réputée être la maîtresse de Stanislas Leszczynski, roi de Pologne, beau-père de Louis XV.*

Distique

Cueillez dès aujourd'hui les roses de la vie,
C'est le sort le plus beau, le plus digne d'envie.

Ronsard, *Sonnets pour Hélène.* Alexandre Dumas père et Auguste Maquet, *Le Chevalier de la Maison-Rouge,* refrain du chœur des Girondins (1847).

— Et l'enfer, Isabelle ?
— Chaque chose en son temps, parrain.

Théâtre de Jacques Deval.

Carpez le diem !

Michel Bédu, *Le Guide des chagrins* (1981).

CÉLÉBRITÉ

CÉLÉBRITÉ. — L'avantage d'être connu de ceux que vous ne connaissez pas.

Chamfort (1740-1794).

Un écrivain très connu l'année dernière.

Jules Renard, *Journal,* 22 janvier 1893.

Une célébrité est une personne qui est connue de nombreuses personnes qu'elle est heureuse de ne pas connaître.

Henry Mencken (1880-1956), *Chrestomathy.*

Ce n'est pas tout d'être connu, il faut encore se le faire pardonner...

Le peintre Jean-Gabriel Domergue (1889-1962).

CÉLIBAT

Le mariage et le célibat ont tous deux des inconvénients ; il faut préférer celui dont les inconvénients ne sont pas sans remède.

Chamfort (1741-1794).

Il y a des hommes qui n'ont que ce qu'ils méritent. Les autres sont célibataires.

Sacha Guitry (1885-1957).

CHAIR

Toute chair n'est pas venaison.

Antoine Oudin, *Curiosités françaises* (1640).

La chair a aussi sa vertu qui est d'être belle.

Paul-Jean Toulet (1867-1920), *Les Trois Impostures,* « Almanach », 281.

La chair : dure au lit, tendre à table.

André Prévot, *Réflexions et Dialogues* (1957).

CHAIR (les choses de la)

La Femme aura Gomorrhe et l'Homme aura Sodome,
Et se jetant de loin un regard irrité,
Les deux sexes mourront chacun de leur côté.

Vigny (1797-1863), *Les Destinées.*

Si nous disions le centième des rêves que fait un honnête homme, ou des désirs qui passent sous l'épiderme d'une femme chaste, on crierait au scandale. Paix sur les monstres. Fermez la grille !

Romain Rolland (1866-1944).

CHALEUR et FROID

Vaut mieux prendre chaud en mangeant que froid en travaillant.

Catherine Bugnard (Justin Godart), *La Plaisante Sagesse lyonnaise* (1951).

Par la canicule il n'y a pas de grands hommes.

Proverbe chinois.

CHANCE

Cet homme sera pendu, mais la corde cassera.

Sophie Arnould (1744-1802). Sur Beaumarchais.

Il y a des moments où tout vous réussit. Il ne faut pas s'effrayer : ça passe.

Jules Renard, *Journal,* 30 octobre 1908.

La chance fait le succès et le succès fait le mérite.

Étienne Rey, *La Chance,* Notes et Maximes (1928).

Les coups de chance sont les menstrues de l'homme.

Paul Guth, *La Chance,* Notes et Maximes (1964).

La chance est le nom que l'on donne au mérite d'autrui.

Jacques Deval.

CHANT

Ce qui ne vaut pas la peine d'être dit, on le chante.

Beaumarchais, *Le Barbier de Séville,* I, II, Figaro (1777).

Les cygnes chantent avant de mourir. Certaines personnes feraient bien de mourir avant de chanter.

Coleridge (1772-1834).

Le véritable mélomane, c'est l'homme qui, entendant une femme chanter dans sa salle de bains, s'approche du trou de la serrure et y colle l'oreille.

X. Y. Z.

CHARITÉ

Il est bon d'être charitable
Mais envers qui ? C'est là le point.

La Fontaine, *Fables,* VI, 13 (1668).

Il y a beaucoup à dire contre la charité. Le reproche le plus grave qu'on puisse lui faire, c'est de n'être pas pratiquée.

Clemenceau, *La Mêlée sociale,* p. 140 (1895).

Ne se priver de rien, c'est la moitié de la charité.

Alfred Capus, *Les Passagères,* I, 11, Clotilde (1906).

CHARME

La différence entre le charme et la beauté ? Une belle femme est celle que je remarque. Une femme charmante est celle par qui je suis remarqué.

Thomas Erskine (1750-1823).

Elle est bien joliment femme quoique pas jolie femme.

Mot de Mme Junot, duchesse d'Abrantès, sur la princesse de Metternich.

Le charme, c'est ce que la violette a, et ce dont manque le camélia.

Marion Crawford, *Children of the King, V* (1884).

Le charme des femmes n'est pas dans leurs qualités morales ni dans leur distinction d'esprit et de goût.

Paul Léautaud, *Amour,* aphorismes (1939).

CHASSE

Quand un homme désire tuer un tigre, il appelle cela « sport » ; quand un tigre désire le tuer, il appelle cela « férocité ».

Bernard Shaw, ***Maxims for Revolutionists*** (1903).

Si je suis chasseur ? Mais oui... Je fais la chasse aux papillons.

Alphonse Allais (1854-1905).

On n'a pas encore vu des perdreaux attaquer des chasseurs. Mais avec ça que les chasseurs ne risquent rien ! Il leur arrive de se tuer entre eux.

D'après Henri Duvernois, ***Jeanne***, I (1932).

Les chasseurs ont cessé d'être des chasseurs pour devenir des fusils.

René Chambe, ***Souvenirs de Chasse*** (1963).

A la chasse et en amour, on commence quand on veut et on cesse quand on peut.

Proverbe espagnol.

CHASTETÉ

Il n'y a de réellement obscènes que les gens chastes.

J. K. Huysmans, ***Certains***, p. 78 (1889).

— Tout le monde ne peut pas faire l'amour, ça ne serait pas sérieux.

Jean Anouilh, ***Roméo et Jeannette***, II, Lucien (1945).

CHÂTIMENT

Après avoir appris à voler, il faut encore apprendre à être pendu.

Proverbe indien.

CHÂTIMENT (peine de mort)

Nous n'avons nullement le droit de tuer les êtres malfaisants, mais c'est un bien grand service à leur rendre.

Maurice Sachs (1906-1945), ***Derrière cinq barreaux***.

L'assassinat d'un assassin, c'est moins grave !

Anonyme. — Enquête sur la peine de mort.

CHEF

Je suis leur chef, il fallait bien les suivre.

Attribué à Ledru-Rollin (1807-1874).

Il y a certains chefs qu'on suit d'autant plus aveuglément, qu'il faut être aveugle pour les suivre.

Gérard de Rohan-Chabot, *Définissons,* « Petit Littré du lettré » (1944).

CHEF (un seul)

A force de coiffeurs, la fiancée devient chauve.

Proverbe espagnol.

CHEF-D'ŒUVRE

CHEF-D'ŒUVRE. — Un enfant qu'on ne baptise qu'après la mort de son père.

Adrien Decourcelle, *Les Formules du docteur Grégoire* (1868).

Les chefs-d'œuvre de passage.

Jules Renard, *Journal,* 5 décembre 1900.

CHEVELURE

Une belle tête sous une chevelure rousse n'est autre chose que le soleil au milieu de ses rayons.

Cyrano de Bergerac (1619-1655). — *Pour une dame rousse.*

A vingt ans, j'aimais mieux les blondes ; à trente, je préfère les brunes : je me suis donc dépravé.

Théodore Jouffroy, *Le Cahier vert,* XXIX (1836).

Les hommes préfèrent les blondes.

Anita Loos, *Gentlemen Prefer Blondes* (1926). — On ajoute : .. *Mais ils épousent les brunes.*

CHIEN

Ce qu'il y a de meilleur dans l'homme, c'est le chien.

Légende mise par le caricaturiste Étienne Charlet *(1729-1845) à l'un de ses dessins représentant un soldat assis dans la campagne et caressant un chien.*

Pour son chien tout homme est Napoléon — d'où la grande popularité des chiens.

Aldous Huxley (1894-1963).

Les chiens n'ont qu'un défaut : ils croient aux hommes.

Elian J. Finbert.

Celui qui promène son chien est au bout de la laisse.

Maurice Jeanneret.

CHIMÈRE

Les châteaux en Espagne qui ne coûtent rien à construire sont ruineux à démolir.

François Mauriac (1885-1970).

Il est difficile d'attraper un chat noir dans une pièce sombre, surtout lorsqu'il ne s'y trouve pas.

Proverbe chinois.

CHIRURGIEN

Le chirurgien qui oublie ses instruments dans le ventre d'un malade n'oublie pas pour autant ses honoraires.

Gaston de Pawlowski.

CHOC en RETOUR

Un méfait est rarement perdu.

Gilbert Cesbron, *Journal sans date,* p. 231 (1963).

CIGARE — CIGARETTE → TABAC

CINÉMA

Le cinéma est un art inférieur. C'est ce qui fait sa supériorité.

Abel Hermant (1862-1950).

Qui nierait que le cinéma sonore nous a fait découvrir le silence ? Le silence est la plus belle conquête du parlant.

Henri Jeanson (1900-1970).

Le cinéma, c'est comme une femme qui se déshabille. Elle a envie d'être heureuse plusieurs fois ; et elle n'est contente qu'une petite fois.

Henri Jeanson (*ibid.*)

CIRCONSPECTION

Ce ne sont pas les cœurs purs qui évitent l'averse, mais les gens munis de parapluie.

Anatole France (1844-1924).

Il ne faut jamais frapper un homme à terre, car il peut se relever.

Proverbe italien.

CITATION

Prenez les fruits sur l'arbre plutôt que chez le fruitier.

Jules Lemaître (1853-1914).

CIVILISATION

Une preuve qu'on est civilisé, c'est qu'on n'enlève pas la vie aux sots.

Émile Pontich, *Les Cahiers d'un Individualiste,* IV (1911).

Paris et New York feront de très belles ruines.

Paul Valéry (1871-1945).

CIVILITÉ

La civilité est un jargon établi par les hommes pour cacher leurs mauvais sentiments.

Saint-Évremond (1610-1703).

CLÉMENCE

— La clémence : c'est une élégance des tyrans pour se faire de la publicité.

Jean Anouilh, *Pauvre Bitos ou le Dîner de Têtes,* III, Bitos (1958).

CLERGÉ

Donnez votre sympathie au clergé — mais surtout rien d'autre.

Benjamin Jowett (1817-1893).

L'humilité chrétienne est prêchée par le clergé et pratiquée par le peuple.

Bertrand Russell.

CLIENT

Le client a toujours raison.

César Ritz, *fondateur d'une chaîne d'hôtels* (1850-1918).

COCHON

PIRON. — Moi et lui, nous sommes amis comme cochons.
VOLTAIRE. — Vous êtes beaucoup moins amis que cochons.

Voltairiana.

Le cochon est souvent assimilé à l'homme parce que ses sensations se réduisent à une gourmandise brutale et une luxure furieuse. Or le cochon ne pratique ni caresses lascives ni actes de sadisme. On a bien souvent associé son nom à des pratiques variées dont il s'est toujours abstenu. Il accomplit bonnement sa tâche, en père de famille.

Attribution fantaisiste à Buffon.

COCU → HOMME TROMPÉ (l')

CŒUR

Il y a des redites pour l'oreille et pour l'esprit, il n'y en a point pour le cœur.

Chamfort (1741-1794).

Rien n'est si doux ni si dur que le cœur.

Lichtenberg, *Aphorismes* (1799).

On ne laisse lire au fond de son cœur que ceux qui doivent y trouver leur nom.

Comtesse Diane, *Maximes de la vie* (1883).

Impossible de voir au fond du cœur : la bougie s'y éteint, faute d'air pur.

Jules Renard, *Journal,* 22 septembre 1895.

Il y a des gens qu'on évite parce qu'ils puent du cœur, comme d'autres puent du nez.

Jean-Bernard, *365 Pensées,* CCCXIII (1925).

Il n'y a qu'une manière d'être heureux par le cœur : c'est de ne pas en avoir.

Paul Bourget (1852-1935).

Quand on a un cœur d'or, il faut le garder pour soi.

Henri Jeanson (1900-1970), *Soixante-dix ans d'adolescence.*

CŒUR et les SENS (le)

Le cœur est un bon bourgeois, ce sont les sens qui le traînent à la noce.

Henry Bataille (1872-1922).

Le cœur va à pied. Les sens en auto.

Marcel Achard. — *Sur l'album de Danielle Delorme.*

COÏT

Tout animal est triste après l'amour — sauf l'âne et le prêtre.

Ernest Renan, *Journal des Goncourt, 6 janvier 1874.*

COLÈRE

— Il est plus facile de sortir de ses gonds que d'y rentrer.

Marcel Achard, *La Bagatelle,* II, Larose (1958).

COLLABORATION

La collaboration ressemble souvent à un marché dans lequel il y a un fripon et une dupe, quand il n'y en a pas deux.

Beaumarchais (1732-1799), *Opuscules.*

Un attelage à deux où, presque toujours, l'un tire plus que l'autre.

Jacques Normand, *Nouvelles Pensées de toutes les couleurs* (1928).

Je te prends ta montre, mais je te dirai l'heure.

Aphorisme né de l'occupation allemande (1940-1944).

COLLAGE

COLLAGE. — L'esclavage dans la liberté.

Dictionnaire de l'Académie de l'Humour français, Miguel Zamacoïs (1934).

COMÉDIE-FRANÇAISE

— *Pourquoi la Comédie-Française ne vous tente-t-elle pas?* demandait-on à Michel Simon.
— *Je sais bien que le métier de comédien est un métier de putain,* répondit-il. *Je n'aimerais simplement pas travailler en maison...*

COMMENCER (il n'y a que le premier pas qui coûte)

C'est un essay friand qui fait croistre la faim.

Jean de Schelandre (anagramme : Daniel d'Anchères),
Tyr et Sidon, I, III, 263, Eurydice (1628).

Une fois qu'on a mangé un diable, on en mangerait bien deux.

Proverbe wallon.

COMMERCE

Le commerce est l'art d'abuser du désir ou du besoin que quelqu'un a de quelque chose.

Edmond et Jules de Goncourt, *Idées et Sensations* (1886).

COMMERCE. — Il enrichit plus vite que le travail et moins vite que le vol.

Jean Mistler, *Bon poids...* (1976).

Il ne faut pas montrer son c... pour deux liards et user pour un sou de chandelle.

Proverbe wallon. — Le liard avait cours pour trois deniers ou le quart d'un sol.

COMMUNISME → CAPITALISME — COMMUNISME — SOCIALISME

COMPAGNIE

Il n'y a si sobre qui en compagnie ne souffle plus à l'encensoir qu'en son particulier.

Guillaume Bouchet, *Les Serées,* I (1584).

Quand une femme est du mestier
Et sa voisine l'accompagne,
Elle a sa part au benoistier
Par la Coustume de Champagne.

Béroalde de Verville, *Le Moyen de parvenir,* II, « Confession » (1612).

La renoncule, un jour, dans un bouquet,
Avec l'œillet se trouva réunie.
Elle eut le lendemain le parfum de l'œillet.
On ne peut que gagner en bonne compagnie.

Auteur inconnu.

Quand on va pour être pendu, la compagnie est agréable.

Thomas Fuller, *Gnomologia* (1732).

COMPAGNON

Le compagnon de lit se choisit pendant qu'il fait jour.

Proverbe suédois.

COMPASSION

On ne refuse pas la pitié aux malheureux, pourvu qu'ils n'en demandent pas davantage.

Joseph Sanial-Dubay, *Pensées sur les mœurs*, 344 (1813).

Si quelqu'un trempe la soupe avec ses larmes, ne lui demande pas de bouillon.

Proverbe nigritien. — Peul.

COMPÉTENCE

Un homme compétent est un homme qui se trompe selon les règles.

Paul Valéry, *Mauvaises Pensées et Autres* (1942).

COMPLICITÉ

Autant pèche celui qui tient le sac que celui qui l'emplit.

Proverbe français.

COMPLIMENT

J'aime les compliments... surtout quand ils me sont faits de près.

Sophie Arnould (1744-1802), *Arnouldiana.*

Sheridan, littérateur et homme politique anglais (1751-1816), recevant une jeune épousée et son mari dans son cottage londonien, trouvait ce compliment pour la jeune femme :
— ***Venez donc au jardin, je voudrais que mes roses vous voient...***

Vous pourriez avoir vos yeux et votre sourire... et n'avoir pas en plus avalé des oiseaux...

Anna de Noailles (1876-1933) *à Yvonne Printemps.*

Il dit ce qu'il a à dire. Il parle comme la rose sent bon.

Paul Claudel, *Accompagnements* (1949). — *Sur Francis Jammes.*

C'est un poisson qui se fabrique ses câpres.

François Mauriac (1885-1970), *sur Juliette Gréco.*

COMPORTEMENT

Si vous tendez l'autre joue, que cela soit pour mieux reconnaître et assommer celui qui veut en profiter.

Natalie Clifford Barney, *Pensées d'une Amazone* (1921).

COMPRENDRE

Ce doit être beau, on n'y comprend rien.

D'après Molière, *Le Médecin malgré lui,* II, IV, Lucas (1666) : *Oui, ça est si biau, que j'y entends goutte.*

Rien ne persuade tant les gens qui ont peu de sens que ce qu'ils ne comprennent pas.

Cardinal de Retz (1613-1679).

COMPTE

Quel est le compte qui fait les bons amis ? — Ne rien se devoir, ou se devoir tout.

Comtesse Diane, *Livre d'or,* 32 (1895).

COMPTER sur SOI-MÊME

Il ne faut compter que sur soi-même… et encore, pas beaucoup.

Tristan Bernard (1866-1947).

CON → FEMME (le sexe de la)

CONCUBINAGE

On ne peut écrire le mot *concubinage,* ce bizarre composé de termes d'anatomie et d'agriculture, sans avoir l'impression de violer à la fois les secrets de l'alcôve et les règles de la bienséance.

Georges-Armand Masson, *L'Amour de Ah ! jusqu'à Zut !* (1960).

CONDITIONNEL

Marie me disait d'un monsieur qui lui faisait la cour : « Il m'intimide tant, ce monsieur, qu'il me semble qu'avec lui, *je retrouverais* mon pucelage. »

Journal des Goncourt (année 1852).

CONDITIONNEL HYPOTHÉTIQUE

Camille Doucet, auteur dramatique, Secrétaire perpétuel de l'Académie française (1812-1895), s'était laissé à dire, dans un moment d'ivresse : « J'aurais fait un si bon domestique ! », Sainte-Beuve (1804-1869) le reprit : « Pourquoi ***j'aurais fait ?*** »

En 1900, un échotier facétieux avait publié cette nouvelle : « ***D'après certaines déclarations de gens bien informés, Jean Lorrain épouserait prochainement Mlle Liane de Pougy.*** »
Mlle Liane de Pougy, aimable lionne de son époque, qui devait devenir princesse par alliance, estima qu'elle était diffamée par cette annonce.
De son côté Jean Lorrain, qui était résolument pédéraste, pensa qu'on l'offensait en supposant qu'il pourrait épouser une personne appartenant au sexe féminin. Dans son idée, il ne pouvait avoir qu'un goût commun avec Mlle Liane de Pougy : le désir d'être agréable aux messieurs.
D'où un procès contre l'échotier et son journal qui se tirèrent d'affaire à la faveur du conditionnel hypothétique. « ***Je n'ai pas écrit " épousera ", mais " épouserait " ; ce qui met simplement l'événement sur le plan des choses qui ne sont pas impossibles. Or, rien n'est impossible.*** »

CONFÉRENCIER

Certains hommes parlent durant leur sommeil. Il n'y a guère que les conférenciers pour parler pendant le sommeil des autres.

Alfred Capus (1858-1922).

CONFESSION

Il y a des choses dont on se confesse, mais dont on ne se repent point.

Pierre de Boaistau, *Histoire des amans fortunez,* LXV (1558).

On se confesse de ses vieux péchés pour faire place aux nouveaux.

Adolphe d'Houdetot, *Dix épines pour une fleur* (1853).

La confession est l'arrière-goût très parfumé du péché.

Marie Valyère, *Nuances morales,* « Vices et Vertus » (1899).

— Les curés sont consolés de ne pas être mariés, quand ils entendent les femmes se confesser.

Armand Salacrou, *Une femme libre,* I, Adrienne (1934).

Je n'ai pas fait de crimes, mais il faudra peut-être que je dise des choses qu'on ne dit pas devant les dames, quoique ce soit avec elles qu'on les fait.

Marcel Pagnol, *César,* Confession de maître Panisse (1935).

CONFIANCE et DÉFIANCE

Si la crainte de Dieu est le commencement de la sagesse, la crainte des hommes en est la fin.

Charles Chincholle, *Pensées de tout le monde* (1868).

Quand on se méfie, on se trompe ; quand on ne se méfie pas, on est trompé.

Comtesse Diane, *Livre d'or,* 177 (1895).

La porte la mieux fermée est celle que l'on peut laisser ouverte.

Proverbe chinois.

CONFORMISME

L'mari de notre mère doit toujours s'app'ler papa.

Fanfan la Tulipe, chanson d'Émile Debraux, 1er couplet (1819).

Mieux vaut — si tu hurles — avec les loups qu'avec les chiens.

Paul-Jean Toulet (1867-1920), *Les Trois Impostures,* « Almanach », 180.

— Il vaut mieux se tromper avec tout le monde que d'être intelligent tout seul.

Marcel Achard, *Les Compagnons de la Marjolaine,* I, Lecoq (1952).

Si à midi le roi te dit qu'il fait nuit, contemple les étoiles.

Proverbe persan.

CONFRÈRE

Ce qu'on rencontre avec plaisir chez un émule féminin.

Jean Bonot, *Dictionnaire humoristique des Lettres et des Arts* (1947).

Personnage sans aucun talent, qui fait, inexplicablement, le même métier que vous.

Pierre Daninos.

CHAMPLON *(de l'Académie française).* — Si l'on estime que se crée un lien entre deux beaux-frères, c'est-à-dire entre deux hommes qui n'ont en commun que d'aimer deux sœurs, pourquoi n'y aurait-il pas un lien aussi, et *a fortiori,* entre deux hommes qui aiment la même femme ?... Il devrait même y avoir un mot pour les désigner.
CAROLINE. — Cela me gênerait beaucoup.

Félicien Marceau, *La Preuve par Quatre,* deuxième partie (1964).

CONSCIENCE

Si on avait assez de fonds pour acheter toutes les consciences ce qu'elles valent et les revendre ce qu'elles s'estiment, ça serait ça, une belle affaire.

Gavarni (1804-1866).

La conscience règne et ne gouverne pas.

Paul Valéry, *Mauvaises Pensées et Autres* (1941).

La conscience est un tribunal qui casse vite ses sentences.

Maurice Druon, *Remarques* (1952).

Nul n'a jamais bien su
Où était le siège de la conscience,
Ce qui est certain,
C'est qu'on peut s'asseoir dessus.

Hervé Bazin, *Traits* (1976).

La conscience est une voix qui nous dit que l'on ne doit pas faire une chose quand nous l'avons déjà faite.

Proverbe espagnol.

La conscience a, comme les chatouilles, qui la craint et qui ne la craint pas.

Proverbe italien.

CONSEIL

Personne n'accepte de conseils ; mais tout le monde acceptera de l'argent ; donc l'argent vaut mieux que les conseils.

Swift, *Thoughts on Various Subjects* (1706).

Un conseil est toujours une confession.

André Maurois, *La Conversation* (1964).

Suis le conseil de celui qui te fait pleurer, et non de celui qui te fait rire.

Proverbe arabe.

Celui qui donne des conseils à qui lui demande de l'argent perd son temps, et si de plus il lui donne de l'argent, il perd les deux.

Proverbe espagnol.

CONSÉQUENCE

Le fruit des conférences de cent jours est détruit par un seul pet.

Proverbe japonais.

CONTENTEMENT

On mange bien des perdrix sans oranges.

Antoine Oudin, *Curiosités françaises* (1640).

CONTINENCE

L'incontinence est nécessaire en vue de la continence et l'incendie s'éteint au moyen du feu.

Auteur latin inconnu. — Cf. Montaigne, *Essais,* III, V.

CONTRACEPTION

Si la pluie est un don de Dieu, celui-ci autorise pourtant que l'on s'en préserve sous un parapluie.

Proverbe mauricien.

CONTRAIRE

Les contraires s'attirent, les extrêmes se couchent.

Willy (1859-1931).

CONTREPÈTERIE

Femme folle à la messe et femme molle à la fesse.

Rabelais, *Pantagruel,* XVI (1532).

Quelle fut la réponse de Clovis à saint Remi lorsque l'évêque de Reims, avant de lui donner le baptême, enjoignit : « Courbe-toi, fier Sicambre ! » ?
Clovis rétorqua : « Cambre-toi, vieux si courbe ! »

Alphonse Allais (1854-1905).

Votre père a l'air mutin.

Louis Perceau, *La Redoute des Contrepèteries* (1949).

Une fille honnête ne permet à personne de fouiller dans sa mante.

Louis Perceau, *ibid.*

Le tailleur est enseveli sous les amas de patentes.

Le Crapouillot, « Dictionnaire de la Conversation », I (1955).

CONVERSATION

Lui ne me disait mot, je ne répondais rien ;
C'est ainsi que finit ce superbe entretien.

Aurélien Scholl, *L'Esprit du Boulevard* (1872). — C'est une *parodie du récit de Théramène.*

J'aime les hommes qui ont de l'avenir et les femmes qui ont un passé.

Oscar Wilde, *Le Portrait de Dorian Gray,* XV (1889).

La conversation est un jeu où il ne faut pas mettre un louis contre un écu.

Honoré de Balzac, *Pensées, Sujets, Fragments* (1833).

L'art de ne rien dire en parlant beaucoup.

Anthony Chester.

La conversation est le plus noble des tournois.

Maurice Toesca, *Dictionnaire de la contradiction*, préface (1969).

CONVIVE → REPAS

COQUILLE

Ni pleurs ni couronnes.

Avis de décès. — *Le Petit Provençal*, 5 novembre 1925.

M. et Mme Battisti, M. et Mme Desideri font part du mariage de leurs enfants Xavière et Joseph, qui a eu lieu dans la plus triste intimité.

Paris-Normandie, 29 juillet 1954.

COQUIN

Je n'ai jamais tant ri que lorsque j'ai vu Don Quichotte embarrassé à se défendre des galériens auxquels par grandeur d'âme il venait de donner la liberté.

Casanova (1725-1798), *Mémoires*, VI, 10.

CORPS et ÂME

Une belle âme dans un beau corps paraît plus belle et il avait plus d'envie de sauver une âme quand elle était dans un beau corps que lorsqu'elle était dans une laide enveloppe.

Sur Robert Arnauld d'Andilly (1589-1674).

CORRUPTION

Les hommes de haute intégrité ne sont peut-être, comme les billets de banque d'un million, que d'un change difficile.

Paul-Jean Toulet, *Les Carnets de Monsieur du Paur* (1898).

— Ce n'est pas moi qui me vendrais pour un pot-de-vin.
— Ce sentiment vous honore.
— Si encore il s'agissait d'un tonneau.

André Prévot, *Réflexions et Dialogues* (1957).

Le Ciel inspire favorablement le juge qui a reçu un bakchich.

Proverbe turc.

COTERIE

Nul n'aura de l'esprit hors nous et nos amis.

Molière, *Les Femmes savantes*, III, II, 924, Armande (1672).

COUP de TÊTE

Combien viennent du cœur… ou d'autre part.

Gérard de Rohan-Chabot, *Définissons,* « Petit Littré du lettré » (1944).

COUPABLE et l'INNOCENT (le)

Rien ne ressemble à un innocent comme un coupable qui ne risque rien.

Tristan Bernard, *L'Enfant prodigue du Vésinet,* IX (1921).

COUPS (les)

Le cœur sur la main quand il faut, et la main sur la figure quand c'est nécessaire !…

Henri Jeanson, *Caviar* (1962).

Morsure de brebis ne passe jamais la peau.

Proverbe espagnol. — Ce proverbe n'est vrai que par métaphore.

COURAGE

L'art d'avoir peur, sans que ça paraisse.

Pierre Véron, *Le Carnaval du Dictionnaire* (1862).

Le véritable courage consiste à être courageux précisément quand on ne l'est pas.

Jules Renard, *L'Écornifleur,* XVI (1892).

COURTISANE

La courtisane ne délie pas le nœud de sa ceinture pour l'amour du Prophète.

Djâmi, *Béharistan,* VIe jardin (XVe s.).

Il est certain que le mot de *courtisane* (qui est le moins déshonnête synonyme de *putain*) a pris son origine de la cour de Rome, à savoir des premières dévotes qui fréquentaient plus que très familièrement, jour et nuit, avec les prélats de Rome.

Henri Estienne, *Apologie pour Hérodote,* XXXVIII (1566).

Je n'ai pas de passion, mais j'ai des vices, c'est ce qui me « sauve ».

Julie Lebœuf *dite* Marguerite Bellanger (1840-1886), *très jolie femme de la haute bicherie parisienne sous le Second Empire.*

Point d'argent, point de cuisses.

Paul Bourget, *Monsieur Legrimaudet,* p. 51 (1891). — Variante facétieuse, par à peu près, du proverbe : *Point d'argent, point de Suisses.*

Quand l'amour est une carrière, il doit cesser d'être un sentiment.

Gaston de Caillavet et Robert de Flers, *L'Ange du foyer,* I, 18 (1905).

La travailleuse est aride, la courtisane est humide ; la travailleuse a une chemise, la courtisane en a dix.

Proverbe italien.

CRIME

L'on a vu des hommes monter sur l'échafaud, n'ayant que ce moyen pour s'élever au-dessus des autres.

Émile Pontich, *Les Cahiers d'un Individualiste,* II (1911).

Il y a des crimes qui deviennent respectables à force de durer.

Georges de Porto-Riche (1849-1930).

CRITIQUE (généralités)

C'est sans doute un terrible avantage que de n'avoir rien fait, mais il ne faut pas en abuser.

Rivarol, *Petit Almanach de nos Grands Hommes,* préface (1788).

Avec impunité les Hugo font des vers.

Alexandrin de Népomucène Lemercier (1771-1840).

C'est bien le moins qu'un cul-de-jatte ait le droit de critiquer un champion cycliste.

Louis Scutenaire, *Mes Inscriptions,* 65 (1945).

CRITIQUE (métier)

Critiques. — Le plus sale roquet peut faire une blessure mortelle. Il suffit qu'il ait la rage.

Paul Valéry, *Tel Quel,* I (1941).

Le critique insulte l'auteur : on appelle cela de la critique. L'auteur insulte le critique : on appelle cela de l'insulte.

Henry de Montherlant, *Carnets,* XLII (1942).

Le critique gagne son pain à la sueur d'autres fronts que le sien.

Jacques Deval, *Afin de vivre bel et bien* (1969).

Pour un critique, la première impression est toujours la bonne. Surtout quand elle est mauvaise.

Henri Jeanson (1900-1970).

Là où le cheval du critique a passé, l'oseille ne repousse plus.

Marc-Gilbert Sauvageon.

La critique est une personne, mais cette personne doit être quelqu'un.

André Roussin.

CROUPE

Qui sur la croupe est porté,
Il ne peut mieux être monté.

Philippe Le Duc, *Proverbe en rimes* (1664).

Fesses, dont la blancheur divinise encore la rondeur.

Verlaine (1844-1896), *Partie carrée.*

Mme de Gromance a de la grâce... Mais je la soupçonne de manquer un peu de croupe. C'est un grave défaut !

Anatole France, *Le Mannequin d'osier,* XI (1897).

La courbe est la ligne géométrique de la beauté et du bonheur.

Joséphin Péladan (1858-1918).

Si les femmes étaient sans fesses
Qu'est-ce
Que nous ferions de nos mains,
Pauvres humains !

Raoul Ponchon, *La Muse gaillarde* (1939).

C'est une artiste qui a un bel avenir derrière elle.

Réflexion de François Chalais *sur une interprète des* « Visiteurs du Soir » (1942).

La croupe est une expression de la beauté.

Aristide Maillol (1861-1944).

CRUAUTÉ

L'homme est un peu inférieur au tigre pour la cruauté.

Schopenhauer, *Parerga und Paralipomena,* II (1851).

CUISINE, CUISINIER

Entre un mauvais cuisinier et la Brinvilliers, il n'y a de différence que dans l'intention.

Le président Hénault (1685-1770) *à propos de la cuisinière de Mme du Deffand.*

La même femme est presque toujours la même femme ; le même plat n'est jamais le même plat.

Alain Laubreaux, *L'Amateur de Cuisine* (1931).

La cuisine, c'est quand les choses ont le goût de ce qu'elles sont.

Curnonsky (1872-1956).

Voir Gastronomie.

CUL

Sans cul, nul ne pourrait avoir séance entre gens d'honneur.

Béroalde de Verville, *Le Moyen de parvenir,* I, « Proposition » (1612).

Chez l'homme, la partie la plus indigne de l'anatomie : on la botte. Chez la femme, c'est là qu'est le siège de la dignité.

Maurice Jeanneret.

CULTURE de l'ESPRIT

La culture, c'est ce qui demeure dans l'homme lorsqu'il a tout oublié.

Un pédagogue japonais. — Cité par Édouard Herriot, *Notes et Maximes.*

La culture, c'est comme la confiture, moins on en a, plus on l'étale.

X. Y. Z.

CURIOSITÉ

On se fait un mérite de sa curiosité ; et, aux autres, de leur discrétion.

Émile Henriot, *Éloge de la curiosité* (1927).

CYNISME

Le cynisme consiste à voir les choses telles qu'elles sont et non telles qu'elles devraient être.

Oscar Wilde (1856-1900), *Miscellanies.*

Je possède ce don d'observation appelé vulgairement *cynisme* par ceux qui en sont dépourvus.

Bernard Shaw, *Dramatic Opinions and Essays* (1907).

Nous appelons cynisme la vérité qui ne nous plaît pas.

André Siegfried, *Quelques maximes (1946).*

CYNIQUES.— Se dit des gens qui disent tout haut ce que nous pensons.

Pierre Daninos, *Le Jacassin* (1962).

D

DANSE, DANSEUR

Lorsque les pieds s'entendent, les cœurs suivent.

Mme Sophie Desmond, *Professeur de danse classique et moderne.*

Dans le tango, le danseur doit, avec tact mais sans faiblesse, placer son genou entre les cuisses de sa partenaire. « *C'est une danse où les visages s'ennuient pendant que les derrières s'amusent.* ».

Clemenceau (1841-1929).

DÉBITEUR, DETTE

Rien ne porte malheur comme payer ses dettes.

Regnard, *Le Joueur,* III, X, 1058, Valère (1696).

Qui paye ses dettes s'enrichit ? C'est un bruit que font courir les créanciers.

Martainville (1776-1830).

On n'a le droit de se mêler des dettes d'autrui que pour les payer.

Sacha Guitry (1885-1957).

DÉBITEUR et CRÉANCIER

Cousin germain, quand tu prêteras ;
Fils de putain, quand tu réclameras.

Antoine Loisel, *Institutes coutumières,* 672 (1607).

— Vos cent écus ! J'aimerais mieux vous les devoir toute ma vie que de les nier un seul instant.

Beaumarchais, *Le Barbier de Séville,* III, V, Figaro (1575).

L'habit râpé d'un honnête homme reluit de toutes ses dettes payées.

Xavier Forneret, *Broussailles de la pensée,* 29 (1870).

Il y a des gens dont la puissance est faite de tout l'argent qu'ils ont prêté. Il y en a d'autres dont toute la force est dans l'argent qu'ils doivent.

Auguste Detœuf, *Propos de O.-L. Barenton, confiseur* (1937).

DÉCISION

On ne prend guère une décision, c'est la décision qui vous prend.

André Siegfried, *Quelques maximes* (1946).

A l'auberge de la décision, il fait bon dormir.

Proverbe persan.

DÉCOLLETÉ

Il est impossible de plus découvrir et de moins montrer.

Sur une femme maigre et désespérément privée de tout avantage, mais qui n'en offrait pas moins un décolleté considérable.

DÉCORATION → TITRES et DIGNITÉ

DÉCOURAGEMENT

Faut pas jeter la cognée devant la charrue.

Marcel Achard, *Savez-vous planter les choux ?* III, Fragnol (1947).

DÉDICACE

A ma femme, sans l'absence de qui je n'aurais jamais pu écrire ce livre.

O. W. Holmes (1809-1894).

DÉFAILLANCE (chez la femme)

Que ces vains ornements, que ces voiles me pèsent !

Racine, *Phèdre,* I, III, 158, Phèdre (1677).

DÉFAILLANCE (chez l'homme) → IMPUISSANCE

DÉFAUT

Avouer ses défauts, ce n'est qu'une façon de cacher les pires.

Swift (1667-1745).

Si vous n'aviez point de défauts, vous auriez celui-là.

Émile Pontich, *Les Cahiers d'un Individualiste,* V (1911).

DÉFINITION

Clystère. — Le tube tortueux d'où jaillit la santé.

Maxime du Camp, *Jenner ou la découverte de la médecine* (1846).

Dégrafer. — Ouvrir une prison où trop souvent il n'y a pas de prisonniers.

Pierre Véron, *Le Carnaval du dictionnaire* (1874).

Qu'est-ce que la crinoline ? Ce qui s'écarte de la vérité.

Charles Monselet (1825-1888), *Bibliothèque galante.*

Déniaiser. — Ouvrir une huître.

Dictionnaire de l'Académie de l'Humour français,
Adrien Vély (1934).

DÉMARCHE

Toutes les femmes qui ont fait ce que l'on nomme des fautes sont remarquables par la rondeur exquise de leurs mouvements.

Honoré de Balzac, *Théorie de la démarche* (1846).

DÉMOCRATIE

— Mon Dieu, madame la duchesse, la démocratie est le nom que nous donnons au peuple toutes les fois que nous avons besoin de lui...

Gaston de Caillavet et Robert de Flers, *L'Habit vert*, I, XII, Durand (1912).

La démocratie, c'est le droit pour les poux de manger les lions.

Philippe Berthelot (1866-1924).

Le plus grand nombre est bête, il est vénal, il est haineux. C'est le plus grand nombre qui est tout. Voilà la démocratie.

Paul Léautaud, *Propos et Anecdotes* (1952).

La démocratie est une bonne fille ; mais, pour qu'elle soit fidèle, faut faire l'amour avec elle tous les jours.

Édouard Herriot (1872-1957), *Notes et Maximes.*

La démocratie est le pire des régimes si l'on excepte les autres.

Winston Churchill (1874-1965).

DÉPUTÉ → POLITIQUE (Homme)

DÉSESPOIR

Quand on a tout perdu, quand on n'a plus d'espoir,
La vie est un opprobre et la mort un devoir.

Voltaire, *Mérope,* II, derniers vers (1743). *On a remplacé le dernier vers par cette variante burlesque :* D'un pan de sa chemise on se fait un mouchoir.

A se cogner la tête contre les murs, il ne vient que des bosses.
Proverbe français.

DÉSIR

Mes désirs viennent à moi comme des chiens couchants.
Marquise de Païva, née Thérèse Lackmann (1819-1884).

— On ne fait jamais ce qu'on veut.
— Heureusement !
Jules Renard, *Journal,* 1er octobre 1898.

Avoir tout de suite ce dont on a envie, c'est un jeu comme si on retirait le désir de l'amour.
William Douglas Home et Marc-Gilbert Sauvajon, *Le Canard à l'orange,* II (1971).

DÉSORDRE → ORDRE et DÉSORDRE

DESTIN, DESTINÉE

Celui qui est né pour être pendu ne mourra pas noyé.
William Camden, *Remaines Concerning Britain* (1614).

— C'est toujours par hasard qu'on accomplit son destin.
Marcel Achard, *Le Moulin de la Galette,* I, Auguste (1951).

DÉTAIL

Le bruit que font les sous de la chaisière n'empêche pas le vrai croyant de chanter son cantique.
Ernest Hello (1828-1885).

Les détails sont toujours vulgaires.
Oscar Wilde, *The Picture of Dorian Gray,* VIII (1891).

DEUIL

Deuil : le mensonge noir.
Jules Renard, *Journal,* 22 août 1909.

Pour honorer les morts, les uns portent leur deuil, les autres leurs bijoux.
Gaston Andréoli, *Pensées d'un Médecin* (1953).

DEVIN, DEVINERESSE

Deux augures ne peuvent se regarder sans rire.
Cicéron (Ier siècle av. J.-C.), *De divinatione,* II.

DEVINER

En vous voyant sous l'habit militaire,
J'ai deviné que vous étiez soldat.

Nicolas Brazier, *L'Enfant du Régiment* (1818).

DEVISE

Je réponds à qui me touche.

Devise attribuée à Mme de Genlis (1746-1830).

On n'a que soi.

Le peintre Fernand Khnopf (1826-1898).

Je meurs ou je m'enlace.

Liane de Pougy (1869-1950).

DEVOIR (le)

— Le devoir, savez-vous ce que c'est ? C'est ce que l'on exige des autres.

Alexandre Dumas fils, *Denise,* I, II, Fernand (1885).

Pourquoi hésiter jamais sur notre devoir, quand il se reconnaît d'emblée à ce signe : le devoir, c'est ce qui nous embête.

Fernand Vandérem, *Gens de qualité,* « Minimes » (1938).

La « Déclaration des droits de l'Homme » devrait figurer en *post-scriptum* à une « Déclaration de ses devoirs ».

Oscar Forel, *Aphorismes* (1957).

DEVOIR ACCOMPLI (le)

Rien ne donne la satisfaction du devoir accompli comme une bonne nuit de sommeil, un repas sérieux, une belle passe d'amour.

Remy de Gourmont, *Promenades philosophiques,* IIIe série (1910).

JEANNE. — Et la satisfaction du devoir accompli ?
JACQUES. — Oh ! ça... beaucoup plus tard... Il y a d'abord la détresse du devoir rempli.

Maurice Donnay, *Les Éclaireuses,* IV, I (1913).

DÉVOTION

La dévotion trouve pour faire une mauvaise action des raisons qu'un simple honnête homme ne saurait trouver.

Montesquieu (1689-1755), *Cahiers.*

Gardez-vous bien de lui les jours qu'il communie.

Abbé H.-J. Du Laurens (1719-1797), *Satires.*

DIABLE

Il faut quelquefois brûler une chandelle au diable.

Antoine Oudin, *Curiosités françaises* (1640).

La plus grande malice du diable est de faire croire qu'il n'existe pas.

Baudelaire, *Poèmes en prose,* XXIX (1864).

Sortant d'un zoo, après avoir vu les rhinocéros, les pythons, les serpents, les caïmans, les crocodiles, à la sortie, quelqu'un disait : « *Je ne sais pas si je crois encore en Dieu, mais je ne doute plus de l'existence du diable.* »

Maurice Jeanneret.

DICTATURE

Les dictatures, comme le supplice du pal, commencent bien et finissent mal.

Clemenceau (1841-1929).

Tout ce qui n'est pas interdit est obligatoire.

Formule des régimes dictatoriaux, selon Curzio Malaparte (1898-1957).

DIEU

Si Dieu nous a faits à son image, nous le lui avons bien rendu.

Voltaire (1694-1778), *Le Sottisier,* XXXII.

Quand je serai devant le Père Céleste, je lui demanderai des explications. Il n'en mènera pas large.

Churchill (1874-1965).

Je crois en Dieu... Amen !

David Williams.

DIEU (amour de)

Il est plus commun d'aimer Dieu que son prochain, cela coûte moins.

Alfred Bougeart, *Pailles et Poutres* (1877).

DIEU (existence de)

Si Dieu n'existait pas, il faudrait l'inventer.

Voltaire, *Le Pour et le Contre* (1769).

— C'est ce qu'on a fait.

Repartie de Diderot.

La seule excuse de Dieu, c'est qu'il n'existe pas.

Stendhal (1783-1842).

La moindre apparition sera la bienvenue.

Sacha Guitry, *Toutes réflexions faites*, VI (1947).

DIEU et DIABLE

Je m'incline respectueusement devant Dieu et Jésus-Christ, tout en éprouvant une vive admiration pour le diable.

Bismarck (1815-1898).

C'est Dieu qui a créé le monde, mais c'est le diable qui le fait vivre.

Tristan Bernard, *Sur les grands chemins*, « Un spectateur » (1911).

Dieu fait l'aliment, le diable fait l'assaisonnement.

James Joyce, *Ulysse* (1935).

Brûler un cierge à Dieu et deux au diable.

Proverbe français.

DIEUX (les)

— C'est curieux comme les dieux s'abstiennent de parler eux-mêmes dans les cas difficiles.

Jean Giraudoux, *La Guerre de Troie n'aura pas lieu*, I, IX, Hector (1935).

DIGESTION

La manière dont on digère décide presque toujours de notre manière de penser.

Voltaire, *Lettre à la marquise du Deffand*, 5 juin 1772.

On demandait à un candidat médecin : « ***Où commence la digestion ? — Dans la bouche. — Non, monsieur, dans la casserole !*** »

DIGNITÉ

La dignité n'empêche pas d'accepter les pourboires : elle défend seulement de remercier.

Abel Bonnard, *L'Argent* (1928).

Même si ta poche est vide, veille à ce que ton chapeau reste droit.

Proverbe espagnol.

DILETTANTISME

Ce qu'il y a d'enivrant dans le mauvais goût, c'est le plaisir aristocratique de déplaire.

Baudelaire (1821-1867).

Passer pour un idiot aux yeux d'un imbécile est une volupté de fin gourmet.

Georges Courteline, *La Philosophie de Georges Courteline* (1927).

DIPLOMATIE

Quand un diplomate dit « oui », cela signifie « peut-être » ; quand il dit « peut-être », cela veut dire « non » ; et quand il dit « non », ce n'est pas un diplomate.

H.-L. Mencken, *Dictionary of Quotations* (1946).

Le diplomate, c'est celui qui se rappelle l'anniversaire d'une lady, mais qui oublie son âge.

Proverbe anglais.

DIPLÔME

Le diplôme pour tous, c'est le passeport pour nulle part.

Louis Armand (1905-1971).

Le diplôme est un parchemin conférant le droit d'oublier une science.

Jean Mistler, *Bon poids...* (1976).

DIRE

Cela va sans dire, mais cela ira mieux en le disant.

Talleyrand (1754-1838).

On ajoute : *Et même en le répétant.*

DISCOURS

Ce qu'il y a de pire lorsqu'on fait un discours, ce n'est pas qu'un auditeur, au premier rang, regarde sa montre, c'est qu'il la secoue, après l'avoir regardée, redoutant qu'elle soit arrêtée !

Marcel Achard (1899-1974).

DISCRÉTION (dans les actes)

Il y a un temps pour cligner et un temps pour voir.

Thomas Fuller, *Gnomologia* (1732).

Comment cet homme a-t-il pu atteindre à cela ? — Il a marché sur la pointe des pieds.

Goethe (1749-1832), *Maximes et Réflexions.*

DISCRÉTION (dans les paroles)

Il n'y a ni discrets ni indiscrets. Les uns redisent tout de suite ce qu'on leur a conté ; les autres le répètent plus tard, et tous inventent ce qu'on ne leur a pas dit.

Henri de Régnier, *Donc...* (1927).

DISCUSSION

Ne discutez jamais. Répétez vos assertions.

Robert Owen (1771-1858).

En parlant, on ne change jamais l'opinion des autres. On change quelquefois la sienne.

Alfred Capus (1858-1922).

Dans une discussion, le difficile, ce n'est pas de défendre son opinion, c'est de la connaître.

André Maurois, *La Conversation,* Notes et Maximes (1927).

Quand quelqu'un dit : « Je me tue à vous le dire ! » laissez-le mourir.

Jacques Prévert, *Spectacle,* « Intermède » (1951).

DISSECTION

Le médecin Louis Farabeuf (1841-1910) disait en disséquant un cadavre : « C'est bien dégoûtant ; mais j'aime encore mieux cela que les vivants. »

Cité par Édouard Herriot, *Notes et Maximes.*

DISTINCTION

DISTINCTION. — Qualité que perdent les gens à mesure qu'on les distingue mieux.

Georges Elgozy, *Le Fictionnaire* (1973).

DISTRACTION

Le distrait perdrait son cul, s'il ne tenait si fort.

Proverbe wallon.

DIVORCE

DIVORCE. — La soupape de sûreté de la chaudière conjugale.

Adrien Decourcelle, *Les Formules du docteur Grégoire* (1868).

Un mariage est rarement un mariage de raison, mais un divorce est toujours un divorce de raison : on se connaît.

Sacha Guitry (1885-1957).

En fait de divorce, il en est comme des opérations. Il n'y en a pas de bonnes, il n'y en a que de nécessaires.

Hervé Bazin, *Madame Ex.*, 21 (1975).

D'abord dans la même chemise, ensuite dans deux maisons.
Proverbe estonien.

DOMESTIQUE

Le bon domestique est celui qui sert avec exactitude et se sert avec discrétion.

André Prévot, ***Petit Dictionnaire à l'usage des Optimistes*** (1947).

Montaigne soutient que peu d'hommes ont été admirés par leurs domestiques. Et alors ? Combien plus rares sont les domestiques que leurs maîtres ont admirés !

Georges Elgozy, ***Le Fictionnaire*** (1973).

DON JUAN

Don Juan est un touriste pressé.

Maurice Donnay, ***Molière*** (1911).

Il aime les femmes distantes, mais de près.

Jean Giraudoux (1882-1944).

Don Juan.

Quand avec sa compagne unique, mais chérie,
Je vois un amoureux,
Je me dis que j'ai fait du travail en série
Sans jamais être heureux.

Tristan Bernard, ***60 Années de Lyrisme intermittent*** (1945).

Don Juan, pour moi, n'était pas jeune ; il était laid et sentait le bouc.

Colette (1873-1954).

Un homme qui « attente » à la vertu d'une fille est moins coupable qu'une fille qui attente à la liberté d'un homme.

Jean Dutourd, ***Le Petit don Juan,*** XVII (1955).

Don Juan saisit l'occasion. Valmont la suscite.

Marcelle Auclair, ***L'Amour,*** Notes et Maximes (1963).

Don Juan soupirait de ce que les femmes lui faisaient le don rapide de leur personne et qu'il n'avait d'elles que leurs faveurs. Mais que pouvait-il en attendre de mieux ?

Henry Muller (1901-1980).

DONNER

Un don qui se fait trop attendre est gâté quand il arrive.

Chancelier Oxenstiern (1583-1654).

Donner avec ostentation, ce n'est pas très joli, mais ne rien donner avec discrétion, ça ne vaut guère mieux.

Pierre Dac (1896-1975).

Portez rapidement votre main à votre chapeau et lentement à votre bourse.

Proverbe danois.

DONNER et RECEVOIR

Donner est un plaisir plus durable que recevoir, car celui des deux qui donne est celui qui se souvient le plus longtemps.

Chamfort (1741-1794), *Caractères et Anecdotes.*

DORMIR

Le sommeil est le seul don gratuit qu'accordent les dieux.

Plutarque, *Œuvres morales,* « De la superstition » (Ier s.)

DOT

— Elle est affreuse, mais elle a trois millions de dot ou, si vous voulez, de dommages et intérêts !

Gaston de Caillavet et Robert de Flers, *Miquette et sa mère,* I, XII, Le marquis (1906).

Un présent fait au futur pour dissimuler l'imparfait.

Willy (1859-1931).

La mariée qui t'apporte un trône d'or s'assied dessus.

Proverbe turc.

DOULEUR

On dirait que la douleur donne à certaines âmes une espèce de conscience. C'est comme aux huîtres le citron.

Paul-Jean Toulet (1867-1920), *Les Trois Impostures,* « Almanach », 75.

La douleur embellit l'écrevisse.

Proverbe russe.

DOULEUR PHYSIQUE et MORALE

Un rhume de cerveau fait bien plus souffrir qu'une idée.

Jules Renard, *Journal,* janvier 1906.

Une douleur morale s'atténue toujours quand elle se double d'une souffrance physique.

Étienne Rey, *Maximes morales et immorales* (1914).

Mon Dieu, préservez-moi des douleurs physiques. Je m'arrangerai avec les douleurs morales.

Tristan Bernard (1866-1947).

DUEL

L'affaire est enterrée ; il n'y aura qu'elle.

Jules Jouy (1855-1897).

Dans un duel, c'est l'encre qui coule à flots.

André Treilles, *Maximes, Réflexions et Pensées,* 325 (1953).

— Je vous prie de vous considérer comme giflé par moi.
— Et moi, je vous prie de vous considérer comme tué en duel par moi.

Pierre Dac (1896-1975).

DUPES et FILOUS

Croyez tout le monde honnête et vivez avec tous comme avec des fripons.

Cardinal Mazarin (1602-1661).

Ce ne sont pas les dupes qui manquent, ce sont les charlatans.

Le dandy Montrond, ami de Talleyrand (1769-1843).

A chaque minute, il naît une poire.

Barnum, *Mémoires* (1855).

Cette grande malice des uns est le plus souvent faite de la stupidité des autres.

Henry Maret, *Pensées et Opinions* (1903).

Un chevalier d'industrie qui mérite d'être promu officier.

Lucien Guitry (1860-1925).

L'important, dans la vie, ce n'est pas d'avoir de l'argent, mais que les autres en aient.

Sacha Guitry, *Le Scandale de Monte-Carlo,* I (1932).

E

ÉCOLE

Ce qu'on a appris à l'école est très important ; mais ce qu'on n'y a pas appris est encore plus important.

Thierry Maulnier, ***Discours prononcé lors de l'inauguration du Lycée mixte de Barentin*** (1965).

ÉCONOMIE POLITIQUE

Quand un économiste vous répond, on ne comprend plus ce qu'on lui avait demandé.

André Gide (1869-1951), ***Journal.***

ÉCONOMISER

Économiser, c'est se passer de ce que l'on désire pour le cas où l'on désirerait un jour quelque chose que l'on ne désirera sans doute pas.

Anthony Hope (1863-1933).

Il n'y a pas d'économie à se coucher de bonne heure pour épargner la chandelle, s'il en résulte deux jumeaux.

Proverbe chinois.

ÉCOUTER et PARLER

Quelqu'un. — Vous parliez beaucoup l'autre soir, et avec des gens bien ennuyeux.
Rivarol. — Je parlais de peur d'écouter !

Rivarol (1753-1801), ***Rivarolana.***

Il n'entend pas ce qu'on lui dit à force d'écouter ce qu'il va dire.

Henri de Régnier (1864-1936).

ÉCRIRE-ÉCRITURE

Celui qui ne peut pas faire, écrit.

Bernard Shaw, *Bréviaire du révolutionnaire* (1927).

Talleyrand disait : « La parole a été donnée à l'homme pour déguiser sa pensée. » Et l'écriture donc !

Jean Mistler, *Bon poids...* (1976).

Voir Lettre.

ÉCRIVAIN

Le métier des Lettres est tout de même le seul où l'on puisse, sans ridicule, ne pas gagner d'argent.

Jules Renard, *Journal* (1906).

On n'est pas plus écrivain pour avoir son nom sur la couverture d'un livre que l'on est soldat parce que l'on porte un képi.

Marcel Boulenger (1873-1932).

— En littérature, il faut toujours laisser les autres être modestes pour vous.

Henri Duvernois, *Jeanne,* I (1932).

Trois sortes d'écrivains. Il y en a qui ne disent rien, mais le disent bien. Il y en a d'autres qui disent beaucoup, mais le disent mal. Les pires sont ceux qui ne disent rien et le disent mal.

Giovanni Papini, *Visages découverts,* « Le Sac de l'Ogre » (1942).

La seule blessure inguérissable est une faute d'impression.

Léon-Paul Fargue (1876-1947).

Dans une réunion d'hommes de lettres, il est prudent de ne pas s'en aller le premier.

Paul Claudel (1868-1955), *Journal.*

Je visite certains pays avec l'argent que j'ai gagné à les décrire.

Pierre Benoit (1886-1962).

Il vaut mieux avoir des lecteurs que des confrères.

Robert Kanters.

ÉDITEUR et AUTEUR

Votre manuscrit est à la fois bon et original. Mais la partie qui est bonne n'est pas originale et la partie qui est originale n'est pas bonne.

Samuel Johnson (1709-1784).

Un éditeur de Tokyo, renvoyant son manuscrit à un auteur, lui écrit à ce propos :

« Si nous l'éditions, S. M. l'Empereur nous l'imposerait pour modèle et ne nous permettrait plus de publier une œuvre inférieure à la vôtre ; ce qui nous mettrait dans l'impossibilité de poursuivre notre activité pour dix mille ans au moins. »

Jean Grenier, *Lexique* (1955).

Un livre chez l'éditeur, c'est un enfant chez la nourrice. La nourrice ne tient pas à voir le père.

X. Y. Z.

ÉDUCATION

Avant d'être marié, j'avais six théories sur la façon d'élever les enfants ; maintenant, j'ai six enfants, et pas de théorie.

John Wilmot Rochester (1647-1680).

Qui aime bien, fouette bien.

Comtesse Sophie de Ségur, née Rostopchine (1799-1874).

ÉDUCATION (civilité)

Une bonne éducation consiste à concilier le grand bien que vous pensez de vous-même avec le peu de bien que vous pensez des autres.

Mark Twain (1835-1910), *Notebooks*.

EFFORT

« On ne fait pas ce qu'on veut », dit-on souvent. C'est « On ne fait pas ce qu'on peut », qu'on devrait dire.

Jules Renard, *Journal*, 1er octobre 1898.

ÉGALITÉ et INÉGALITÉ

Tous les hommes sont égaux ; il n'y a de véritable distinction que la différence qui peut exister entre eux.

Henri Monnier, *Mémoires de Joseph Prudhomme* (1857).

L'égalité est la plus horrible des injustices.

Journal des Goncourt, 12 août 1868.

L'égalité consiste à se trouver égal à ceux qui sont au-dessus de nous et supérieur à ceux qui sont au-dessous.

Adrien Decourcelle, *Les Formules du docteur Grégoire* (1868).

L'égalité devant la loi ne prouve qu'une chose, c'est qu'il n'y en a pas d'autre.

Barbey d'Aurevilly (1808-1889), *Disjecta Membra*, II, 237.

Tous égaux, mais certains sont plus égaux que d'autres.

Georges Orwell.

Quand on dit que les hommes sont égaux, cela veut dire qu'ils ne sont pas tout à fait inégaux.

Georges Lefebvre.

Trois catégories d'hommes : les mecs, les bonshommes, et les messieurs.

Maurice Jeanneret.

Parmi les gens, les uns sont des cailloux, les autres des joyaux.

Proverbe indien.

ÉGARDS

On est ingrat pour les services, mais reconnaissant pour les égards.

André Siegfried, *Quelques maximes* (1946).

ÉGOCENTRISME

— Ah ! que les hommes sont méchants de ne pas m'aimer autant que je m'aime !… Ils ont autant d'indifférence pour moi que j'en ai pour eux.

Tristan Bernard, *Le Fardeau de la Liberté,* scène II, Chambolin (1897).

Quand je ne pense pas à moi, c'est que je ne pense à personne.

Jules Renard, *Journal,* 16 décembre 1904.

Le moi est délectable.

Maurice Chapelan, *Main courante* (1957).

ÉGOÏSME

Un égoïste, c'est un homme qui ne pense pas à moi.

Eugène Labiche (1815-1888).

L'égoïsme, ça vous conserve un homme comme la glace conserve la viande.

Jeanne Marni (1854-1910).

L'égoïste est celui qui n'emploie pas toutes les minutes de sa vie à assurer le bonheur de tous les autres égoïstes.

Lucien Guitry (1860-1925).

On n'a que soi.

Devise du peintre Fernand Knopf.

ÉLÉGANCE

Moi, c'est moralement que j'ai mes élégances.

Cyrano de Bergerac (1619-1655).

La véritable élégance consiste à ne pas se faire remarquer.

Brummel (1778-1840).

ÉLOGE

L'éloge fait les hommes bons, meilleurs, et les mauvais, pires. Espérons que celui que j'ai fait de toi te rendra meilleur !

Marcel Achard, *Éloge de Armand Salacrou (1956).*

EMPLOIS (les)

... On pense à moi pour une place, mais par malheur j'y étais propre : il fallait un calculateur, ce fut un danseur qui l'obtint.

Beaumarchais, *Le Mariage de Figaro,* V, IV, Figaro (1784).

ENFANT

Il y a des moments où l'absence d'ogres se fait cruellement sentir.

Alphonse Allais (1854-1905).

Adorer l'enfance, c'est la pire hérésie. Songez à ce qui vous restera dans quelques années de votre divinité : un homme.

Jean Giraudoux, *Les Aventures de Jérôme Bardini* (1930).

Un homme qui déteste les chiens et les enfants ne peut être entièrement mauvais.

W. C. Fields (1879-1946).

« Lorsque l'enfant paraît[1]... », je prends mon chapeau et je m'en vais.

Paul Léautaud (1872-1956), *Journal littéraire,* XVII.

ENFANT NATUREL

Les enfants naturels, Monsieur, surtout les filles,
Sont toujours mieux que ceux qu'on fait dans les familles.

André Rivoire, *Le Sourire du Faune,* V (1919).

ENFANT PRODIGUE (l')

On ne sait pas tout de l'Enfant prodigue, ni qu'à l'accueil du bonhomme son père, ce cruel répondit qu'il n'aimait pas du tout le veau.

Paul-Jean Toulet (1867-1920), *Les Trois Impostures,* « Almanach », 171.

---

1. Cf. Victor Hugo, *Les Feuilles d'automne.*

ENFANTS et PARENTS

Ne donnez jamais rien à vos enfants, si vous voulez être sûr qu'ils vous le rendent un jour.

Nestor Roqueplan, *Nouvelles à la main* (septembre 1842).

Les enfants, ça console de tout... excepté d'en avoir.

Hippolyte Taine, *Vie et Opinions de Thomas Graindorge* (1867).

Pendant deux jours le père Pélican partagea ses entrailles entre ses enfants. Mais le matin du troisième jour, le plus jeune des petits s'écria : « Ah ! zut ! encore des tripes ! »

Épilogue selon Adrien Hébrard (1833-1914) au conte *Le Pélican* d'Alfred de Musset.

On est toujours chez soi chez ses parents, mais pas chez ses enfants.

Roussel (Louis) et Bourguignon (Odile), *La Famille après le mariage des enfants* (1975).

Il y a beaucoup plus de parents abandonnés que d'enfants.

Françoise Dorin, *Va voir maman, papa travaille* (1977).

Un père peut nourrir douze enfants, et douze enfants ne peuvent pas nourrir un père.

Proverbe français paysan.

Un enfant a tué son père et sa mère. Il voulait aller à la fête des petits orphelins.

Les journaux.

Voir Parents et enfants.

ENFER

Oh ! ces pauvres damnés ! Une chose me console, c'est que l'on s'habitue à tout, et que depuis tant de siècles, ils doivent se trouver dans le feu comme des poissons dans l'eau.

La Fontaine (1621-1695).

Enfer chrétien, du feu. Enfer païen, du feu. Enfer mahométan, du feu. Enfer hindou, des flammes. A en croire les religions, Dieu est né rôtisseur.

Victor Hugo (1802-1885).

J'aimerais bien le paradis, à cause du climat ; seulement l'enfer doit être joliment plus agréable, à cause de la société.

Tristan Bernard (1866-1947).

DÉFINITION DE L'ENFER : C'est un endroit où le cuisinier est anglais, le mécanicien arabe, le policier allemand, et l'amant américain.

Time Magazine, février 1954.

L'enfer ne sera complet avant que vous n'y soyez.

Proverbe anglais.

ENNEMI

Le cadavre d'un ennemi sent toujours bon.

L'empereur Vitellius (15-69).

Il faut pardonner à ses ennemis, mais pas avant de les avoir vus pendus.

Henri Heine (1797-1856).

On ne saurait être trop circonspect dans le choix de ses ennemis.

Oscar Wilde, *The Picture of Dorian Gray*, I (1891).

ENNUI

On ne s'ennuie pas quand on a des ennuis.

Anatole France, *Le Crime de Sylvestre Bonnard*, I (1881).

S'ennuyer, c'est se rendre justice.

Comtesse Diane, *Glanes de la vie*, 53 (1898).

Ennuie-toi tout seul.

Marie Valyère, *Nuances morales*, « Conseils et Vérités » (1899).

ENSEIGNEMENT

Celui qui peut, agit. Celui qui ne peut pas, enseigne.

Bernard Shaw, *Maxims for Revolutionists* (1905).

L'enseignement qui n'entre que dans les yeux et dans les oreilles ressemble à un repas pris en rêve.

Proverbe chinois.

ENSEIGNEMENT CONFESSIONNEL

Je ne veux pas du pain commun, mais payez-moi ma brioche.

Hervé Bazin, *L'École libératrice*, 2 décembre 1955.

ENTERREMENT

ENTERREMENT. — S'appelle obsèques quand il s'agit d'un général; enfouissement, quand c'est celui d'un philosophe.

Gustave Flaubert (1821-1880), *Dictionnaire des Idées reçues.*

C'est commode, un enterrement. On peut avoir l'air maussade avec les gens : ils prennent cela pour de la tristesse.

Jules Renard, *Journal*, 30 décembre 1899.

Un bel enterrement n'est pas une improvisation : il faut y consacrer sa vie.

Auguste Detœuf, *Propos de O.-L. Barenton, confiseur* (1937).

Les enterrements sont très gais, tout le monde est supérieur à un mort.

Marcel Pagnol (1895-1974).

ENTÊTEMENT

L'entêtement représente le caractère, à peu près comme le tempérament représente l'amour.

Chamfort (1741-1794), *Maximes et Pensées.*

ENTHOUSIASME

Il y a des moments où l'on ne peut s'empêcher de faire des bêtises : cela s'appelle l'enthousiasme.

Henri Meilhac (1831-1897).

ENTRAÎNEMENT

Qui entre dans un moulin, il convient de nécessité qu'il enfarine.

Proverbe français.

Qui entre dans l'étuve sortira en sueur.

Proverbe turc.

ENTREMETTEUSE

Quel plus beau métier peut-il y avoir que d'unir ceux qui sont faits pour s'aimer ?

Xénophon, *Le Banquet*, IV (IVe siècle av. J.-C.).

ENTREMETTEUSE. — Fournisseuse d'entremets.

Dictionnaire de l'Académie de l'Humour français. Adrien Vély (1934).

ENVERS et l'ENDROIT (l')

Junon était Ganymède[1] pour Jupiter.

Martial, *Épigrammes*, XI, CIC (env. 90).

Les femmes provençales inclinent presque toutes à ce goût-là ; elles n'en sont que plus aimables.

Casanova (1725-1798), *Mémoires*, IX, 4.

Donnez à la nonnain le clystère Barbarin.

Beaumarchais (1732-1799), *Opuscules.*

1. Ganymède : jeune prince légendaire de l'antiquité grecque, fameux par sa beauté. Par antonomase : mignon complaisant.

Distique

Elle est Dudevant par-devant
Et George Sand par-derrière.

Anonyme. — George Sand (1803-1876) avait épousé, en 1822, le baron Dudevant dont elle eut deux enfants.

Ad augusta per angusta. — A des résultats augustes par des voies étroites.

Victor Hugo (1802-1885).

Épigramme

L'actrice qu'on vint à choisir
Pour le beau rôle d'Andromède [1]
Passait pour prendre son plaisir
Par où l'on prend plutôt remède.

C'est pourquoi l'on dit que, rêvant
De nous fournir double carrière,
Elle est Andromède en avant
Et Persée [2] aussi par-derrière.

Pierre Louÿs, ***Inscriptions et Belles-Lettres*** (1929).

Les Turcs… ah ! ils ne sont pas si bêtes !…

Sacha Guitry, ***Mon père avait raison,*** I, Adolphe (1929).

Aux artistes, l'entrée des artistes. (En anglais : ***the hard penetration.***)

Willy (1859-1931).

Les derniers outrages sont, quelquefois, un hommage qui n'est pas apprécié par la gent féminine.

Willy, ***ibid.***

Une fille n'est pas un garçon. En l'étant, ou pour l'avoir été, elle ne perd rien de sa dignité.

Maurice Jeanneret.

Voir Sodomite (Amour).

ENVIE (que l'on éprouve)

Le succès des autres me gêne, mais beaucoup moins que s'il était mérité.

Jules Renard, ***Journal,*** 30 mars 1903.

J'aime à faire jouer de temps en temps un grand rôle par une petite bonne femme inconnue. Ça fait pisser les autres.

André Antoine (1859-1943).

1. Andromède : princesse grecque, légendaire, symbole de la faiblesse féminine.
2. Persée : héros de la légende grecque.

ENVIE (que l'on inspire)

Ce n'est pas le tout de se faire admirer, il faut encore se le faire pardonner.

Comtesse Diane, *Glanes de la vie,* 10 (1898).

Pour tous ceux qui n'ont pas réussi, gâcher le bonheur des autres, c'est réussir un peu.

Robert de Flers (1872-1927).

ÉPIGRAMME

Épigramme

Nature en formant votre corps
Lui donna tant d'avantage
Que celui qui forma l'esprit
En fut jaloux et, de dépit,
Refusa d'achever l'ouvrage.

Saint-Pavin (1600-1670), *Épigrammes, Épîtres.*

Épigramme

Pour te fêter, belle Raucourt,
Que n'ai-je obtenu la puissance
De changer vingt fois en un jour
Et de sexe et de jouissance !
Oui, je voudrais pour t'exprimer
Jusqu'à quel degré tu m'es chère,
Être jeune homme pour t'aimer
Et jeune fille pour te plaire.

Anonyme. — *Sur Mlle Françoise Raucourt, actrice du Théâtre-Français* (1756-1815).

Quatrain épigrammatique

Quand elle danse, avec le pas lourd des chameaux
On pense que parler ferait mieux son affaire.
Hélas ! à peine a-t-elle dit trois mots,
C'est la danseuse qu'on préfère.

Auteur inconnu.

Sur un critique

Ce monsieur qui toujours bougonne
Mériterait des coups de pied
Dans un endroit de sa personne
Qui le représente en entier.

Le comédien Silvain *(1851-1930).*

ÉPILATION

Les gens de la foi musulmane
Tondent ce bosquet enchanteur
Et veulent en enfant de chœur
Voir officier leur sultane.

Robbé de Beauviset (1712-1792), *Recueil de poésies diverses.*

Une femme épilée, cela doit ressembler à un menton de curé.

Paul de Saint-Victor (1825-1881), *Journal des Goncourt,* 14 février 1863.

La femme a sa force, comme Samson, dans ses cheveux.

Maurice Jeanneret.

Les Arabes le veulent épilé, lavé, aseptisé. Les Européens aiment la toison dans son état de nature.

X. Y. Z.

ÉPITAPHE

Ci-gît ma femme. Ah ! qu'elle est bien
Pour son repos et pour le mien.

Devenu veuf, le poète Jean Marot *(père de Clément) fit graver dans le marbre cet irrévérencieux distique.*

Je suis mort d'avoir entrepris
Entre les bras d'une dame.
Bienheureux d'avoir rendu l'âme
Au même endroit où je l'ai pris.

Anonyme.

ÉQUITATION

On a vu des chevaux et des cavaliers parfaitement d'accord. C'étaient assez souvent des chevaux de bois.

Robert Dieudonné, *Le Manuel du parfait sportif* (1924).

Il y a deux sortes de cavaliers : les pommes cuites et les pommes crues.

Aphorisme d'un professeur d'équitation qui ajoutait : Les pommes cuites boivent l'obstacle et avalent les secousses.

ÉROTISME-PORNOGRAPHIE

L'érotisme n'est pas la pornographie. De même que la mobilisation n'est pas la guerre.

Jean Fayard.

L'érotisme est à la pornographie ce que le champagne est au mousseux, ce que les ombres chinoises sont au cinéma.

Maurice Jeanneret.

ERREUR

Ce qui est fait est fait et il n'y a pas à y revenir.

C'est ce que disait le bourreau qui avait pendu un homme par suite d'une erreur. — Charles Dickens, *Aventures de Mr Pickwick* (1836).

Une erreur peut devenir exacte, selon que celui qui l'a commise s'est trompé ou non.

Pierre Dac (1896-1975).

Je pensais faire le signe de la croix et je me suis crevé l'œil.

Proverbe espagnol.

ÉRUDITION

Les érudits sont les paveurs du temple de la Gloire.

Chamfort (1741-1794), *Maximes et Pensées.*

Entre un penseur et un érudit, il y a la même différence qu'entre un livre et une table des matières.

Jean-Baptiste Say, *Quelques aperçus des hommes et de la société* (1817).

ESCLAVAGE

« Parle ! De quoi te plains-tu ? » disait le vizir Motaseb à l'un de ses esclaves auquel il venait de faire couper la langue.

Abel Dufresne, *Maximes et Caractères* (1826).

ESCROQUERIE

— C'est une bonne affaire qui a rencontré une mauvaise loi.

Alfred Capus, *L'Adversaire,* I, XII (1903).

On devient voleur, mais on naît escroc.

Henri Jeanson (1900-1970).

ESPAGNE

Il n'y a qu'à être en Espagne pour n'avoir plus envie d'y bâtir des châteaux.

Mme de Sévigné, *Lettre à Mme de Grignan,* 8 novembre 1679.

Dans les auberges espagnoles, c'est la même huile qui sert pour la lampe, le potage et la salade.

Swinburne (1837-1909).

Quand un Espagnol enfonce un clou dans un mur, si le marteau casse, l'Espagnol frappe avec sa tête.

Proverbe espagnol.

ESPÉRANCE

L'espérance est le songe d'un homme éveillé.

Aristote (IVe s. av. J.-C.)

J'en accepte l'augure, et j'ose l'espérer.

Corneille, *Cinna*, V, III, 1775, Auguste (1640).

L'espérance, c'est sortir par un beau soleil et rentrer sous la pluie.

Jules Renard, *Journal*, 20 juillet 1898.

Le seigneur m'a promis un manteau de fourrure et voici déjà que je transpire.

Proverbe polonais.

ESPRIT

L'impromptu est la pierre de touche de l'esprit.

Molière, *Les Précieuses ridicules*, VI, Cathos (1659).

Le vrai bel esprit, c'est le bon sens qui brille.

Le Père Dominique Bouhours, *Entretiens* (1691).

Aujourd'hui, en fait d'esprit, tout le monde a le nécessaire, mais il y a peu de grosses fortunes.

Sénac de Meilhan, *Considérations sur l'esprit et les mœurs* (1787).

Devant Horace de Viel-Castel (1802-1864), écrivain, mémorialiste du Second Empire, un oracle de salon déclarait :
— Un homme d'esprit ? La belle affaire ! Mais rien n'est plus commun que l'esprit... Aujourd'hui, qui ne le sait ? L'esprit court les rues !
— C'est donc pour cela qu'il est si difficile à attraper, répondit Viel-Castel.

A un étudiant qui lui objectait :
— Mais, monsieur, l'esprit, ça ne sert à rien !...
Francis de Croisset (1877-1937), répondait courtoisement :
— L'ennui non plus, d'ailleurs, monsieur.

ESPRIT. — Le sourire de l'intelligence.

Jean Bonot, *Dictionnaire humoristique des Lettres et des Arts* (1947).

Il est difficile d'avoir de l'esprit avec des gens bêtes.

Paul Léautaud (1872-1956), *Journal littéraire*.

L'esprit est comme le parachute, il ne nous sauve que s'il est ouvert.

Louis Pauwels.

ESPRIT (trait d')

L'esprit qu'on veut avoir gâte celui qu'on n'a pas.

Lucien Guitry (1860-1925). cf. Jules Renard, *Journal*, 18 janvier 1901.

Ne faites jamais un bon mot qui puisse vous fâcher avec un ami, à moins, bien entendu, que le mot soit meilleur que l'ami.

Proverbe anglais.

ESPRIT CHAGRIN

Se bâtir des malheurs en Espagne.

Paul-Jean Toulet, *Mon amie Nane* (1905).

Il y a trois temps qui déplaisent souverainement aux jardiniers : le temps sec, le temps pluvieux, le temps en général.

Pierre Daninos, *Sonia, les Autres et Moi* (1952).

ESPRIT de CONTRADICTION

Esprit de contradiction : de deux choses, l'autre.

Jean Mistler, *Bon poids...* (1976).

ESPRIT (PRÉSENCE d')

Il n'y a rien de si absent que la présence d'esprit.

Rivarol, *Petit almanach de nos grands hommes* (1788).

ESTIME

« J'estime le plus que je puis, disait M... [1] & cependant j'estime peu ; je ne sais comment cela se fait. »

Chamfort (1740-1794), *Caractères et Anecdotes.*

ESTIME. — Ce mot n'a pas d'adverbe. Sans quoi, quel gaspillage au bas des lettres !

Jules Renard, *Journal*, 9 octobre 1900.

— Il me suffit de posséder l'estime des autres et de moi-même, me dit cet homme.
— Il faut savoir se contenter de peu, lui répondis-je.

Charles Régismanset, *Le Livre de mes Amis* (1921).

ESTOMAC

Bon estomac et mauvais cœur, c'est le secret pour vivre longtemps.

Fontenelle, *Dialogue des morts* (1693).

---

1. M..., c'est Chamfort lui-même.

ÉTAT

Qui donne aux pauvres prête à Dieu ; qui donne à l'État voudrait bien ne pas prêter à rire.

Franc-Nohain, *Guide du Bon Sens,* VIII (1932).

Aide-toi, l'État ne t'aidera pas.

Auguste Detœuf, *Propos de O.-L. Barenton, confiseur* (1937).

ÉTAT (homme d')

Le cerveau dont se sert un homme d'État pour décider du sort des nations n'est pas plus gros que celui dont je me sers pour choisir mes chaussettes.

Raymond Escarpit, *Paramémoires d'un Gaulois* (1968).

ÉTERNITÉ

Comment voulez-vous qu'une âme basse puisse être immortelle !

Jules Renard, *Journal,* 25 mars 1907.

ÉTONNER

— Tu n'as encore rien fait qui m'étonne. Étonne-moi...

Serge de Diaghilev (1872-1929) à Jean Cocteau (1889-1963).

ÉTONNER (S')

Ce qui m'étonne, c'est que l'on puisse encore s'étonner.

Henri Jeanson (1900-1970).

ÉTOURDERIE

Vous avez une tête ? Une épingle aussi.

Swift, *Polite Conversation,* I (1738).

ÉTRANGER

C'est chez les étrangers que le piment paraît le plus fort.

Proverbe malgache.

EUPHÉMISME

John Thomas dit bonsoir à Lady Jane.

David-Herbert Lawrence, *L'Amant de Lady Chatterley,* XIX (1928).

Euphémisme : Vous êtes un idiot en trois lettres et je vous dis zut en cinq.

Maurice Chapelan, *Main courante* (1957).

Jeter son bonnet par-dessus les moulins est un joli euphémisme pour une fille, comme *Aller aux asperges* en parlant d'une prosti*tuée*.

Maurice Jeanneret.

EUROPE

La Nature a fait que les différentes parties de l'Europe vivent difficilement en paix. Mais elle a fait aussi qu'elles ne peuvent vivre isolées.

R. H. Tawney (1880-1962), *Why Britain fight.*

Il est bon de s'endormir européen, mais il est délicieux de se réveiller anglais.

Notation anglaise.

ÉVIDENCE

En vous voyant sous l'habit militaire,
J'ai deviné que vous étiez soldat.

Dumersan, Gabrile et Dupeuty,
Victorine ou la Nuit porte conseil, IV, I (1831).

EXACTITUDE → PONCTUALITÉ

EXAMENS et CONCOURS

A force de faire passer des examens, j'ai fini par me convaincre que la grande supériorité de l'examinateur est de se trouver du bon côté de la table.

Édouard Herriot (1872-1957).

EXCEPTION

EXCEPTION. — Dites qu'elle confirme la règle. Ne vous risquez pas à expliquer comment.

Gustave Flaubert (1821-1880), *Dictionnaire des Idées reçues.*

EXCÈS

Serrer trop fort le pressoir donne un vin qui sent le pépin.

Francis Bacon, *Essays,* LVI (1625).

L'excès de nectar est un poison.

Proverbe indien.

EXCUSE

Ce serait plutôt de mes excuses que je m'excuserais.

Montaigne, *Essais,* III, V (1588).

Une excuse est un mensonge fardé.

Swift, *Thoughts on Various Subjects* (1706).

EXEMPLARITÉ

On ne corrige pas celui que l'on pend, on corrige les autres par lui.

Montaigne, *Essais,* III, 8 (1588).

EXEMPLE

Nous avons d'assez bons préceptes, mais peu de maîtres.

Vauvenargues, *Réflexions et Maximes,* 604 (1746).

Un bon exemple vaut mieux que de le suivre.

Aurélien Scholl (1833-1902).

EXIL

La richesse est une patrie pour l'exilé.

Proverbe libanais.

EXPÉRIENCE

L'expérience ne nous empêche pas de faire une bêtise ; seulement, elle nous empêche de la faire gaiement.

Francis de Croisset, *Nos Marionnettes* (1928).

L'expérience est ce qui nous reste quand nous ne pouvons plus faire d'expériences.

Jean Mistler, *Bon poids...* (1976).

L'expérience est une terrible maîtresse d'école. Elle nous fait passer l'examen d'abord et nous apprend la leçon ensuite.

Proverbe allemand.

L'eau chaude n'oublie pas qu'elle a été froide.

Proverbe nigritien.

EXPERT

Personne ne croit aux experts, mais tout le monde les croit.

Auguste Detœuf, *Propos de O.-L. Barenton, confiseur* (1937).

L'expert, c'est celui qui en sait de plus en plus sur de moins en moins de choses.

Nicholas Murray Butler, *Président de l'Université Columbia* (1862-1947).

EXPLICATION

Un adjudant instructeur à qui l'on demandait ce que fait le courant dans la bobine de Ruhmkorff entre l'entrée et la sortie, répond : « Il se démerde. »

Jean Grenier, *Lexique* (1955).

EXPRESSION

— Ah ! qu'en termes galants ces choses-là sont mises !

Molière, *Le Misanthrope*, I, II, 321, Philinte (1666).

Sa figure, son regard, son organe, tout en elle était fait pour exprimer la tendresse : elle avait des larmes dans la voix.

Jean-François La Harpe (1739-1803).
Sur Mlle Jeanne Gaussin, interprète de Voltaire.

— Ah ! mon Daniel, quelle jolie façon tu as de dire les choses !

Alphonse Daudet, *Le Petit Chose*, II, I, Jacques à son frère Daniel (1868).

Capus ne renvoie jamais l'ascenseur.

Léon Gandillot (1862-1912).

Trinquer du nombril.

Maurice Jeanneret.

F

FABLE-EXPRESS

FABLE-EXPRESS
L'une était brune et l'autre blonde,
Elles s'aimaient éperdument.
On ne leur connut point d'amant.
Moralité : la fin du monde.

Sur deux lesbiennes du Second Empire.

FAMILIARITÉ

La familiarité engendre le mépris... et les enfants.

Mark Twain (1835-1910).

FAMILLE

Il n'y a pas de si bonne famille où il n'y ait des putains et des pendus.

Duc François de La Feuillade (1625-1691).

Où peut-on être mieux
Qu'au sein de sa famille ?

Marmontel, *Lucile,* comédie en un acte, musique de Grétry, scène IV (1769).
— On ajoute : « ... Partout ailleurs. »

Les repas de famille ne consistent pas à se manger entre parents.

Jules Jouy, *chansonnier* (1855-1897).

Les familles, l'été venu, se dirigent vers la mer en y emmenant leurs enfants dans l'espoir, souvent déçu, de noyer les plus laids.

Alphonse Allais (1854-1905).

On appelle famille un groupe d'individus unis par le sang et brouillés par les questions d'argent.

Étienne Rey, *Maximes morales et immorales*, 473 (1914).

FANFARONNER

L'on a vu des hommes monter sur l'échafaud, n'ayant que ce moyen pour s'élever au-dessus des autres.

Émile Pontich, *Les Cahiers d'un Individualiste* (1911).

FANTAISIE

Il y a des fantaisies musquées comme il y a une sottise pommée et une folie fieffée.

Voltaire, *Dictionnaire philosophique*, « Fantaisie » (1764).

FARD

Ceux qui masquent et fardent les femmes ne font point de mal : car c'est chose de peu de perte de ne les avoir pas en leur naturel.

Montaigne, *Essais*, III (1588).

Ce n'est pas en se passant les paupières au bleu qu' « elles » nous feront croire qu'un peu de ciel est descendu sur leur visage.

Eugène Fleuré, *Le Baluchon* (1977).

Le rouge à lèvres perd sa saveur quand le rôti est froid.

Hervé Lauwick.

La femme comme la lune brille d'un éclat emprunté[1].

Proverbe allemand.

Se maquiller n'est pas se peindre.

Proverbe anglais.

Qui blanchit sa maison la veut louer.

Proverbe italien.

Voir Femme et la coquetterie (la) — (soins de beauté) ; Parfum.

FATUITÉ

Un homme fat est celui qui, sous prétexte que l'on accepte de coucher avec lui, s'imagine tout de suite qu'il vous est sympathique.

Arletty (Léonide Bathiat, dite).

1. Comme chacun sait, la lune n'a pas de lumière propre et brille par la lumière du soleil.

FÉE

Les hommes appellent ainsi les femmes qui les mènent à la baguette.

Adrien Decourcelle, *Les Formules du docteur Grégoire* (1868).

FELLATION

Si le chou a bon goût, il en est de même de la rave.

Ménédème (IIIe siècle av. J.-C.).

La femme est le potage de l'homme.

Molière, *L'École des femmes*, II, 3, 436 (1662). — *La comparaison est empruntée à Rabelais.*

Un jour que l'on faisait de l'esprit dans le salon de la maréchale de Luxembourg (1707-1787) qui était ouvert à toutes les illustrations de la capitale, les dames vinrent à passer en revue les grands hommes de l'Antiquité ; chacune se choisit un héros : celle-ci voulait être **Epaminondas ;** une autre préférait **Thémistocle ;** une troisième **César.** « *Eh bien ! moi,* s'écria mademoiselle de Luxembourg, la fille de la maréchale, *de tout cela, ce que j'aimerais le mieux, ce serait d'être* **Pompée.** »

Les baisers sont bons partout où on les trouve.

Georges Courteline, *Madelon, Margot et Cie* (1890).

— C'est sale... protestait la congaye.
— C'est exquisement sale, lui répondit le Français.

Louis Lucas, *Randonnées coloniales* (1925).

MI. — La note de la gamme dont les femmes goûtent la répétition avec le plus de plaisir.

Georges-Armand Masson, *L'Amour de Ah ! jusqu'à Zut !* (1960).

L'amour, cela doit sentir le pipi et l'encens.

François Cavanna, *Chroniques* (1975).

La nuit, les femmes ne sont pas aussi farouches que le jour... Elles n'ont pas rendez-vous avec leur dentiste.

François Patrice.

Celui qui m'aime, ma bouche le sait.

Proverbe espagnol.

FÉMINISME → SEXES (inégalité des)

FEMME (la)

Il n'est rien de pire dans le monde qu'une femme, si ce n'est une autre femme.

Aristophane (Ve siècle av. J.-C.) *Les Thesmophories.*

La raison des femmes est dans la partie de leur corps que cache la pudeur. ***(Traduction atténuée.)***

Les Mille et Une Nuits, prologue à la Première Nuit (Xe siècle.).

Tota femina in utero. — Toute la femme est dans son sexe.

Aphorisme scolastique.

La femme est, il faut l'avouer, un animal inepte et fou, mais au demeurant plaisant et gracieux.

Érasme, ***Encomium moriae*** (1512).

Animal ridicule et suave. ***(Animal ridiculum et suave.)***

Érasme, ***ibid.***

La femme est un être qui s'habille, babille et se déshabille.

Proverbe médiéval.

Je me console d'être femme en songeant que de la sorte je n'en épouserai jamais une.

Lady May Montagu (1689-1762).

Quelque mal qu'un homme puisse penser des femmes, il n'y a pas femme qui n'en pense encore bien davantage.

Duclos (1704-1772).

La femme est imbécile par nature.

George Sand, ***Indiana,*** XXIII (1832).

La femme est la désolation du juste.

Proudhon (1809-1865).

Reine des péchés... Mégère libertine... Bête cruelle... Vil animal...

Baudelaire (1821-1867).

Il est prudent de croire au mystère de la femme, cela lui en donne un.

Natalie Clifford Barney, ***Éparpillement*** (1910).

Prétendre que les personnes du sexe n'ont pas de génie, quelle injustice. Et Mme Laetitia, pour ne citer qu'elle, en a eu — pendant neuf mois.

Paul-Jean Toulet (1867-1920), ***Les Trois Impostures,*** « Almanach », 103.

Ne leur demandez pas leur vérité, elle est trop intime.

Natalie Clifford Barney, ***Pensées d'une Amazone*** (1921).

Le teint, c'est la conscience des femmes.

Paul Morand, ***Ouvert la nuit,*** « La nuit catalane » (1923).

La tête, chez les femmes, ce n'est pas un organe essentiel.

Anatole France (1844-1924).

La frivolité est encore ce qu'il y a de plus sérieux chez les femmes.

Henri de Régnier, *Lui ou les Femmes et l'Amour* (1929).

C'est toujours l'inlassable médiocrité de la femme, qui l'emporte.

Roger Martin du Gard, *Un taciturne*, III, 8 (1932).

Après trente ans passés à étudier la psychologie féminine, je n'ai toujours pas trouvé de réponse à la grande question : ***Que veulent-elles au juste ?***

Freud (1856-1939).

Le philosophe Alain (1868-1951) disait un jour au professeur Mondor (1885-1962) : « J'ai souvent envie de demander aux femmes par quoi elles remplacent l'intelligence. »

Son sommeil était de beaucoup ce qu'elle avait de plus profond.

Sacha Guitry (1885-1957).

La femme doit être cuisinière à la cuisine, femme du monde au salon et courtisane au lit. Mais rien ne l'empêche d'être courtisane à la cuisine, femme du monde au lit et cuisinière au salon !

Michelle Maurois, *L'Art d'utiliser les hommes* (1968).

La femme est un sujet dont on n'a pas fini de faire le tour.

Henri Jeanson (1900-1970).

A trente ans, une femme doit choisir entre son derrière et son visage.

Gabrielle, Coco Chanel (1883-1971).

HUGH. — Dis-moi un peu combien il y a de femmes dans une femme, Liz...

LIZ. — Trois, disait mon oncle Melvin. Une fiancée qui pleure, une épouse qui soupire et une veuve qui espère !

William Douglas Home et Marc-Gilbert Sauvajon,
Le Canard à l'orange, I (1971).

Une femme qui ne désire pas être secouée de temps en temps est une malade du ventre ou du cerveau.

Fanny Deschamps, *Ils parlent d'elles* (1978).

Les femmes et le poisson, c'est le milieu qui vaut le mieux.

Proverbe médiéval.

Ce que femme veut, Dieu en tremble.

Proverbe français. — Picardie.

Mieux vaut la toison que la brebis.

Proverbe français. — Provence.

FEMME (l'HONNÊTE) → FEMME HONNÊTE (la)

Le rôle d'honnête femme est plus souvent joué que rempli.

Guarini, *Pastor fido,* III, 5 (1590).

Il y a plus d'honnêtes femmes qu'on ne croit, mais pas tant qu'on le dit.

Alexandre Dumas fils, *L'Ami des femmes,* I, 5 (1864).

Elle respirait l'honnêteté... seulement elle avait la respiration très courte.

Labiche, *Faut-il le dire ?* I, 14 (1872).

Il faut à la femme la plus honnête un grain de coquetterie, comme à la fraise un grain de poivre.

Daniel Darc (Mme Marie Régnier), *Sagesse de poche* (1885).

Il y a des femmes honnêtes comme il y a des vocations manquées.

Augustine Brohan, *sociétaire de la Comédie-Française* (1824-1893).

Qu'est-ce que la femme honnête ? — Celle qui donne ce que les autres vendent.

Comtesse Diane, *Livre d'or,* 167 (1895).

Les honnêtes femmes ne peuvent pourtant pas céder comme les autres. Sans ça, où serait la différence ?

Robert de Flers et Gaston de Caillavet,
L'Ange du foyer, II, 9, Marianne (1905).

Qu'est-ce qu'une honnête femme ? C'est une femme qui a eu de la chance.

Ibid. III, Jacqueline. — Anatole France ajoutait : *Et une femme honnête, c'est celle qui ne convient pas.*

G... touche au bonheur : Mme P... va se donner enfin à lui ; elle est là, presque nue, il l'emporte défaillante vers le lit... Elle le regarde, ouvre la bouche, et il attend la parole magnifique d'amour... « *Vous savez,* dit-elle, *je suis une honnête femme !* »

Étienne Rey, *De l'Amour* (1909).

L'art d'être honnête est surtout l'art de trouver des dérivatifs.

Étienne Rey, *De l'Amour* (édit. de 1925).

L'honnêteté des femmes baisse toujours en voyage.

Ibid. (édition de 1925).

... honnêtes au jour le jour.

Jean Anouilh, *Roméo et Jeannette,* III (1945).

Les honnêtes femmes sont inconsolables des fautes qu'elles n'ont pas commises.

Sacha Guitry, *Elles et Toi* (1948).

N'être plus honnête fait acquérir plus sûrement l'art de le paraître.

Claire Lardinois, *Réflexions mauvaises* (1951).

FEMME et l'HOMME (la)

Quelle est celle qui apparaît comme l'aurore, qui est belle comme la lune, resplendissante comme le soleil, mais redoutable comme des bataillons ?

Le Cantique des cantiques, VI, 10 (IIe siècle av. J.-C.).

— Je veux qu'il me batte, moi... Il me plaît d'être battue.

Molière, *Le Médecin malgré lui,* I,2, Martine (1666).

Nous plaisons bien plutôt aux hommes par d'agréables défauts que par des qualités essentielles ; les grandes vertus sont des pièces d'or dont on fait moins usage que de la monnaie.

Ninon de Lenclos (1620-1705), *Lettres.*

La violence de la femme est dans ses charmes.

Jean-Jacques Rousseau, *Émile ou de l'Éducation,* V (1762).

Les femmes ne sont jamais plus fortes que lorsqu'elles s'arment de leur faiblesse.

Mme Du Deffand (1697-1780), *Lettres.*

— Prouver que j'ai raison serait accorder que je puis avoir tort.

Beaumarchais, *Le Mariage de Figaro,* I, 1, Suzanne à Figaro (1784).

Les femmes n'ont de bon que ce qu'elles ont de meilleur.

Chamfort (1740-1794), *Caractères et Anecdotes.*

Ce qu'une femme appelle avoir raison, c'est n'avoir pas tous les torts.

Sophie Arnould (1744-1802).

Une femme pardonne tout, excepté qu'on ne veuille pas d'elle.

Alfred de Musset, *Confession d'un enfant du siècle,* I, 3 (1836).

Toutes les femmes veulent qu'on les estime, elles tiennent beaucoup moins à ce qu'on les respecte.

Alexandre Dumas père (1803-1870).

Bandeaux plats ou crinière folle,
J'ai l'art de toutes les écoles ;
J'ai des âmes pour tous les goûts,
Ne songez qu'à mes oasis...

Jules Laforgue (1860-1887), *Les Fleurs de bonne volonté,* XLV, « Notre petite compagne ».

En fait de femmes, c'est dans les huîtres que l'on trouve les perles.

Barbey d'Aurevilly (1808-1889), *Pensées détachées* « Sur les femmes », XXIX.

La femme la plus sotte peut mener un homme intelligent ; mais il faut qu'une femme soit bien adroite pour mener un imbécile.

Rudyard Kipling, *Simples Contes des collines* (1907).

Les femmes trouvent qu'il y a quelque indécence à oser leur dire la vérité.

Émile Pontich, *Les Cahiers d'un Individualiste,* V (1911).

Les femmes le savent bien que les hommes ne sont pas si bêtes que l'on croit — qu'ils le sont davantage.

Paul-Jean Toulet (1867-1920), *Les Trois Impostures,* « Almanach », 31.

Pour les femmes, on est un mufle dès qu'on n'est pas une dupe.

Jacques Natanson, *L'Enfant truqué,* I, Artoul (1922).

Aucune femme n'est belle joueuse. Elles ont une grande confiance dans leur déloyauté, c'est tout.

Jacques Natanson, *ibid.,* II, Artoul.

Plus on les fait languir, plus ils auront tendance à filer doux. A moins qu'ils ne filent ailleurs.

Mistinguett, *interview en 1925.*

Quand elles sont jeunes, elles nous trompent… quand elles sont vieilles, elles ne veulent pas être trompées.

Sacha Guitry, *Mon père avait raison,* I, Adolphe (1936).

Une femme ne trouve jamais très intelligent l'homme qui l'aime.

Paul Léautaud, *Amour, aphorismes* (1939).

— Comme c'est commode d'avoir deux bouches pour répondre !

Jean Giraudoux, *Ondine,* acte premier, Ondine (1939).

C'est une chose qu'il faut savoir. C'est la femme du boulanger qui fait le pain.

Jean Giono, *La Femme du Boulanger,* III, IX, Le boulanger (1941).

Les femmes adorent la force, mais une force qui parfois s'incline, et un tigre qui tantôt dévore, et tantôt se fait descente de lit.

Paul Valéry, *Mauvaises Pensées et Autres* (1942).

Appeler les femmes le sexe faible est une diffamation.

Gandhi (1869-1948).

La femme est vampire, gouge, mangeuse, buveuse, son sexe se nourrit gloutonnement du sexe mâle.

Simone de Beauvoir, *Le Deuxième Sexe,* I, III, *Mythes* (1949).

Les femmes ont toujours pitié des blessures qu'elles n'ont pas faites elles-mêmes.

Jean Anouilh, *Pauvre Bitos ou le Dîner de Têtes,* I (1958).

Les femmes nous délassent de la poésie.

Georges Wolfrom, *Courts-Circuits,* 790 (1960).

Tante Anna prit un ton léger pour dissimuler l'importance du conseil qu'elle allait me donner :
Il y a deux choses qu'un homme ne pardonne pas à une femme, la première, c'est de l'aimer, la seconde, c'est de ne pas l'aimer. Et maintenant, débrouille-toi.

Louise Weiss, *Mémoires d'une Européenne,* I, 19 (1968).

Trois choses ne laissent aucune trace : le bateau sur l'eau, le serpent sur le rocher, et le corps de l'homme dans celui de la femme.

Proverbe arabe.

Un cheveu de femme tire plus que dix paires de bœufs.

Proverbe italien.

Voir Homme et la Femme (l')

FEMME (âges de la)

Les femmes n'ont d'autre âge que celui qu'elles montrent.

Casanova (1725-1798), *Mémoires,* VI, I.

On peut diviser la vie des femmes en trois époques : dans la première, elles rêvent d'amour ; dans la seconde, elles le font ; dans la troisième, elles le regrettent.

Antoine de Saint-Prosper, *L'Observateur du* XIX*e siècle* (1829).

— L'homme a un an de plus chaque année.
— Et la femme tous les trois ans seulement... c'est bien connu.

Maurice Donnay, *Le Torrent,* III, 5 (1899).

Les femmes n'ont pas d'âge... elles sont jeunes... ou elles sont vieilles.

Sacha Guitry, *Mon père avait raison,* I (1936).

Paul Claudel (1868-1955) donnait à l'actrice Jany Holt sa définition des quatre âges de la femme : Le muguet, la rose, la tubéreuse, le désespoir du peintre.

Une femme n'est pleinement satisfaite qu'à la condition de paraître dix ans de moins que sa fille.

Michelle Maurois, *L'Art d'utiliser les hommes,* II (1968).

— Sachez, monsieur, qu'après cinquante ans, ça dépend des jours !

Gabrielle-Coco Chanel (1883-1971).

FEMME ET l'AMITIÉ (la)

Avec une femme, l'amitié ne peut être que le clair de lune de l'amour.

Jules Renard (1864-1910).

Les amies d'une femme ne comptent pour quelque chose que quand celle-ci n'aime pas un homme.

Henri Duvernois, *Crapotte,* V (1911).

Les amis de nos amies sont nos amants.

Natalie Clifford Barney, *Pensées d'une Amazone* (1921).

Un homme qui vous aimait et qui vous le dit trop tard, pour les femmes, c'est ça l'amitié.

Françis de Croisset et Robert de Flers, *Les Vignes du Seigneur,* I, X, Gisèle (1923).

FEMME et l'AMOUR (la)

Vénus reste de glace sans Cérès et Bacchus.

Térence (190-159 av. J.-C.), *Eunnuchus,* IV, 5. — Repris par Rabelais, III, 31.

Deux créatures sont satisfaites après le coït : le coq et la femme.

Galien (131-210).

Toutes les femmes sont une quand la chandelle est éteinte.

Proverbe cité par Plutarque (50-125), *Œuvres morales,* Préceptes du mariage, XLII.

Il faut beaucoup de diables pour apaiser l'enfer.

Boccace, *Le Décaméron,* III, X (env. 1350).

Les jeunes savent mieux éperonner leurs montures, mais les aînés connaissent les points sensibles et mieux vaut un mets savoureux en faible quantité qu'une abondance insipide.

Boccace, *ibid.,* VIII, VII.

Telle fait estrange response le jour, qui ne la feroit pas la nuit.

Les Quinze Joyes du Mariage, « La Quinte Joye » (env. 1420).

La peureuse n'ose coucher sans homme, et la débonnaire, quand on lui demande de lesver une jambe, lesve aussi l'autre.

Noël du Fail, *Les Baliverneries d'Eutrapel,* I (1548).

Je sais à mon pot comment les autres bouillent.

Gilles de Noyers, *Proverbia gallicana* (1558).

C'est grand pitié quand beauté manque à cœur de bonne volonté.

Rabelais, *Cinquième Livre,* XX (1564). — *Texte atténué.*

Vénus est prompte à ceux qui font violence.

Guillaume Bouchet, *Les Serées,* I, 5 (1584).

Les femmes se plaignent souvent du peu, mais non du trop.

Guillaume Bouchet, *Les Serées,* III (1584).

Le peu d'eau que le mareschal jette sur la fornaise faict embraser le charbon de plus en plus.

Bénigne Poissenot, *Nouvelles Histoires,* IV (1586).

Quatrain

Un frais mari dit à sa Damoiselle :
— Souperons-nous, ou ferons-nous le déduit ?
— Faisons lequel il vous plaira, dit-elle,
Mais le souper n'est pas encore cuit.

Les Muses gaillardes (1609).

Pourquoi est-ce que les femmes repoussent la main quand on la met vis-à-vis de leur *Cela ?* C'est pour ce que ce n'est pas ce qu'il y faut mettre.

Béroalde de Verville, *Le Moyen de Parvenir,* I, « Coq-à-l'Asne » (1612).

Tousjours le four est chaud, mais la paste n'est pas levée.

Béroalde de Verville, *ibid.,* « Risée ».

Les femmes font comme gueux, elles tendent toujours leur escuelle.

Béroalde de Verville, *ibid.*

Ce n'est plus une ardeur dans mes veines cachée :
C'est Vénus tout entière à sa proie attachée.

Racine, *Phèdre,* I, 3 (1677).

Le diable qui possède les femmes quand elles ont le diable au corps est un diable tenace.

Regnard, *Le Retour imprévu,* XIII, Merlin (1700).

Femme tentée et femme vaincue, c'est tout un.

Marivaux, *Arlequin poli par l'amour,* I (1720).

Que voulez-vous ? Cela fait tant de plaisir aux hommes et nous coûte si peu !

Jeanne Gaussem, dite Gaussin (1711-1767), *comédienne au Théâtre-Français,* « de qui le cœur cédait au premier aveu ».

Il faut dans ma petite cheminée pratiquer de temps en temps un soigneux ramonage.

Mademoiselle Julie de Lespinasse (1732-1776).

Il y a des heures où le cœur des femmes change de place.

Henry Murger, *Scènes de la Vie de Bohême,* XX (1851).

Qu'est-ce qu'un vainqueur ? — Souvent le dernier venu.

Comtesse Diane, *Livre d'or,* 97 (1895).

Une femme qui se rend, c'est à elle qu'elle cède.

Jean Dolent, *Façons d'exprimer* (1900).

Le second amour d'une femme ressemble au vin d'une bouteille mal rincée.

Hugues Rebel (1867-1905).

Chatte échaudée, tu retourneras à la chaudière.

Colette, *La Vagabonde,* II (1910).

Les Grecs, qui savaient tout, montrent dans leur mythologie la femme faisant l'amour avec un cygne, un taureau, un bouc, une pluie d'or.

Jules Lemaître (1853-1914).

Une femme aime mieux encore d'être battue que désertée.

Paul-Jean Toulet (1867-1920), *Les Trois Impostures.*

Avoir un homme dans la peau,
C'est l' pire des maux,
Mais c'est connaître l'amour
Sous son vrai jour.

C'est mon homme, *Chanson de Maurice Yvain et Albert Willemetz, pour Mistinguett* (1925).

Tu dis que tu m'aimes, tiens, et tu n'as même jamais eu envie de me faire du mal.

Marcel Achard, *Jean de la Lune,* III, 4 (1926).

Rien n'est plus proche d'une femme ensorcelée qu'une femme éprise.

Julien Green, *Adrienne Mesurat* (1927).

Un homme a-t-il jamais été aussi audacieux que le rêve d'une femme ?

Lucienne Favre, *La Noce,* III, IV (1929).

Elle comptait quelquefois le soir ses amants pour s'endormir, comme les jeunes filles font des académiciens, mais c'était une académie autrement restreinte et vigoureuse...

Jean Giraudoux, *La France sentimentale* (1932).

Les femmes n'ont ni goût ni dégoût.

Philippe Berthelot (1866-1934).

L'eau sur le canard marque mieux que la souillure sur la femme.

Jean Giraudoux, *La Guerre de Troie n'aura pas lieu*, II, 12 (1935).

Le dégoût n'est pas une délicatesse féminine.

Colette, *Mes Apprentissages* (1936).

Pour certaines femmes, se donner à un homme, c'est une façon de lui dire bonjour.

Jeanne Landre, *Éros* (1938).

Les hommes s'attachent à la conformation, à l'attitude : « trente-six positions » ; mais, hélas ! non pas trente-six sensations nouvelles !

Natalie Clifford Barney, *Nouvelles Pensées d'une Amazone* (1939).

Les femmes préfèrent les hommes qui les prennent sans les comprendre aux hommes qui les comprennent sans les prendre.

Marcel Prévost (1862-1941).

L'amour coûte cher aux femmes lorsqu'il ne leur rapporte rien.

Marcelle Auclair, *La Dame en plus* (1946).

Une femme garde généralement beaucoup de reconnaissance à l'amant qui a voulu la tuer.

Marguerite Grépon, *Lotissement-Journal* (1946).

Elles nous abandonnent leur corps convaincues que cela devrait nous suffire — alors que, précisément, cela devrait nous suffire.

Sacha Guitry, *Elles et Toi* (1948).

La femme ne peut prendre qu'en se faisant proie.

Simone de Beauvoir, *Le Deuxième Sexe*, III, La femme indépendante (1949).

Une femme peut aimer à la folie, elle garde toujours du sens pratique.

Paul Léautaud, *Passe-Temps « Mots, Propos et Anecdotes »* (1952).

Une femme se réclame d'autant de pays natals qu'elle a eu d'amours heureux.

Colette, *La Naissance du jour* (1948).

L'élu ? Tout simplement il se trouvait là...

Marcelle Auclair, *L'Amour*, Notes et Maximes (1963).

Lors de ses soixante-quinze ans, Cécile Sorel (1872-1966) disait à un journaliste : « *Mes amours ? Je me suis éprise, je me suis méprise, je me suis reprise. Vous savez tout.* »

FEMME et l'AMOUR (la)

Si une femme a aimé un sourd qui la battait, puis un muet qui la volait, le prochain qu'elle aimera sera un sourd-muet.

Jacques Deval, *Afin de vivre bel et bien* (1969).

La femme ne se tâte pas le pouls avant de se mettre sur le dos.

Proverbe albanais.

On baise le soc pour l'amour de la charrue.

Proverbe basque.

Plus le bouc pue, plus la chèvre le voit volontiers.

Proverbe belge. — Wallonie.

La nuit, on prend les anguilles.

Proverbe breton.

Cent pays, cent guises ; cent femmes, cent chemises.

Proverbe breton.

Quand le noc va tout va.

Proverbe français du XVIe siècle.

Le ventre emporte la tête.

Proverbe français.

Une jeune femme, un four chaud, toujours fourgonner il faut.

Proverbe français.

Un amant, c'est de l'amour; deux amants, c'est du tempérament ; trois amants, c'est du commerce.

Proverbe français.

Le frottement polit la femme et le diamant.

Proverbe hindou.

Le lait aigre enlève la soif du cou et la faim du ventre.

Proverbe nigritien. — Peul.

Les femmes sont des poêles à dessus de marbre.

Proverbe russe.

La femme est une marmite où toutes les plantes peuvent bouillir.

Proverbe russe.

Voir Frigidité ; lesbien (amour).

FEMME et l'ARGENT (la)

La sage se sçait vendre où la sotte se donne.

Mathurin Régnier, *Satires,* XIII, 106 (1612). Beaucoup d'éditions mettent : La sage *le* sçait vendre où la sotte *le* donne.

Celui-là parle une langue barbare
Qui l'or en mains n'explique ses désirs.

La Fontaine, *Contes et Nouvelles,* « A femme avare galant escroc » (1666).

On ne se doute pas de ce qu'il peut tenir d'argent dans une main de femme, surtout quand cette main est petite.

Henri Meilhac (1831-1897).

La femme est un roseau dépensant.

Jules Renard, *Journal,* 16 décembre 1904.

La plus belle fille du monde ne peut donner que ce qu'elle a. Encore si elle le donnait !...

Étienne Rey, *De l'Amour* (édit. de 1925).

— Habitue-toi de bonne heure à donner de l'argent aux femmes, comme ça tu ne t'apercevras pas que tu vieillis.

Le comte de Montlignon à son fils.

En toute femme, il y a une grue prête à ressortir.

Henry de Montherlant, *Les Lépreuses,* V (1936).

Quand une femme se donne, c'est souvent qu'elle a quelque chose à prendre.

André Treilles, *Maximes, Réflexions et Pensées,* 446 (1953).

Rien de plus pur que les rivières de diamant ; rien de plus trouble que leur source.

Hervé Bazin, *Traits* (1976).

Ce n'est pas le coq qui l'intéresse, ce sont les plumes du coq.

X. Y. Z.

Les paroles les plus tendres ont moins de prise sur les femmes que les bijoux silencieux.

Proverbe anglais.

FEMME et le BONHEUR (la)

Jules Renard demandait, abruptement, à une jeune femme :
— *Voulez-vous me dire à quoi vous servez ?*
Et il s'émerveillait de l'entendre répondre :
— *Je sers à me rendre heureuse.*

Jules Renard, *Journal,* 15 janvier 1898.

— Nous, les hommes, quand nous sommes heureux, c'est souvent à cause de quelque chose. Vous, les femmes, c'est toujours à cause de quelqu'un.

Francis de Croisset, *D'un Jour à l'Autre,* III, IV, (1925).

Que les femmes seraient agréables si elles ne tenaient pas absolument à être heureuses.

Marcel Achard (1899-1974).

FEMME et la CHASTETÉ (la)

Je ne crois les miracles qu'en la foi.

Montaigne, *Essais,* III, V (1588).

— Les femmes sont plus chastes des oreilles que de tout le reste du corps.

Molière, *La Critique de l'École des Femmes,* scène III, Uranie (1663).

On dit d'une femme, d'une fille, qu'elle est sage ; ce serait presque une injure de dire qu'elle est chaste.

Gilles Ménage (1613-1692).

J'honore la dignité des femmes, mais pour avoir de la dignité, elles ne devraient pas se coucher seules.

Goethe (1749-1832), *Maximes et réflexions.*

Quand un homme dit qu'il est chaste, ça veut dire qu'il est frigide. Quand une femme dit qu'elle est chaste... mais il n'y a pas de femme disant qu'elle est chaste. Car même une femme frigide n'est pas chaste.

Eugène Chavette (1872-1902).

— Je vais te dire, moi, ce que j'ai trouvé de plus chaste dans la femme... L'oreille m'a un gentil petit air tout à fait chaste !

Jean Giraudoux, *La Guerre de Trois n'aura pas lieu,* II, 14 (1935).

Celle qui est chaste garde sa chemise et enlève ses lunettes ; celle qui n'est pas chaste enlève sa chemise et garde ses lunettes.

Maurice Jeanneret.

Le diable ne vient pas toujours avec des bottes, mais quelquefois les pieds nus.

Proverbe estonien.

Prude femme ne crie pute chambrière.

Proverbe français.

FEMME (conseil de)

Mieux vaut un remords qu'un regret.

Conseil de Mme de Beaulincourt à Eugénie de Montijo (1852).

— Il y a de mauvais conseils que seule une honnête femme peut donner...

Alfred Capus, *Les Passagères,* II, I, Céleste (1906).

Les femmes ne suivent pas les mauvais conseils ; elles les précèdent.

Abel Hermant (1862-1950).

FEMME et la COQUETTERIE (la) (aguichage)

— Je connais mon sexe : il n'a rien de prodigieux que sa coquetterie.

Marivaux, *La Double Inconstance,* I, II, Flaminia (1723).

Pour une femme, tout événement, même un deuil, se termine par un essayage.

Marcel Proust (1871-1922).

Si la biche fuit le cerf, elle a bien soin que sa course soit curviligne.

Professeur André Binet, *L'Amour et l'Émotion chez la femme* (1948).

COQUETTERIE. — Art de savoir faire les premiers pas tout en laissant à l'homme l'illusion que c'est lui qui les fait.

Georges-Armand Masson, *L'Amour de Ah ! jusqu'à Zut !* (1960).

FEMME et la COQUETTERIE (la) (soins de beauté)

Pour faire l'amour, soignez votre visage. Et pour soigner votre visage, faites l'amour.

Docteur Julien Besançon, *Le Visage de la Femme,* IX (1949).

La femme a sept trous ; un seul ne doit pas être parfumé.

Proverbe chinois.

Voir Fard, Parfum.

FEMME ÉCONOME (la)

J'ai connu une femme si économe en toutes choses, qu'en faisant l'amour elle regardait à sa jouissance.

Paul Léautaud, *Passe-Temps,* « Mots, Propos et Anecdotes » (1952).

FEMME ÉCRIVAIN (la)

Tous ceux qui ont pris les Muses pour femmes sont morts de faim, mais tous ceux qui les ont prises pour maîtresses en ont été heureux.

Samuel Johnson (1709-1784).

Une femme, c'est toujours une femme, mais une femme riche, c'est une femme riche, et une femme de lettres, c'est un confrère.

Francis de Croisset (1877-1937).

Il y a des femmes de talent : aucune n'a cette folie dans le talent qu'on appelle le génie.

Simone de Beauvoir, *Le Deuxième Sexe,*
la Femme indépendante (1949).

Telle romancière enfourche des dadas dont trop sont des bidets.

Georges Wolfrom, *Courts-Circuits*, 798 (1960).

Les femmes écrivent comme elles tricotent.

Maurice Jeanneret.

FEMME et l'ÉLÉGANCE (la) — la PARURE —

On se fait belle, on devient riche, on naît élégante.

Daniel Darc (Mme Marie Régnier), *Petit Bréviaire du Parisien* (1883).

— Rien ne vous va mieux que rien.

Maurice Donnay, *Les Éclaireuses*, III, I (1913).

On ne s'habille bien qu'aux pays où l'on se déshabille beaucoup.

Réflexion de Fortunat Strowski à Mrs Houghton, femme de l'ambassadeur américain à Londres, à propos de la suprématie de Paris dans le domaine de l'élégance. — Cf. Léon Treich, *Histoires diplomatiques*, p. 110 (1930).

Sa beauté l'habille.

Simone de Beauvoir, *Le Deuxième Sexe*, Formation, III (1949).

L'unique préoccupation d'un couturier doit être celle-ci : est-ce que cette robe donnerait à un homme l'envie de déshabiller la femme qui la portera ? Si oui, la robe est réussie.

Nicole (Françoise Parturier), *Les Lions sont lâchés* (1955).

Les plus belles robes sont portées pour être retirées.

Jean Cocteau (1891-1963).

Deux jeunes gens dans une piscine font la connaissance de deux jeunes filles fort bien faites. Au moment du départ, Paul Morand entend le dialogue suivant : « Est-ce qu'on les raccompagne ? » — « Attendons qu'elles soient habillées. »

Paul Morand (1888-1976).

Toute robe de femme est un compromis entre le désir avouable d'être habillée et le désir inavouable d'être déshabillée.

Proverbe italien.

FEMME FIDÈLE (la)

Il n'est coqu qui veult.

Rabelais, *Pantagruel*, XXVIII (1532).

Tout ce que les femmes peuvent raisonnablement promettre, c'est de ne pas chercher les occasions.

Gaston de Lévis, *Maximes et Réflexions* (1808).

Une femme fidèle, c'est une femme qui ne peut vivre qu'un amour à la fois.

Lord Lytton (1803-1873).

Il y a des femmes qui n'aiment pas faire souffrir plusieurs hommes à la fois et qui préfèrent s'appliquer à un seul : ce sont les femmes fidèles.

Alfred Capus (1858-1922), *Notes et Pensées.*

La fidélité est peut-être plutôt chez les femmes l'effet d'un hasard que d'un parti pris.

Henri de Régnier, *Lui ou les Femmes et l'Amour* (1929).

— Quelles sont, selon vous, les femmes les plus fidèles ? Les blondes, les brunes ou les rousses ?
— Les grises.

X. Y. Z.

Celle qui n'a pas changé de turban n'a pas connu les délices.

Proverbe arabe.

La fidélité est une démangeaison avec interdiction de se gratter.

Proverbe italien.

Voir Amour et Fidélité — Fidélité.

FEMME est INCONSTANTE (la)

— Je m'ennuyais, voilà comment ça a commencé. Il m'a ennuyée, voilà comment ça a fini.

Alexandre Dumas fils, *Une Visite de Noces,* scène V, Lydie (1871).

— J'ai été folle de ce garçon-là et maintenant je ne peux plus le voir en face. Comme les hommes changent !

Henry Becque, *La Navette,* scène III, Antonia (1878).

Psyché se délivre aisément. Psyché est toujours à prendre.

Pierre Louÿs, *Les Chansons de Bilitis,* « La Bague symbolique » (1894).

La plupart des femmes entendent le mot *constance* comme le lac de ce nom dont les eaux limpides baignent quatre pays différents.

Pierre Masson, *Pensées d'un Yoghi* (1896).

Abstenez-vous de raconter à votre femme les infamies que vous ont faites celles qui l'ont précédée. Ce n'est pas la peine de lui donner des idées.

Sacha Guitry, *Elles et Toi* (1948).

La femme est inconstante, comme l'eau est fluide.

Simone de Beauvoir, *Le Deuxième Sexe,* I, III, Mythes (1949).

Quand elles nous aiment, ce n'est pas vraiment nous qu'elles aiment. Mais c'est bien nous, un beau matin, qu'elles n'aiment plus.

Paul Géraldy, *L'Homme et l'Amour* (1951).

Être bien quelque part, pour une femme, n'est-ce pas toujours, un peu, désirer être ailleurs ?...

Georges-Armand Masson, *C'est pas beau de copier,* « Françoise Sagan, Mon cœur balance » (1957).

Le cœur d'une femme est aussi instable qu'une goutte d'eau glissant sur une feuille de lotus.

Proverbe siamois.

FEMME INFIDÈLE (la)

Les femmes ne sont pas tenues de faire des miracles.

Quand on met leur fidélité à l'épreuve. — Cervantès, *Don Quichotte,* I, 35 (1605).

— Quand une femme est fidèle, on l'admire ; mais il y a des femmes modestes qui n'ont pas la vanité de vouloir être admirées.

Marivaux, *Arlequin poli par l'amour,* scène I (1720).

Les femmes ressemblent aux girouettes : elles se fixent quand elles se rouillent.

Voltaire (1694-1778).

— Il n'y a pas un abîme entre celles qui nous trompent pour un autre et celles qui trompent un autre pour nous.

Émile Augier, *Le Post-Scriptum,* scène I, Lancy (1869).

Chez les Saxons, on pendait la femme adultère et on la brûlait. Chez les Égyptiens, on lui coupait le nez. Chez les Romains, par la loi Julia, on lui coupait la tête.
Aujourd'hui, en France, quand une femme est surprise en adultère, on se moque de son mari.

Alphonse Karr (1808-1890).

Les infidélités des femmes ne gâtent point leur visage.

Anatole France, *La Rôtisserie de la reine Pédauque,* XVII (1893).

Francine, surprise par son mari dans le lit de son soupirant, sortant la tête de dessous les couvertures, de l'air le plus ingénu, la voix très perchée :
— Quoi ?... Quoi ?... Qu'est-ce que tu vas encore t'imaginer ?

Georges Feydeau, *La Main passe,* II, 4 (1904).

Et Jean tua Madeleine.
Ce fut à peu près vers cette époque que Madeleine perdit l'habitude de tromper Jean.

Alphonse Allais (1854-1905). *Œuvres anthumes.*

Une femme peut fort bien aimer deux hommes à la fois ; son amant, par exemple, et son mari. On dirait que, toutes petites, elles ont appris à loucher du cœur.

Paul-Jean Toulet (1867-1920) ; *Les Trois Impostures,* « Almanach », 46.

— Je ne suis pas heureuse... Je suis humiliée... Je suis la femme d'un cocu !...

Fernand Crommelynck, *Le Cocu magnifique* (1921).

Il y a des hommes que les femmes méprisent quand elles les trompent, et d'autres, au contraire, qu'elles estiment davantage.

Alfred Capus (1858-1922), *Notes et Pensées.*

— Ne pas faire un homme comme toi cocu, ce serait insulter le bon Dieu !

Légende d'un dessin de Forain (1852-1931).

La trahison est la seconde nature de la femme.

Paul Léautaud, *Amour,* Aphorismes (1939).

— Les femmes ne demandent pas mieux qu'à vous être fidèles. Seulement, il faut qu'elles puissent.

Marcel Achard, *Colinette,* I, Charmaine (1942).

L'éditeur Fasquelle était très lié avec son auteur Maurice Maeterlinck (1862-1949) et la femme de celui-ci, Georgette Leblanc.
Fasquelle. — ***Pourquoi tromper un homme comme Maeterlinck avec un pâle comédien ?***
Georgette Leblanc. — ***Il me trompe bien, lui !***
Fasquelle. — ***Maurice te trompe ? Si cela était, on le saurait !***
Georgette Leblanc. — ***Il me trompe... avec sa machine à écrire !...***

Les femmes attachent de l'importance aux aventures amoureuses qu'elles ont eues selon le plaisir qu'elles en ont éprouvé. Si le plaisir a été nul, elles estiment que l'aventure ne doit pas compter. Elles vous disent : « Oh ! mon chéri... si tu savais ce que ç'a été, tu ne m'en parlerais même pas ! »

Sacha Guitry (1885-1957).

On peut tromper son mari sans lui manquer de respect.

Henri Jeanson, *La Tulipe noire* (1962).

Pour une femme, trahir n'a qu'un sens : celui des sens.

Gabrielle-Coco Chanel (1883-1971).

LE MARI. — Enfin, qu'est-ce qu'il a plus que moi, ce type ?
L'ÉPOUSE. — Il a onze ans de moins !

William Douglas Home et Marc-Gilbert Sauvajon,
Le Canard à l'orange, I (1971).

Le ventre d'une femme n'est pas un flacon transparent.

Proverbe arabe.

On ne peut pas sauter d'un arbre à un autre arbre, mais on peut sauter d'un homme à un autre homme.

Proverbe nigritien. — Bambara.

FEMME INSTRUITE (la)

Mlle DE LESPINASSE. — Faites de moi tout ce qu'il vous plaira, pourvu que je m'instruise.

Diderot, *Le Rêve de d'Alembert* (1769).

— On ne saurait être à la fois un grand homme et une petite femme !

Georges Berr et Louis Verneuil, *Maître Bolbec et son Mari,* I, VIII,
Magda (1926).

L'instruction des femmes sera réussie, si leur charme en est augmenté, et manquée, s'il est amoindri.

Abel Bonnard, *Éloge de l'Ignorance* (1926).

FEMME INTELLIGENTE (la)

Aimer les femmes intelligentes est un plaisir de pédéraste.

Baudelaire (1821-1867), *Journaux intimes.*

A la femme intelligente il manque l'indéfinissable charme de la fragilité. Ce sont les pieds d'argile qui donnent du prix à la statue d'or.

Oscar Wilde, *The Picture of Dorian Gray,* XV (1891).

Une femme intelligente est une femme avec laquelle on peut être aussi bête que l'on veut.

Paul Valéry, *Mauvaises Pensées et Autres* (1941).

Une femme qui se croit intelligente réclame les mêmes droits que l'homme ; une femme intelligente y renonce.

Colette (1873-1954).

Nous ne demandons pas aux jolies femmes d'être intelligentes, mais nous ne pardonnons guère aux femmes intelligentes d'être laides.

Jean Mistler, *Bon poids...* (1976).

FEMME et l'IRONIE (la)

La femme pardonne le mépris, la brutalité, la haine. Elle ne pardonne pas l'ironie.

Étienne Rey, ***Maximes morales et immorales*** (1914).

Les femmes détestent l'ironie. Cette forme d'esprit ne se trouve pas dans leurs moyens de combattre. Quand elles emploient l'ironie, elle est cruelle, cinglante et dépourvue de nuances, c'est-à-dire d'esprit.

Maurice Jeanneret.

FEMME JALOUSE (la)

Il n'y a rien qui désunisse davantage deux femmes que d'être obligées de faire leurs dévotions au même autel.

Honoré de Balzac (1799-1850), ***Réflexions et Maximes.***

Chaque femme se croit volée de l'amour qu'on a pour une autre.

Alphonse Karr (1808-1890).

Toutes les femmes capitulent sur l'oreiller.

Étienne Rey, ***Maximes morales et immorales,*** 538 (1914).

J'ai supporté les infidélités de mon mari tant que j'ai aimé mon amant.

Marcelle Auclair, ***Le Mauvais Cœur*** (1957).

La moins coquette des femmes préfère voir louer l'esprit d'une autre femme que ses hanches.

Georges Wolfrom, ***Courts-Circuits,*** 263 (1960).

FEMME et les LARMES (la)

Rien ne sèche plus vite qu'une larme de femme.

John Webster, ***The White Devil,*** V (1608).

Fille à qui la bouche pleure le con lui rit.

Béroalde de Verville, ***Le Moyen de parvenir,*** I, « Dessein » (1612).

— Pleurez donc, vous en pisserez moins.

Béroalde de Verville, ***ibid.***

Les jeunes filles pleurent quelquefois pour se désennuyer.

Sedaine, ***Le Philosophe sans le savoir,*** I, I, (1765).

Quand une femme pleure, on ne sait jamais si ça lui fait du bien ou du mal.

Étienne Rey, ***De l'Amour*** (1909).

La plus grande force de l'eau en tant qu'élément est dans les larmes des femmes.

John Kenfield Marley, *Some Things I Believe* (1937).

Dans les larmes d'une femme, le sage ne voit que de l'eau.

Proverbe russe.

FEMME et la MAISON (la)

Une mauvaise ménagère est un cul sans mains.

P.-J. Le Roux, *Dictionnaire proverbial* (1786).

Les vertus domestiques ont un parfum peu odorant.

Gaston Andreoli, *Pensées d'un médecin* (1953).

FEMME et le MARIAGE (la)

Il n'y a si méchante marmite qui ne trouve son couvercle.

Antoine Oudin, *Curiosités françaises* (1640).

J'aime mieux épouser un cul-de-jatte qu'un couvent pour y réciter des patenôtres.

Françoise d'Aubigné, *future Madame de Maintenon* (1635-1719).

Croyez-vous que si Laure avait été la femme de Pétrarque, il aurait passé sa vie à rimer des sonnets ?

Byron (1788-1824).

Vingt années d'aventures font tomber une femme en ruines ; vingt années de mariage font d'elle une sorte de monument public.

Oscar Wilde (1856-1900).

Julia. — Tu entends ? J'épouserai Valentin Brû et personne ne m'en empêchera. Pas même lui.

Raymond Queneau, *Un dimanche de la vie*, IV (1934).

Une femme n'est entière qu'autant qu'elle est une moitié.

Jacques Audiberti, *Le Mal court*, La gouvernante (1947).

Aucune femme ne fait un mariage d'intérêt ; elles ont toutes l'habileté, avant d'épouser un millionnaire, de s'éprendre de lui.

César Pavese, *Le Métier de vivre*, Journal (1950).

L'époux est toujours le mâle nécessaire.

Anne-Marie Carrière, *Dictionnaire des Hommes* (1962).

Une femme peut fort bien porter une robe de bal sans savoir danser, une robe de cocktail sans avoir soif, un maillot de bain sans savoir nager. Et se mettre toute nue sans savoir faire l'amour. Mais si elle met une robe de mariée, elle sait tout de suite s'en servir.

X. Y. Z.

Il n'y a de mariage que par consentement et de labour que par humidité.

Proverbe arabe.

FEMME et le REMARIAGE (la)

Quand vous allez pour vous noyer, ôtez d'abord vos vêtements ; ils pourront servir au second mari de votre femme.

Alphonse Esquiros, *L'Esprit des Anglais* (1854).

J'aime mieux un vieux complice qu'un jeune observateur.

Liz Taylor, *quand elle s'est remariée avec Richard Burton.*

FEMME et la MATERNITÉ

— Ô Marie conçue sans péché, faites que je pèche sans concevoir !

Augustine Brohan, *sociétaire de la Comédie-Française 1824-1893, faisait chaque matin ce vœu à la Sainte Vierge.*

J'aime mieux commencer cent enfants plutôt que d'en finir un seul.

Princesse Mathilde Bonaparte (1820-1904).

FEMME MAUVAISE (la)

J'aime mieux habiter avec un lion et un dragon que de demeurer avec une femme mauvaise.

L'Ecclésiastique, XXV, 15 (IIe siècle av. J.-C.)

Existe-t-il une femme qui ne soit pas sujette à la méchanceté ?

Proverbe grec ancien.

Il n'y a malheureusement pas de remède de bonne femme contre les mauvaises.

Jules Renard, *Journal*, 1er février 1903.

Il est des femmes dont on s'étonne vraiment qu'il ne se soit trouvé personne pour les étrangler.

Henri de Régnier, *Lui ou les Femmes et l'Amour* (1929).

La vie de l'homme n'est que pénible. La femme se charge de la rendre amère.

Georges Wolfrom, *Courts-circuits*, 142 (1960).

FEMME et le MENSONGE (la)

— Il n'y a que dans ces courts instants où la femme ne pense plus du tout à ce qu'elle dit, que l'on peut être sûr qu'elle dit vraiment ce qu'elle pense.

Georges Feydeau, *Monsieur chasse*, I, III, (1892).

Une femme est franche quand elle ne fait pas de mensonges inutiles.

Anatole France, *Le Lys rouge,* XX (1894).

Les femmes croient que d'avoir de la franchise les ferait paraître nues.

Émile Pontich, *Les Cahiers d'un individualiste,* II (1911).

Les femmes mentent bien parce qu'en mentant elles croient presque dire la vérité.

Henri de Régnier, *Donc...* (1927).

Une jeune femme me disait un jour : « Ce que j'aime avant tout, dans la vie, c'est la vérité. » Et la chère petite me disait cela en se mettant du rouge !

Francis de Croisset, *Nos Marionnettes* (1928).

C'est avec les mensonges du matin que les femmes font leurs vérités du soir.

Jean Giraudoux, *Amphitryon 38* (1929).

Fardée jusqu'au cœur.

Jean Giraudoux, *Judith,* III, 5 (1931).

Une femme qui n'est pas sincère ressemble rudement à une femme qui l'est vraiment.

Tristan Bernard, *Le Flirt ambulant,* II (1937).

— Ce que les autres appellent mes mensonges, ce sont mes vérités de la veille, ou quelquefois mes vérités de mes autres existences. Vous comprenez ?

Armand Salacrou, *Histoire de rire,* III, Adé (1939).

On trouvera encore des diplomates qui mentiront plus et mieux que certaines femmes, mais on n'en trouvera pas un seul qui sache mentir plus vite.

Malcolm de Chazal, *Sens plastique* (1948).

Une femme n'est jamais aussi fausse qu'au moment où elle avoue.

Jean Giraudoux, *Pour Lucrèce,* II, 3 (1953).

ELLE. — Je ne sais pas mentir.
LUI. — Tu te sous-estimes.

Marcelle Auclair, *L'Amour,* Notes et Maximes (1963).

FEMME NUE (la)

Quelque légèrement vêtue qu'elle puisse être, une jolie femme ne prend jamais froid, pour peu qu'elle ait le sentiment d'être en beauté.

Nietzsche (1844-1900).

L'éblouissement d'une femme qui se déshabille fait l'objet du soleil perçant les nuages.

Rodin (1840-1917).

Une femme nue est bientôt amoureuse.

Paul Éluard, *152 Proverbes mis au goût du jour* (1925).

Ô fausse pudeur d'être nue !
Et puis d'ailleurs tu ne l'es pas,
Pour être complètement nue,
Il eût fallu garder tes bas.

Raoul Ponchon (1848-1937), *La Muse gaillarde,* « Cléo de Mérode ».

Il m'a vue nue
Toute nue
Sans cache-truc ni soutien-machin,
J'en ai rougi jusqu'aux vaccins.

Chanson de Mistinguett (1873-1956).

Elle était si belle que lorsqu'elle se dévêtait, on la voyait grandir.

Attribué au peintre Jean-Gabriel Domergue (1889-1962).

Une femme nue est belle, mais le vêtement érotise une femme.

Régine Deforges.

FEMME (odor di femina)

Une femme sent assez bon quand elle ne sent rien.

Plaute (IIe siècle av. J.-C.), *Mostellaria,* 269.

Thaïs, malgré ses ablutions, sent toujours Thaïs.

Martial (40-104), *Épigrammes,* VI, XCIII.

J'ai toujours trouvé que celle que j'aimais sentait bon, et plus sa transpiration était forte plus elle me semblait suave.

Casanova (1725-1798), *Mémoires,* Préface.

Salammbô sentait le miel, le poivre, l'encens, les roses, et une autre odeur encore.

Gustave Flaubert, *Salammbô,* XI, Sous la tente (1862).

La griserie des bras levés, l'odeur de l'œillet et du fauve.

Georges Courteline, *Boubouroche* (1882).

Elle n'a d'original que son odeur.

Jules Renard, *Journal,* 29 septembre 1893.

Le parfum de la femme est fait d'aigreurs qui se corrigent...

Jean Dolent, *Façons d'exprimer* (1900).

Elle parfume même le parfum ! *(Sur une rousse.)*

Natalie Clifford Barney, *Nouvelles Pensées d'une Amazone* (1939).

L'odeur est l'intelligence des fleurs. (*Voilà une belle pensée d'album et qui va me rendre l'estime du sexe.*)

Henry de Montherlant (1896-1972), *Carnets.*

On les sent d'abord, on les voit ensuite. L'odeur est leur expression.

Gabriel de Lautrec.

Senteur de thym et de lavande
Accompagne les jeunes filles ;
Senteur de genêt enfumé
Accompagne les jeunes mariées.

Proverbe breton.

Les fleurs sont plus discrètes que les femmes.

Proverbe italien.

FEMME et la PAROLE (la)

Il y a mille inventions pour faire parler les femmes, mais pas une seule pour les faire taire.

Guillaume Bouchet, *Les Serées,* I, 12 (1584).

Quand une femme a le don de se taire,
Elle a des qualités au-dessus du vulgaire.

Corneille, *Le Menteur,* I, 4 (1643).

Le silence est un beau bijou pour une femme, mais il est peu porté.

Thomas Fuller, *Gnomologia* (1732).

Les femmes forment un sexe purement décoratif. Elles n'ont jamais rien à dire, mais elles le disent d'une façon charmante.

Oscar Wilde, *The Picture of Dorian Gray,* IV (1891).

Ce sont là ces petites bêtises qu'on pardonne à une femme, à condition qu'elle les dise toute nue.

Jules Renard, *Journal,* 23 novembre 1900.

Pourquoi donc, dans un groupe de femmes bavardant comme des perruches, la conversation cesse-t-elle aussitôt qu'un monsieur s'approche ?

Georges Courteline, *La Philosophie de Georges Courteline* (1927).

Si elles ne savaient pas interroger, que de femmes ne sauraient rien dire !

Émile Henriot, *Éloge de la Curiosité* (1927).

C'était une femme exceptionnelle : avant de parler, elle savait ce qu'elle voulait dire.

Thomas Hardy (1840-1928).

Les femmes se taisent parfois... Mais ce n'est jamais quand elles n'ont rien à dire.

Paul Souday (1869-1929).

On peut battre une femme quand il n'y a pas d'autre moyen de la faire taire.

Georges Courteline (1860-1929).

Elles parlent plus vite qu'elles ne pensent et pensent plus vite qu'elles ne réfléchissent.

Gaston Derys, *Dictionnaire de l'Académie de l'Humour* (1934).

— La force des femmes n'est pas dans ce qu'elles disent, mais dans le nombre de fois qu'elles le disent.

Marcel Achard, *Nous irons à Valparaiso*, II, (1948).

Le silence est la seule chose en or que les femmes détestent.

Mary Wilson Little.

Je vous regarde, je vous écoute, et comme vous ne dites rien, je suis sous le charme.

Maurice Jeanneret.

FEMME et la PARURE (la) → FEMME et l'ÉLÉGANCE (la)

FEMME et la POLITIQUE (la)

Mes opinions politiques sont des noms propres.

Mme de Staël (1766-1817).

FEMME PRUDE (la)

Elle fait des tableaux couvrir les nudités,
Mais elle a de l'amour pour les réalités.

Molière, *Le Misanthrope*, III, IV, 943-944,
Célimène à propos d'Arsinoé (1666).

Je suis curieuse de voir ce que peut écrire une prude après un tel moment, et quel voile elle met sur ses actions, après n'en avoir plus laissé sur sa personne.

Choderlos de Lachos, *Les Liaisons dangereuses*, lettre 20,
la marquise de Merteuil au vicomte de Valmont (1782).

La pruderie est une espèce d'avarice, la pire de toutes.

Stendhal, *De l'Amour* (1822).

Celles qui semblent dédaigner l'amour n'en désirent pas moins que les autres le trait d'union qui les joindra à un homme plein de virilité et d'ardeur.

J.-A. Decourdemanche, *Fables turques,* XXXIII (1882).

Qu'est-ce qu'une prude ? — Celle qui résiste avec bruit.

Comtesse Diane, *Livre d'or,* 195 (1895).

FEMME et la PUDEUR (la)

La pudeur des femmes se trouve dans leur chemise, et d'abord que l'on parvient à la leur ôter, on n'en voit plus, pas même l'ombre.

Clément d'Alexandrie (160-220). — Cité par Casanova, *Mémoires,* VI, 10.

Les femmes rougissent d'entendre nommer ce qu'elles ne craignent aucunement à faire.

Montaigne, *Essais,* II, XVII (1580).

Il y a certaines choses que l'on cache pour les montrer.

Montaigne, *Essais,* III, V (1588).

La pudeur est une vertu que l'on attache avec des épingles.

Mme d'Épinay (1726-1783), *Mémoires,* I, V.

Une femme montre plus promptement son c.. que son cœur.

Honoré de Balzac, *Pensées, Sujets, Fragments* (1833).

La pudeur est le plus bel ornement de la femme.

Gustave Flaubert, *Dictionnaire des idées reçues* (1953).

L'Amour aux champs

Sans rougir de la nature
Le cul, pour elle, et le con
Font aussi noble figure
Que le nez ou le menton.

Albert Patin de la Fizelière (1818-1878).

— Les femmes pudiques se donnent en fermant les yeux, pour ne pas assister à leur chute.

Gaston de Caillavet et Robert de Flers,
Les Sentiers de la Vertu, I, XI, Bargelin (1903).

Les femmes attachent de l'importance à la pudeur physique pour avoir moins à se soucier de la pudeur morale.

Étienne Rey, *Maximes morales et immorales,* 380 (1914).

La pudeur leur va si bien quand elles en ont, si bien quand elles n'en ont plus, que je ne conçois guère de femmes qui ne désirent pas en avoir.

Paul Morand, *Fermé la nuit,* « La Nuit de Babylone » (1923).

La pudeur, c'est les hommes dont on n'a pas l'habitude...

Marcel Prévost, *Journal de Simone* (1934).

L'éducation confère aux femmes le privilège de retrouver à chaque nouvelle aventure amoureuse l'essentiel de leur virginité : la pudeur.

Sacha Guitry, *Elles et Toi* (1948).

La pudeur est un sentiment que les hommes croient qu'ont les femmes.

Paul Géraldy, *L'Homme et l'Amour,* XIV (1951).

Les petits échos de la fin du siècle rapportent que les messieurs bien élevés ôtaient leur Légion d'honneur avant d'entrer au bordel. Je n'ai jamais rencontré une femme qui ôtât son alliance avant de s'allonger sur le lit de son amant.

Armand Salacrou, *Souvenirs, Dans la Salle des Pas Perdus* (1974).

Voir Pudeur et Impudeur.

FEMME et la RÉPUTATION (la)

La réputation d'une femme peut se renouveler.

Mme de Maintenon (1635-1719).

L'amant heureux fait moins de tort à une femme que celui qui cherche à l'être.

Simon Coiffier de Moret (Fernand Fleuret), *Le Livre du boudoir* (1920).

L'honneur repousse comme les cheveux.

Mme de Matignon. — *Cité par la comtesse d'Agoult, Souvenirs* 1806).

En ce monde où rien n'est certain,
On peut affirmer une chose :
C'est que ton con vivant et rose
N'est que le con d'une putain !

Albert Glatigny (1838-1873), *Le Préjugé vaincu.*

Une jeune femme, sans renoncer aux attentions dont elle a besoin, doit conserver l'estime de la société.

Nicole *(Françoise Parturier), Les Lions sont lâchés* (1955).

La bonne réputation remplace la chemise.

Proverbe russe.

FEMME et le RIRE (la)

Elles riaient toutes les deux jusqu'aux larmes et peut-être même plus loin.

Maurice Donnay, *Éducation de prince,* IV, 5 (1900).

Au fond des lits, qu'est-ce qu'on trouve ? Un petit rire bête.

Félicien Marceau, *La Mort de Néron* (1956).

FEMME et le SECRET (la)

Une cruche qui fuit.

Augustine Brohan, *sociétaire de la Comédie-Française* (1824-1893).

Ce n'est pas ce que les femmes vous disent qui est intéressant, c'est ce qu'elles vous taisent.

Alexandre Dumas fils (1824-1895).

FEMME SEULE (la)

Une femme est surtout à plaindre quand elle attend quelqu'un et qu'elle ne sait pas qui.

Dictionnaire de l'Amour. — Académie de l'Humour français (1938).

Avec les hommes
C'est terrible !
Mais sans homme,
C'est encore pire.

Chanson de Marie Dubas, créée en 1939.

FEMME (le sexe de la)

Dis-moi quel fruit est délicieux quand il est vert, doux quand il est à demi mûr, et amer quand il est mûr ?

Le Dhammapâda, « Guirlande des demandes et réponses » (Ier siècle).

La naturelle température des femmes est fort humide.

Plutarque (50-125), *Propos de table,* IIIe livre.

Alexandrin

Une beauté se rend parfaicte par son Con.

Chute d'un sonnet attribué à Pierre Motin (1566-1610).

Épigramme

Ma foy, je fus bien de la feste
Quand je fis chez vous ce repas :
Je trouvay la poudre a la teste
Et le poivre un peu plus au bas.

Mathurin Régnier (1573-1613), *Œuvres.*

Chemin jonchu et c.. velu sont fort propres pour chevaucher.

Proverbe cité par Brantôme (1540-1614), *Les Dames galantes,* II.

Sous les cotillons des grisettes
Peut loger autant de beauté
Que sous les jupes des coquettes.

La Fontaine, *Contes et Nouvelles,* « Joconde » (1664).

C'est là que je me sens mordue par la vorace Aphrodite.

(Exclamation supposée de la Phèdre de Racine (1677), *à sa nourrice et confidente, Œnone.*

Fille à dix ans est un petit livret
Intitulé : Le berceau de nature.
Fille à quinze ans est un joli coffret
Qu'on n'ouvre pas sans forcer la serrure.
Fille à vingt ans est un épais buisson
Dont maint chasseur, pour le battre, s'approche.
Fille à trente ans est de la venaison
Bien faisandée et bonne à mettre en broche.
A quarante ans, c'est un gros bastion
Où le canon a fait plus d'une brèche.
A cinquante ans, c'est un vieux lampion
Où l'on ne met qu'à regret une mèche.

Parnasse satyrique du XVIIIe siècle.

Je n'entreprendrai pas la description des organes féminins car ils sont abominables.

Le naturaliste Linné, *Historiae naturalis,* Avant-propos (1766).

Toute femme a sa fortune entre ses deux jambes.

Honoré de Balzac, *Pensées, Sujets, Fragments* (1833).

... le buisson ardent des femmes.

Paul Verlaine, *Parallèlement,* Auburn (1889).

Le ventre est tendu de soie. Pourquoi faut-il que chaque femme cache là un gentleman barbu qui savoure une coquille de mer ?

Luc Durtain, *Frank et Marjorie* (1937).

Il paraît que c'est une terrible et qu'elle a le feu aux fesses. On dit qu'en s'asseyant par terre, dans les Landes, elle a déclenché un incendie de forêt.

Henri Jeanson, *Les Bonnes Causes* (1961).

Le vagin est une chaussure à tous pieds. Il est solide comme un cuir de bottes. Ce ne sont pas les « gros », mais les « longs » qui font souffrir les dames.

Gérard Zwang, *Le Sexe de la femme* (1974).

Quand on regarde une femme dans le blanc de l'œil, — selon l'expression anglaise, — que voit-on ? C'est le triomphe du poil et de l'humidité. Les hommes y sont en dévotion et leur esprit quelquefois s'y perd !

Maurice Jeanneret.

La femme est comme les gousses de l'orange : à l'extérieur, c'est la même enveloppe; à l'intérieur, les goûts sont différents.

Proverbe malgache.

V. Homme (le sexe de l'h.). — Sexe.

FEMME SODOMISÉE (la) →l'ENVERS et l'ENDROIT

FEMME qui TRAVAILLE (la)

— Quand une femme a une profession, elle n'a pas besoin de mari : un amant suffit !

Alfred Capus, *Les Passagères,* II, I, Céleste (1906).

FEMME TROMPÉE (la)

Rien n'est si vertueux que l'oreille d'une femme abandonnée.

Charles de Bernard (1804-1850).

Les femmes abandonnées trouvent un grand réconfort dans la découverte soudaine des mérites de leurs maris.

Oscar Wilde, *The Picture of Dorian Gray,* VIII (1891).

FEMME est VANITEUSE (la)

On n'a point encore vu de femme incrédule sur le compte de ses charmes.

J. Sanial-Dubay, *Sur l'Homme, le Monde, les Mœurs,* 568 (1813).

Dès qu'on a dit à une femme qu'elle est jolie, elle se croit de l'esprit.

Jules Renard, *Journal,* 9 février 1899.

Il faut, devant les femmes, s'incliner assez bas pour qu'elles ne vous voient pas sourire de leurs prétentions.

Henri de Régnier, *Donc...* (1927).

La plus simple d'entre elles est la reine de Saba à perpétuité.

Henry de Montherlant, *Les Lépreuses,* VI (1937).

Les rois épousent parfois des bergères. Toute femme est un peu la bergère qui estime qu'elle fait un beau cadeau en se donnant au roi.

Paul Guth, *La Chance,* Notes et Maximes (1964).

Aucun miroir n'a jamais reflété une femme laide.

Proverbe espagnol.

FEMME et la VENGEANCE (la)

— Bien rosser et garder rancune est aussi par trop féminin !

Beaumarchais, *Le Mariage de Figaro,* V, VIII, Figaro (1784).

Les femmes ne pardonnent jamais qu'après avoir puni.

Mme de Girardin (Delphine Gay), *Lettres parisiennes,* 11 mai 1837.

Aucune mâchoire de bouledogue n'est plus tenace que les doigts d'une femme qui hait.

Jean Giraudoux, *Pour Lucrèce,* I, 10 (1953).

Le diable lui-même n'a jamais vu la meule où les femmes aiguisent leurs couteaux.

Proverbe letton.

FEMME et la VERTU (la)

Toutes estes, serez ou fustes
De fait ou de volonté putes ;
Et qui bien vous recercheroit
Toutes putes vous trouveroit.

Roman de la Rose, 9155 et suivants (XIIIe siècle).

Quatrain

Laissez-moi trousser ma cotte
Comme vous fîtes autrefois ;
Et puis je serai dévote,
Quand je n'aurai plus mes mois.

Henriette d'Angleterre (1644-1670) *à sa belle-mère Anne d'Autriche.*

Je ne décide point quel est le premier mérite d'une femme ; mais dans l'usage ordinaire, la première question que l'on fait sur une femme que l'on ne connaît point, c'est, *est-elle belle ?* La seconde, *a-t-elle de l'esprit ?* Il arrive rarement que l'on fasse une troisième question.

Fontenelle, *Nouveaux Dialogues des Morts,* III, « Didon et Stratonice » (1683).

Fontenelle (1657-1757) représentait à une femme dévote, d'une propreté très recherchée, qu'elle prenait une peine bien inutile, attendu la sévérité de ses principes. « *Que sait-on ?* lui répondit-elle, *on peut rencontrer des insolents.* »

Faut de la vertu, pas trop n'en faut,
L'excès partout est un défaut.

Boutet de Monvel, *L'Erreur d'un moment ou Suite de Julie,* I, chansonnette de Catau (1773).

Mr Dubuc[1] disait que les femmes sont si décriées qu'il n'y a même plus d'hommes à bonnes fortunes.

Chamfort (1740-1794), *Caractères et Anecdotes.*

Une femme doit rendre à la vertu, par ses paroles, ce qu'elle lui ôte par ses actions.

Comtesse Marie-Charlotte de Boufflers (1725-1800).
cf. P. E. Schatzmann, *La Comtesse de Boufflers.*

Si vertueuse que soit une femme, c'est sur sa vertu qu'un compliment lui fait le moins de plaisir.

Prince de Ligne, *Réflexions* (1811).

Tout ce que les femmes peuvent raisonnablement promettre, c'est de ne pas chercher les occasions.

Gaston de Lévis, *Maximes et Réflexions* (1811).

Les femmes se rendent et ne meurent pas.

Charles de Bernard (1804-1850).

Dans le salon de Sophie Gay (1776-1852), on échangeait un jour des propos admiratifs sur le charme et la vertu d'une grande dame de la société. Quelqu'un louait le charme ; et de surcroît, il se portait garant de la vertu.
— *Voyons, monsieur,* dit Sophie Gay, *comment pouvez-vous être sûr de ces choses-là ?*

Pour les choses essentielles,
Tu peux compter sur ma vertu.

Henri Meilhac et Ludovic Halévy, *La Périchole,* opéra bouffe, I, X, Lettre de la Périchole (1868).

Une vertu qui n'a jamais été tentée n'est pas une vertu : c'est une hypothèse.

Daniel Darc (Mme Marie Régnier), *Sagesse de poche* (1885).

A quoi tient la vertu ? — A ce qui l'attaque.

Comtesse Diane, *Livre d'or,* 27 (1895).

Il y a des femmes qui sont vertueuses naturellement et d'autres qui ne le deviennent qu'après avoir commis toutes les fautes.

Alfred Capus, *Les Maris de Léontine,* III, 9 (1900).

Une femme a d'autant plus de chances d'attacher un homme qu'elle a plus d'antécédents.

Abel Hermant, *Les Confidences d'une Biche,* VII (1909).

---

1. Jean-Baptiste du Buc, économiste, chef du Bureau des Colonies sous Choiseul, puis syndic de la Compagnie des Indes (1717-1795).

Les femmes vertueuses vieillisent plus vite que les autres.

Anatole France (1844-1924).

On demandait dans un cercle ce qu'est au juste une femme convenable. L... fit cette réponse : « Une femme qui ne convient pas. »

Paul Léautaud, *Passe-Temps,* « Mots, Propos et Anecdotes » (1952).

La parfaite tranquillité d'une eau sur laquelle ne flotte pas la plus petite épave, n'a jamais été la preuve qu'en ce même lieu, un navire n'ait pas coulé, corps et biens.

Jean Schlumberger, *Passion,* p. 58 (1956).

La fortune ne vient pas en dormant... seule.

Caroline Otéro, dite *la Belle Otéro* (1868-1965).

Un duc de Brégançon avait deux grands-mères, comme tout le monde. L'une d'elles menait une vie agitée. L'autre une vie exemplaire. Et chacune disait en parlant de l'autre : « *La pauvre femme.* »

Jacques Gandouin, *Guide du protocole et des usages* (1971).

La vertu est vertu pour un homme ; le manque de vertu est vertu pour une femme.

Proverbe chinois.

Quitte à te perdre, perds-toi bien.

Proverbe espagnol.

FEMME et la VIEILLESSE (la)

On voit bien encore aux tessons ce que fut le pot.

Adam de la Halle, *Le Jeu de la feuillée,* I (XIIIe s.)

Quand la femme ne sert plus de marmite, elle sert de couvercle.

Elle s'occupe des amours d'autrui. Cervantès, *Nouvelles exemplaires,* Le petit-fils de Sancho Panza (1613).

Il n'est si belle rose qui ne devienne gratte-cul.

Gilles Ménage, *Miscelleanea* (1652).

— Il y a quelque temps, quarante ans faisait fureur, mais je me suis laissé dire que les dames voulaient lancer la cinquantaine pour l'hiver prochain.

Olivier Goldsmith, *She Stoops To Conqueer,* II, Hastings (1773).

Je préférerais prendre du service dans les bordels du roi plutôt que de vieillir.

Sophie Arnould (1704-1802), *Arnouldiana*

Il y a trois sortes de vieilles femmes : un — cette bonne vieille ; deux — cette vieille femme ; trois — cette vieille sorcière.

Coleridge (1772-1834).

Combien je regrette
Mon bras si dodu,
Ma jambe bien faite
Et le temps perdu !

Béranger (1780-1857), *Chansons*, « Ma Grand-Mère ».

— Quand les femmes ne prêtent plus à la médisance, elles s'y adonnent.

Émile Augier, *Les Lionnes pauvres*, III, VII, Thérèse (1858).

— De la beauté du diable, voilà ce qui me reste... des griffes.

Légende d'un dessin de Gavarni (1804-1866).

La vertu, comme les corbeaux, niche dans les ruines.

Anatole France, *La Rôtisserie de la reine Pédauque*, XVII (1893).

Les femmes dont on dit qu'elles ont été belles ont à mes yeux le même intérêt que les pièces démonétisées dont on dit qu'elles ont été bonnes.

Georges Courteline, *La Philosophie de Georges Courteline* (1927).

Sur un cou ridé, les perles pleurent.

Proverbe allemand.

Les vieilles femmes sont plus folles à Madrid que les jeunes, et cela est naturel : elles le sont depuis plus longtemps.

Proverbe espagnol.

FEMME et la VIEILLESSE (la) (amours d'automne et d'hiver)

Le sillon de ses rides sert encore d'asile aux amours.

Platon (IVe s. av. J.-C.). *Sur la vieille Archéanasse.*

... Lors qu'on a du bien, il n'est si décrépite
Qui ne trouve (en donnant) couvercle à sa marmite.

Mathurin Régnier, *Satires*, XIII, 173-174 (1609).

Un vieux four est plus aisé à s'eschauffer qu'un neuf.

Brantôme (1541-1614), *Les Dames galantes*, IV : « J'ay ouy dire aux bons et experts fourniers qu'un vieux four est plus aisé à s'eschauffer beaucoup qu'un neuf, et quand il est une fois eschauffé, il en garde mieux sa chaleur et fait meilleur pain. »

A vespres la feste se connoist.

Proverbe espagnol. — Cité par Brantôme (1541-1614), *Les Dames galantes*, V.

D'une vieille poule on fait un meilleur bouillon que d'une autre.

Proverbe italien. — Cité par Brantôme, *ibid.*

Aux femmes on cognoist les ans
Non pas au c..., mais à la teste.

Les Délices satyriques (1620).

Dans un vieux pot, on fait de la bonne soupe.

Antoine Oudin, *Curiosités françaises* (1640).

L'automne a des couleurs qui manquaient à l'été.

Saint-Lambert, *Les Saisons* (1764).

Une grande dame avait à soixante ans pour amant un jeune homme d'un état obscur. Elle disait à une de ses amies : ***Une duchesse n'a jamais que trente ans pour un bourgeois.*** Et elle avait raison.

Sénac de Meilhan, *Considérations sur l'esprit et les mœurs* (1788).

Mme de..., âgée de soixante-cinq ans, ayant épousé M..., âgé de vingt-deux, quelqu'un dit que c'était le mariage de Pyrame [1] & de Baucis.

Chamfort (1740-1794), *Caractères et Anecdotes.*

Jamais une vieille femme ne voudra inspirer d'amour platonique.

Philippe Gerfaut (Mme Dardenne de la Grangerie),
Pensées d'automne, XXVIII (1882).

La princesse Pauline de Metternich (1836-1921) avait enchanté la Cour des Tuileries aux temps heureux du Second Empire. Sur le penchant de sa vie, elle était encore brillante, allègre, endiablée. On lui demandait un jour à quel âge une femme cesse d'être tourmentée par la chair : « ***Je ne sais pas,*** dit-elle, ***je n'ai que soixante-trois ans.*** »

Elle était revenue de bien des choses, ce qui ne l'empêchait pas d'y retourner.

Natalie Clifford Barney, *Pensées d'une Amazone* (1921).

Une dame de cinquante ans disait un jour en parlant d'un amant qui venait de l'abandonner : « J'ai été trop bonne pour lui. Quelle leçon pour l'avenir ! »

Étienne Rey, *De l'Amour* (édit. de 1925).

— On a l'âge qu'on veut bien avoir, l'âge de son argent aussi.

Jean Anouilh, *Jézabel,* II, La Mère (1932).

---

1. Allusion aux deux couples célèbres, immortalisés par Ovide : les jeunes Pyrame et Thisbé (*Métamorphoses,* IV, v. 55-166), et les vieux Philémon et Baucis (*ibid.*, v. 620-724).

Folle des débris de son corps.

Abel Hermant (1862-1950).

L'amour se confond pour les femmes avec l'instinct de conservation, elles le recherchent comme la santé. L'amour est une maladie sans laquelle on ne se porte pas bien.

Marguerite Grépon, *Pour une Introduction à une Histoire de l'Amour* (1946).

On peut très bien avoir soixante ans sur son acte de naissance, quarante à la ville et vingt ans dans un lit.

Docteur Julien Besançon, *Le Visage de la Femme,* VI (1949).

Ce qu'il y a de plus difficile, ce n'est pas de prendre un premier amant, c'est de trouver le dernier.

Edmond Jaloux (1878-1949).

Il n'est pas facile d'éteindre le feu qui a pris à une vieille grange.

Proverbe français. — Béarn.

Le temple est vétuste, mais le sanctuaire persiste.

Proverbe français.

FEMME et la VOLUPTÉ (la)

Les aveux vraiment flatteurs ne sont pas ceux que nous faisons, ce sont ceux qui nous échappent.

Ninon de Lenclos (1620-1705), *Lettres au marquis de Sévigné,* XXII.

Mademoiselle Reinel, danseuse à l'Opéra Italien, disait à son amant : « *Quand tu m'as fait jouir, je me sens un petit ventre précieux.* »

Mémoires du XVIII*e siècle.*

Le plaisir de la femme doit être plus grand, puisque la fête se fait dans sa propre maison. Elle n'a besoin que de laisser faire. Et elle a davantage d'organes.

Casanova (1725-1798), *Mémoires,* XI, 3.

— Quand nous sommes très heureuses ou bien quand nous accouchons, ce n'est pas un homme qui peut décrire ce que nous éprouvons, je l'en défie bien.

Maurice Donnay, *Les Éclaireuses,* II, III, (1913).

Ce doit être une femme qui a inventé la reconnaissance du ventre.

Charles Régismanset, *Le Livre de mes Amis* (1921).

Il n'y a vraiment que la femme qui puisse comprendre toute la portée de l'expression : « être inondée de bonheur » !

Dictionnaire de l'Amour, Académie de l'Humour français (1938).

FESSÉE (la)

La fessée, terreur des petites filles, réjouissance quand elles sont grandes.

Willy (1859-1931).

FÊTE

Le vrai héros d'une fête est toujours celui qui paie.

Poujol, *La Girouette du Village,* IV, Lenoir (1818).

FIDÉLITÉ

Voir Amour et Fidélité ; Femme fidèle (la) ; Homme fidèle (l').

FILLE (puella)

Je suis joliette,
Jeune pucelette,
Je sens les doux maux dessous ma ceinturette !
Je ne veux pas être nonnette.

Chanson française du XIIIe siècle.

Bouche baisée ne perd point son bonheur à venir, elle se renouvelle comme la lune.

Proverbe italien. — Cité par Boccace, *Décaméron,* II, VII (1350).

La fille qui sent les écrevisses s'agiter dans son panier sera bientôt accomplie[1].

Ascanio de Mori (1533-1591), *Novele.*

Fille qui sçait son monde a saison opportune.
Chacun est artisan de sa propre fortune.

Mathurin Régnier, *Satires,* XIII, 109-110 (1609).

En amour, l'innocence est un sçavant mystère
Pourvu que ce soit une innocence austère,
Mais qui sçache, part art, donnant vie et trespas,
Feindre avecque douceur qu'elle ne le sçait pas.

Mathurin Régnier, *ibid.,* XIII, 273-276.

Un noc bien ménagé vaut mieux que deux métayries.

Béroalde de Verville, *Le Moyen de parvenir,* II, « Emblesme » (1612).

Une fille de bien est celle qui n'ose, ou ne peut, ou ne trouve à le faire.

Béroalde de Verville, *ibid.,* II, « Sentence ».

---

1. *Accomplie* — du latin *complere* = remplir.

Pour garder certaine toison
On a beau faire sentinelle,
C'est temps perdu lorsqu'une belle
Y sent grande démangeaison.

La Fontaine, *Contes et Nouvelles*, « Le Rossignol » (1682).

J'avais grand besoin que ce fût là Dorante.

Marivaux, *Le Jeu de l'Amour et du Hasard*, II, XII, Silvia (1730).

Une jeune personne ne peut empêcher un honnête homme de l'estimer.

Beaumarchais, *Le Barbier de Séville*, II, II, Rosine (1775).

La honte que cause l'amour est comme sa douleur : on ne l'éprouve qu'une fois.

Choderlos de Laclos, *Les Liaisons dangereuses*,
lettre 105, la marquise de Merteuil à Cécile Volanges (1782).

Il y a telle fille qui trouve à se vendre et ne trouverait pas à se donner.

Chamfort (1740-1794), *Maximes et Réflexions*.

La vengeance du pauvre contre le riche : ce sont ses filles.

Edmond et Jules de Goncourt, *Idées et sensations* (1886).

Aux filles qui ne comprennent pas, ça ne leur apprend pas grand'chose ; à celles qui comprennent, ça ne leur apprend rien du tout.

Georges Feydau (1862-1921).

Au Jardin des Plantes, deux filles regardent les singes. L'une dit à l'autre :
— Ils sont épatants, tu ne trouves pas ? Il ne leur manque que de l'argent.

Dessin de Forain (1852-1931).

La femme est un homme raté. Plus le garçon est manqué, mieux la fille est réussie.

Docteur Julien Besançon, *Le Visage de la Femme*, I (1949).

Il n'y a pas de règle pour la chasse au mari, si ce n'est qu'il doit, coûte que coûte, être capturé vivant. Tous les procédés sont admis : affût, battue, collet, glu, appeau, annonce matrimoniale ou miroir aux alouettes.

Georges-Armand Masson, *L'Amour de Ah ! jusqu'à Zut !* (1960).

En amour, les personnes du sexe, faut pas se tromper, c'est social d'abord.

Marcel Aymé, *Les Tiroirs de l'Inconnu*, III (1960).

Une fille n'a qu'une envie, c'est de se marier, et quand elle est mariée, elle a envie de tout.

Tony Mayer, *L'Humour anglais* (1961).

Garçon a deux féminins : « fille » et « garce ».

Gilbert Cesbron, *Journal sans date*, p. 22 (1963).

Dès qu'elles ont l'âge de raison, les filles déraisonnent en rêvant d'amour.

Marcelle Auclair, *L'Amour,* Notes et Maximes (1963).

A l'ombre des jeunes filles en fleur, on attrape vite des coups de soleil.

Hervé Bazin, *Traits* (1976).

Quand une porte a été enfoncée, ensuite, c'est difficile de la tenir fermée.

Proverbe anglais.

Le vieux pour ne pouvoir et le jeune pour ne savoir, la fille demeure sans savoir.

Proverbe espagnol.

Qui la pasnaie[1] veut avoir, il lui faut le cul mouvoir.

Proverbe français du XVIe siècle.

Fille pâle demande le mâle.

Proverbe français. Normandie.

Marier une fille est aussi nécessaire que creuser un puits.

Proverbe indien.

Allez donc deviner comment les filles se marient.

Proverbe russe.

FILLE (filia)

Il faut marier les filles jeunes, car il vaut mieux qu'il leur cuise qu'il leur démange.

Béroalde de Verville, *Le Moyen de parvenir* « Défaut » (1612).

Mariez-la. Il est plus aisé de faire une femme que de garder une fille.

Victor Hugo, *Portefeuille* (1839-1843).

Le héros meurtrier à pas lents se promène :
« Dieu ! » soupire à part soi la plaintive Chimène,
« Qu'il est joli garçon, l'assassin de papa ! »

Georges Fourest, *La Négresse blonde,* Carnaval de chefs-d'œuvre, Le Cid » (1909).

1. Sur le sens de ce mot, consultez un dictionnaire étymologique.

Quand une occasion de mariage se présente pour votre fille, n'attendez pas que son père revienne du marché.

Proverbe espagnol.

Trois choses humilient : être endetté, ne serait-ce que d'une drachme ; demander, ne serait-ce que son chemin ; avoir une fille, serait-elle la Vierge Marie.

Proverbe libanais.

Peigne ta fille jusqu'à douze ans ; veille sur elle jusqu'à seize ans ; ensuite, à son époux sois bien reconnaissant.

Proverbe tchèque.

Voir Père et fille.

FILLE PUBLIQUE → PROSTITUTION (fille publique)

FILLE (la VIEILLE)

La vieille fille est comme le lait, qui s'aigrit s'il est trop gardé.

Jean-Pierre Du Commun, *Les Yeux, le Nez et les Tétons* (1734).

... Changer en fleurs de nénuphar les fleurs d'oranger.

Honoré de Balzac, *La Vieille Fille,* III (1837).

Qu'est-ce qu'une vieille fille ? — Une personne qui n'a gardé que deux choses... 2° — sa rancune.

Comtesse Diane, *Livre d'or,* 318 (1895).

Les vieilles filles finissent par s'enorgueillir d'une virginité impatiemment supportée, comme certains malades finissent par tirer vanité d'une maladie incurable.

Louis Landron, *Bouquet d'orties* (1911).

Quand je vois des femmes qui n'ont pas été réchauffées de part en part par un homme, elles me paraissent de pauvres hiboux.

David Herbert Lawrence, *L'Amant de Lady Chatterley,* XI (1928).

Boire cette coupe jusqu'au lit, non, jamais !

Henry de Montherlant, *Les Jeunes Filles* (1936). — *A propos de l'une de ses héroïnes, Andrée Hacquebaut.*

Les qualités morales ne donnent pas un joli teint.

Marguerite Grépon, *Lotissement-Journal* (1946).

La vieille fille est comme l'eau des douves : elle croupit.

Proverbe allemand.

Le diable fait les pots, mais il ne fait pas toujours les couvercles.

Proverbe italien.

La vieille fille mûrit comme une châtaigne au feu : en explosant.

Proverbe serbe.

FILS

Un fils est un créancier donné par la nature.

Stendhal (1783-1842), *Lucien Leuwen,* ouvrage posthume.

Plus de pères, rien que des fils ! Rien que des fils ! Et des fils qui ont besoin d'aide. C'est d'ailleurs à cela que l'on reconnaît les fils.

Marcel Achard (1899-1974).

Voir Père et fils.

FIN des CHOSES (la)

La dernière marche d'un escalier que l'on gravit est toujours plus haute que les autres.

Paul Masson, *Le Fond de la besace d'un Yoghi* (1893).

Tout s'arrange, le plus souvent, en ne s'arrangeant pas.

Tristan Bernard, *Un mari pacifique,* X (1901).

Tout s'arrange, mais mal.

Alfred Capus (1858-1922).

Tout est bien. Tout pourrait être mieux, mais tout pourrait être plus mal. Donc tout est bien...

Henri Duvernois, *Le Club des Canards mandarins* (1925).

— Rien ne s'arrange mais tout se tasse.

Marcel Achard, *Turlututu,* III, Baptiste (1962).

FISC

Il y a trois sortes de lois : les lois divines, les lois humaines, et les lois sur les sociétés.

Paul Laffitte, *Jéroboam ou la Finance sans méningite* (1920).

L'ogre Fisc a l'appétit du Lion envers les uns, mais la sobriété du Chameau à l'égard des autres.

Paul Morand.

FLAGELLATION

La flagellation est ordonnée aux personnes maigres pour les engraisser et leur donner de l'embonpoint.

Jérôme Mercurialis, *De Arte Gymnastica,* IV, IX (1602).

Rien n'aide au développement de la croupe comme la flagellation continue.

Jean de Villiot, ***Étude sur la flagellation aux points de vue médical et historique*** (1899).

La douleur des coups faisait son postérieur brûlant frémir et palpiter...

Swinburne (1837-1909), ***Hymne à la flagellation.***

FLÂNERIE

La flânerie, c'est la gastronomie de l'œil.

Balzac (1799-1850).

FLATTERIE

Un peu d'encens brûlé rajuste bien des choses.

Cyrano de Bergerac, ***La Mort d'Agrippine,*** II, 4, Sejanus (1653).

Consentez à faire d'un homme un Dieu, et il consentira volontiers à être un bon Dieu.

Alfred Bougeart, ***Pailles et Poutres,*** 212 (1877).

Le rôle de paillasson admiratif est à peu près le seul dans lequel on se tolère d'humain à humain avec quelque plaisir.

Céline (Louis-Ferdinand Destouches), ***Voyage au bout de la nuit*** (1932).

FLEURS BLANCHES (les)

Quatrain

Belle Marquise, on vante vos appas,
Vous êtes aimable et très franche
Mais tout cela n'empêche pas
Que vos fleurs ne soient des fleurs blanches.

Quatrain épigrammatique du comte de Maurepas sur Mme de Pompadour.

FLEURS ROUGES (les)

Qui aime bien la chair, il aime bien la saulce.

Guillaume Bouchet, ***Les Serées,*** XXII (1597).

Quatrain

Si tu n'as point trouvé les roses
Qui sur mon teint estoient escloses,
Dafnis, ne t'en estonne pas,
C'est qu'elles descendoient plus bas.

Quatrain adressé à Tallemant des Réaux (1619-1692) ***par Mme de X...*** — Cf. Tallemant des Réaux, ***Historiettes.***

Stances

Puisqu'un peu de sang vous étonne,
Vous n'êtes pas propre aux combats,
Et Vénus aussi bien que Mars & que Bellone
Veut de plus hazardeux soldats.

Poésies héroïques et gaillardes (1721).

Huitain

Je cherche un petit bois touffu
Que vous portez, Aminthe,
Qui couvre, s'il n'est pas tondu,
Un gentil labyrinthe;
Tous les mois, on voit quelques fleurs
Colorer le rivage;
Laissez-moi verser quelques pleurs
Dans ce joli bocage.

Attribué à Voltaire (1694-1778).

Les filles portent le drapeau de la lunaison, non à bout de bras, mais entre leurs jambes. C'est un glorieux et sanglant drapeau.

La Gazette de Cythère (1881).

Voir Ménopause.

FLIRT

Un flirt sec.

Mot de Mme Aubernon de Nerville, *cité par* Abel Hermant, *Souvenirs de la vie mondaine* (1895).

FLEURETER. — Taquiner le bouton, sans cueillir la rose.

Ludovic O'Followell, *A. B. C. de l'Humour* (1958).

Trois sortes de flirt.
— The setting flirt (ma main sur ton pipi).
— The bleeding flirt (ma bouche sur ton pipi).
— The ploughing flirt (mon pipi dans ton pipi).

Proverbe anglais.

Voir Amour (commencements de l' — faire la cour).

FOLIE

Tout le monde a son grain de folie, sauf vous et moi, et parfois je me demande si vous ne l'avez pas vous aussi.

Thomas Fuller, *Gnomologia* (1732).

C'est agréable, la folie. Mais il ne faut pas que ça dure, parce que c'est tout de suite de la bêtise.

Marcel Achard, *Colinette,* II, Colinette (1942).

Tous ceux qui paraissent fous le sont, et encore la moitié de ceux qui ne le sont pas.

Jacques Deval, *Afin de vivre bel et bien* (1969).

Croyez-vous qu'il puisse exister un individu en parfait état psychique, alors qu'il n'en existe pas en parfait état physique ?

Maurice Jeanneret.

FONCTIONNAIRE

Les fonctionnaires sont comme les livres d'une bibliothèque : les moins utiles sont les plus haut placés.

Paul Masson, *Notes,* « La Plume » (1896).

Le gouvernement sème des fonctionnaires et le contribuable récoltera des impôts.

Clemenceau (1841-1929).

Fonctionnaire, dis-toi bien que l'usager exige de toi des vertus qu'il ne possède pas.
Et dis-toi bien qu'il a raison.

Gabriel Delaunay, *L'Herbe et le Vent,* 192 (1970).

Les plus disciplinés sont les chefs les plus beaux,
Et j'en connais de tels qui sont de purs flambeaux.

Un chef de bureau au ministère des Finances. — Transposition humoristique de deux vers de Musset, « La Nuit de Mai ».

FOOTBALL

Sport pratiqué, chaque dimanche, par vingt-deux solides garçons qui n'ont pas besoin d'exercice, devant quelques milliers de spectateurs qui, eux, en auraient bien besoin.

X. Y. Z.

FORÊT

— Ah ! que la peau des femmes est douce au fond des bois !

Gaston de Caillavet et Robert de Flers, *Le Sire de Coucy,* III, IV, Coucy (1903). — *Parodie du vers célèbre de Vigny.*

FORTS et FAIBLES

Contre le tonnerre ne pète.

Baïf, *Mines, Enseignements et Proverbes* (1576).

L'homme puissant ne sent bien son injustice que lorsque le faible est parvenu à se venger de lui.

Émile Pontich, *Les Cahiers d'un Individualiste* (1911).

FORTUNE (faire)

Pour faire fortune, ce n'est pas de l'esprit qu'il faut, c'est de la délicatesse qu'il ne faut pas.

Chevalier de Bruix, ***Réflexions diverses*** (1758).

Les grandes fortunes sont faites d'infamies, les petites de saletés.

Henry Becque (1837-1899), *Notes d'album.*

Si l'on veut gagner sa vie, il suffit de travailler. Mais si l'on veut devenir riche, il faut trouver autre chose.

Alphonse Karr (1808-1890).

FOUET

FOUET. — La terreur des gosses, l'espoir des vieillards.

Dictionnaire de l'Académie de l'Humour français. — Romain Coolus (1934).

— Un type qui fouette sa bonne femme *après* lui avoir fait l'amour, moi, je vous le dis, c'est un paysan.

Marcel Achard, *Les Compagnons de la Marjolaine,* I, Cora (1952).

FOUTRE

... Vous ne vous contentez pas de lui faire boire l'eau d'oubli, à ce pauvre Belleroche, vous lui en donnez la question ! Comment s'en trouve-t-il ? Supporte-t-il bien les nausées de l'amour ?

Choderlos de Laclos, *Les Liaisons dangereuses,* lettre 115, le vicomte de Valmont à la marquise de Merteuil (1782).

FOUTRE. — N'employer ce mot que pour jurer, et encore !

Gustave Flaubert (1821-1880), *Dictionnaire des Idées reçues.*

Une femme de lettres disait un jour à Paul Mariéton (1862-1911) :
— Savez-vous que ce Fichte est un grand philosophe ?
— Ah ! Fichte, je ne dis pas, répondit l'écrivain, mais Foutre est bien plus grand encore.

FRANCE

Quand le Français dort, le diable le berce.

Satyre Ménippée, « Harangue de Monsieur d'Aubray » (1594).

Sans le gouvernement, on ne rirait plus en France.

Chamfort (1740-1794), *Caractères et Anecdotes.*

En France, on laisse en repos ceux qui mettent le feu et on persécute ceux qui sonnent le tocsin.

Chamfort. *Ibid.*

Les Français restent tout surpris à la vue de ce qu'ils viennent de faire.

Alexis de Tocqueville (1805-1859).

La mayonnaise est une des sauces qui tiennent lieu aux Français de religion d'État.

Ambrosé Bierce, *Devil's Dictionary* (1906).

Les Français adorent les révolutions mais ils ont horreur du changement.

Anatole de Monzie (1876-1947).

La France a toujours cru que l'égalité consiste à trancher ce qui dépasse.

Jean Cocteau, *Discours de réception à l'Académie française* (1955).

La France est divisée en quarante-trois millions de Français.

Pierre Daninos, *Les Carnets du major Thompson*, p. 47 (1955).

Le Français a le cœur à gauche, mais le portefeuille à droite.

André Siegfried (1875-1959).

La France est comme une femme : il faut en être amoureux pour la supporter.

Georges Wolfrom, *Courts-Circuits*, 410 (1960).

L'emblème de la France avait été le coq; il devenait le coq-au-vin.

Gilbert Cesbron, *Journal sans date*, p. 65 (1963).

Une promotion de Saint-Cyr porte le nom de Dien-Bien-Phu. En France, tout revers a sa médaille.

André Frossard, *La France en général* (1975).

La France est un pays où, en temps de révolution, l'hystérie est compensée par la corruption.

Alfred Fabre-Luce *(qui fut incarcéré successivement par les Allemands, en 1943, puis par « la Résistance », en 1945).*

Les Français ne réussiront jamais une révolution que si elle triomphe entre deux repas.

Lucien Romier.

La France est la patrie du Genre humain, et l'on y est très accueillant aux étrangers, exception faite, bien entendu, pour les amerloques, les englishes, les fridolins, les macaronis, les espingouins, les polacks, les macaques, les ratons, les youpins et autres métèques.

Thierry Maulnier.

FRANCE (Paris)

Les yeux de la Parisienne ont toujours l'air de faire quelque chose de plus que de vous regarder.

Chevalier de Gramont. — *Mémoires de Hamilton (1718).*

A Paris, la décence est aussi grande dans les usages que l'indécence dans les mœurs.

Président Charles de Brosses (1709-1777), *Lettres sur l'Italie.*

— Alors, monsieur l'Ambassadeur, disait un jour Louis XV au marquis Dominique de Caraccioli (1715-1789), ambassadeur du royaume des Deux-Siciles, faites-vous l'amour à Paris ?
— Oh ! non, Sire, je le trouve tout fait.

Mémoires du XVIIIe siècle.

Rien n'est plus rare qu'un derrière chez une Parisienne.

Edmond et Jules de Goncourt, *Chérie* (1884).

A Paris, voyons, on se brouille, mais on ne se fâche pas : ce ne serait pas convenable.

Alfred Capus (1858-1922), *Notes et Pensées.*

Quand j'étais nonce à Paris, j'ai vu plus de seins que de saints.

Jean XXIII (1881-1963).

Être Parisien, ce n'est pas être né à Paris, c'est « en être ».

Jean-Pierre Dorian.

FRANCE (régions)

La Picarde a la tête si chaude
Que c'est un grand hasard si le cul ne l'est pas.

Satyres amoureuses et galantes (1721).

Nous sommes ici sur la rivière d'Aisne, qui sépare deux provinces : quand vous êtes sur le pont, votre nez est picard et votre cul est champenois.

Charles Braibant, *Le Roi dort,* II (1946).

Angevin
Sac à vin,
Angevine
Sac à...

Proverbe angevin.

La France, c'est l'Auvergne avec quelque chose autour.

Proverbe auvergnat.

FRANCHISE

Dans le monde, il n'est pas défendu d'avoir l'air franc, mais de l'être.

Marguerite Grépon, *Lotissement-Journal* (1946).

Quelqu'un qui dit tout ce qu'il pense est à peu près comme un enfant qui pisse au lit.

Montherlant (1896-1972), *Carnets, La marée du soir.*

FRATERNITÉ-FRÈRE

Un frère est un ami donné par la nature.

Gabriel Legouvé, *La Mort d'Abel,* III, 3 (1792). — On ajoute plaisamment : ... *mais son amitié n'est pas sûre.*

Que tous les hommes soient frères, c'est le rêve des gens qui n'ont pas de frères.

Charles Chincholle, *Les Phrases courtes,* 30 (1891).

Tous les hommes sont frères et comme tels savent trop de choses sur leur compte réciproque.

Joseph Conrad, *Youth and Gaspar Ruiz,* VI (1939).

Les frères sont frères, mais leurs poches ne sont pas sœurs.

Proverbe allemand.

FRÉQUENTATION

Il ne faut pas juger un homme d'après ses fréquentations. Ne perdons pas de vue que Judas avait des amis irréprochables.

Ernest Hemingway (1899-1963).

FRIGIDITÉ

Il y a des gens qui n'auraient jamais été amoureux s'ils n'avaient jamais entendu parler de l'amour.

La Rochefoucauld, *Réflexions ou Sentences et Maximes morales,* 136 (1665).

Épigramme

... Mais c'est en vain qu'il s'évertue,
En vain qu'il se tourmente et sue.
Si bien qu'il donne au chat sa langue pour finir.

Anonyme. — XVIIIe siècle.

Quand on a de la peine à allumer son feu, on se demande parfois comment il peut y avoir tant d'incendies.

Jacques Normand, *Pensées de toutes les couleurs* (1911).

— On n'allume pas un iceberg.

Marcel Achard, *Noix de Coco,* I, V, Loulou (1935).

Les femmes froides sont pareilles aux buveurs d'eau qui acceptent un verre de vin et trinquent par politesse.

Dictionnaire de l'Amour. Académie de l'Humour français (1938).

Celle que ne secoue pas un signe, un long discours ne lui profite pas.

Proverbe arabe.

FRIVOLITÉ

C'est parce qu'on est frivole que la plupart des gens ne se pendent pas.

Voltaire, *Lettre à Madame Du Deffand,* 12 septembre 1760.

Quand on s'est bien donné du mal pour trouver la vérité, il en coûte d'avouer que ce sont les frivoles qui sont les vrais sages.

Ernest Renan, *Souvenirs d'enfance* (1883).

FRUIT DÉFENDU (le)

Le fruit défendu n'est jamais le fruit des affamés.

Mme de Girardin (Delphine Gay). *C'est la faute du mari,* XI (1851).

FUIR

Prendre son courage à deux pieds.

Dictionnaire du « Canard enchaîné » (1964).

FUIR (au combat)

Un capitaine sicilien boutonnait sa vareuse dans le dos pour faire croire à l'ennemi qu'il avançait.

Prosper Mérimée (1803-1870).

Le fuyard est un homme qui n'a pas plus de goût pour la croix de guerre que pour la croix de bois.

André Prévot, *Réflexions et Dialogues* (1957).

Le soldat qui s'enfuit au combat est un soldat qui peut resservir.

Proverbe italien.

FUSILLER

FUSILLER. — Plus noble que guillotiner. Joie de l'individu à qui on accorde cette faveur.

Gustave Flaubert (1821-1880), *Dictionnaire des Idées reçues.*

G

GAIN

Le gain fleure, d'où qu'il vienne, une bonne odeur.

Juvénal, *Satires,* XIV, 204 (env. 120).

Le gain ne donne pas la migraine.

Proverbe serbe.

GAIETÉ

La gaieté est une grande dame qui demande à ne pas être servie avec des mains sales.

Georges Courteline (1860-1929).

GALANTERIE

Établissez la différence entre un homme galant et un galant homme. — Le second répare le mal fait par le premier.

Comtesse Diane, *Livre d'or,* 64 (1895).

GANYMÈDE → SODOMITE (AMOUR)

GARÇON et FILLE

Le défaut de chacune

Désormais, ni sage ni sotte
N'auront en mon âme de part :
L'une lève trop tôt sa cotte
Et l'autre la lève trop tard.

Les Muses inconnues (1604). — Attribué à Pierre Motin.

Fille à quinze ans est nubile
Et l'homme n'est qu'à trente ans habile.

Philippe Le Duc, *Proverbes en rimes* (1664).

Ayez-la, c'est d'abord ce que vous lui devez,
Et vous l'estimerez après, si vous pouvez.

Gresset, *Le Méchant*, II, VII, Cléon (1747).

— Je destine mon fils à l'École Polytechnique et ma demoiselle à la prostitution.

Henri Monnier, *Mémoires de Monsieur Joseph Prudhomme* (1857).

A quelque rose, chasseur est bon.

Paul Éluard, *152 Proverbes mis au goût du jour* (1925).

Avant de demander la main d'une jeune fille, regardez-la manger des artichauts.

Louis Teissier Du Cros, *L'Amour, les Femmes et Nous* (1931).

Rien n'est plus difficile que de persuader une jeune fille que l'on n'a aucun désir — mais aucun — de lui consacrer sa vie.

Henry de Montherlant, *Les Jeunes Filles* (1936).

GARÇON (VIEUX)

Le lit d'un célibataire est le plus confortable.

Cicéron, *Lettres à Atticus, XIV* (env. 55 av. J.-C.).

Pourquoi nous marier,
Quand les femmes des autres
Se font si peu prier
Pour devenir les nôtres ?

Charles Collé (1709-1783).

Une des meilleures raisons qu'on puisse avoir de ne se marier jamais, c'est qu'on n'est pas tout à fait la dupe d'une femme, tant qu'elle n'est point la vôtre.

Chamfort (1740-1795), *Maximes et Pensées.*

Le célibat ? On s'ennuie. — Le mariage ? On a des ennuis.

Sacha Guitry (1885-1957).

Un célibataire souhaitait chez une femme la bonté et la beauté réunies. Et il concluait que le plus sage, en restant célibataire, c'est de choisir une bonne, qui soit belle.

Propos de chansonnier.

Si la femme était bonne, Dieu en aurait une.

Proverbe géorgien.

La tête du vieux garçon n'a pas de bonnet de fourrure.

Proverbe russe.

GASTRONOMIE

La découverte d'un mets nouveau fait plus pour le bonheur du genre humain que la découverte d'une étoile.

Brillat-Savarin, ***Physiologie du Goût,*** IXe aphorisme (1825).

Je crois sincèrement que les seules ententes internationales possibles sont des ententes gastronomiques.

Léon Daudet, ***Paris vécu, I*** (1930).

Il y a des plats trop luxueusement présentés qui n'excitent aucun appétit, comme il y a des femmes très belles qui n'inspirent nul désir.

Alain Laubreaux, ***L'Amateur de cuisine*** (1931).

Voir Cuisine, Cuisinier.

GÉMISSEMENT

GÉMISSEMENT. — Cri plaintif que poussent les hommes quand ils souffrent, et les femmes quand elles ont du plaisir.

Georges-Armand Masson, ***L'Amour de Ah ! jusqu'à Zut !*** (1960).

GENDARME

On a toujours l'air de mentir quand on parle à des gendarmes.

Charles-Louis Philippe (1874-1909), ***Chroniques du Canard sauvage.***

— Il n'y a que deux sortes de gens, ceux qui sont en prison et ceux qui devraient y être !

Marcel Achard, ***Les Compagnons de la Marjolaine,*** II, Cora (1952).

GENDRE → BEAU-PÈRE — BELLE-MÈRE — BRU —

GÉNÉALOGIE

GÉNÉALOGISTE. — Quelqu'un qui remonte la lignée de vos ancêtres aussi loin que l'argent peut aller.

Tony Mayer, ***L'Humour anglais*** (1961).

GÉNÉRAL

Les généraux ne se crêpent pas les étoiles.

Anna de Noailles (1876-1933). — Cité par Paul Morand, ***Journal d'un attaché d'ambassade, 121.***

Les généraux n'ont pas le goût du sang, mais de la tactique, ce n'est pas du tout la même chose.

Maurice Sachs (1906-1945), ***Derrière cinq barreaux.***

— N'importe qui peut tuer, mais un général peut le faire au roulement des tambours.

Ugo Betti, *La Reine et les Insurgés*, III, IV (1956).

Les généraux qui meurent à la guerre commettent une faute professionnelle.

Henri Jeanson, *Fanfan-la-Tulipe* (1961).

Un brave général ne se rend jamais, même à l'évidence.

Jean Cocteau (1889-1963).

Voir Officier et soldat.

GÉNÉROSITÉ

Il est plus facile d'être généreux que de ne pas le regretter.

Jules Renard, *Journal*, 11 février 1908.

Donne-t-il un peu d'argent — il aurait pu en donner plus ! En donne-t-il beaucoup — hein, faut-il qu'il en ait !

Sacha Guitry, *Toutes réflexions faites*, préface (1945).

GÉNIE

Les grands génies, pareils aux édifices élevés, veulent être vus à juste distance.

Vicomte Louis de Bonald, *Maximes et Pensées* (1810).

Le génie est fait d'un pour cent d'inspiration et de quatre-vingt-dix-neuf pour cent de transpiration.

Thomas Edison (1847-1931).

Le génie, c'est souvent une longue patience de la part des autres.

Boris Vian (1920-1959), *Textes et Chansons*.

GENS (les) → AUTRUI

GENTLEMAN

Un gentleman est quelqu'un qui ne blesse jamais les sentiments d'autrui sans le faire exprès.

Oscar Wilde (1856-1900).

Un gentleman est un monsieur qui fait des choses qu'aucun gentleman ne devrait faire, mais qui les fait de la manière dont seul un gentleman pourrait les faire.

D'après un auteur anglais : A gentleman is a man who does things no gentleman should do in the way only a gentleman can do them.

— C'est un gentleman. Il ne frapperait pas une femme avec son chapeau sur la tête.

Marcel Achard, ***Turlututu***, I, Pascale (1962).

GIGOLO — GRELUCHON

GIGOLO. — Spécialité italienne ou latine tombant en désuétude. La demande pourtant dépasse l'offre.

Dictionnaire des Femmes (1961).

Un petit requin d'écume.

Maurice Jeanneret.

GLOIRE

La gloire, c'est la fumée sans feu dont on parle tant.

Jules Renard, *Journal*, 17 juin 1908.

La gloire : être connu de ceux que l'on ne voudrait pas connaître.

Natalie Clifford Barney, *Éparpillements* (1910).

Il en est de certaines gloires comme de ces statues équestres où seul le cheval est beau.

Jacques Deval, *Afin de vivre bel et bien* (1969).

GOUINES (les) → LESBIEN (AMOUR)

GOUJATERIE

La goujaterie n'est pas la mauvaise éducation. Être mal élevé, c'est être maladroit. Être goujat, c'est jouer avec l'amour-propre et les sentiments de quelqu'un afin de le vaincre.

Jean Dutourd, *Le Petit Don Juan*, LI (1955).

GOURMANDISE

Le plus grand outrage que l'on puisse faire à un gourmand, c'est de l'interrompre dans l'exercice de ses mâchoires.

Grimod de La Reynière, *Almanach des Gourmands*, « Variétés nutritives » (1803).

Le bonheur des gourmands comme un torrent s'écoule.

Variante humoristique de l'alexandrin racinien (*Athalie*, II, VII, 688 : *Le bonheur des méchants...*) que l'on trouve dans la correspondance de Ximénez Doudan, *Lettre à Mme Du Parquet*, 25 juin 1841.

GOÛT

Le mauvais goût mène au crime.

Baron de Mareste. — Cf. Sainte-Beuve, *Nouveaux Lundis*, III.

Les épinards et Saint-Simon ont été mes seuls goûts durables.

Stendhal (1783-1842).

Qu'est-ce donc que le mauvais goût ? C'est invariablement le goût de l'époque qui nous a précédés. Tous les enfants ne trouvent-ils pas leur père ridicule ?

Gustave Flaubert, *Par les champs et par les grèves* (1886).

Je ne réponds pas d'avoir du goût, mais j'ai le dégoût très sûr.

Jules Renard, *Journal*, 19 mars 1901.

Certains réclament le pope, d'autres la femme du pope, d'autres la fille du pope.

Raymond Pilet, *La Russie en proverbes* (1905).

Ne faites pas aux autres ce que vous voudriez qu'ils vous fissent. Il se peut que leurs goûts ne soient pas les mêmes.

Bernard Shaw, *Bréviaire du Révolutionnaire* (1927).

A chacun son sale goût.

André Malraux (1901-1976).

GOUVERNEMENT

Gouverner, c'est faire croire.

Machiavel, *Le Prince* (1513).

Il est plus facile de légaliser certaines choses que de les légitimer.

Chamfort (1740-1794), *Maximes et Pensées*.

Plus ça change, plus c'est la même chose.

Alphonse Karr, *Les Guêpes*, janvier 1849.

C'était pas la peine, assurément,
De changer de gouvernement.

La Fille de Madame Angot, opérette, 1872.

Le Gouvernement a pour mission de faire que les bons citoyens soient tranquilles, que les mauvais ne le soient pas.

Clemenceau, *ministre de l'Intérieur* (1906).

Il faut prendre à César tout ce qui ne lui appartient pas.

Paul Éluard, *152 Proverbes mis au goût du jour* (1925).

Si les locomotives étaient conduites comme l'État, le machiniste aurait une femme sur les genoux.

Alain (Émile Chartier, dit), *Propos de politique* (1934).

Heureusement pour les gouvernements, le public n'a pas de mémoire.

Georges Bernanos, *Le Chemin de la Croix-des-Âmes* (1942).

Les gouvernements ont l'âge de leurs finances, comme les hommes ont l'âge de leurs artères.

André Maurois (1885-1967).

GRAMMAIRE

Distique

Malgré qu'il pleut, on part à Gif, nous deux mon chien,
C'est pour sortir Azor, surtout qu'il n'est pas bien.

Émile Faguet (1847-1916).

GRANDS (les)

— Je ne suis pas encore à l'Académie de Médecine : je n'ai pas encore le droit de me tromper.

Francis de Croisset et Robert de Flers, *Le Docteur Miracle*, II, VIII (1926).

Le crocodile n'est pas ennemi du cadavre.

Proverbe malais.

GRANDS et PETITS

Et les coups de bâton d'un dieu
Font honneur à qui les endure.

Molière, *Amphitryon*, III, IX, 1878-1879, Mercure (1668).

Monseigneur, il faut que je vive, disait un malheureux auteur satirique au ministre qui lui reprochait l'infamie de ce métier. *Je n'en vois pas la nécessité,* lui repartit froidement l'homme en place.

Jean-Jacques Rousseau, *Émile ou De l'Éducation*, III (1762).

— Un grand nous fait assez de bien quand il ne nous fait pas de mal.

Beaumarchais, *Le Barbier de Séville*, I, II, Figaro (1775).

On est toujours l'éléphant de quelqu'un.

Franc-Nohain, *Cinquante Fables*, « L'Éléphant et le Papillon » (1929).

DAVID ET GOLIATH. — Il a tout de même fallu que David ait une pierre !

Gilbert Cesbron, *Journal sans date*, p. 242 (1963).

A éviter les éléphants, il n'y a point de honte.

Proverbe annamite.

Ne mangez pas de cerises avec les grands, de crainte qu'ils ne vous jettent les noyaux au nez.

Proverbe danois.

GRANDS et les PETITES (les)

Le contact intime abolit les distances que le tact rétablit en silence.

Oscar Forel, *Aphorismes* (1957).

GRASSE (la FEMME)

Surnom d'une femme grasse : Tanagra-double.

Surnom donné par Willy (1859-1931), *à la cantatrice russe Félia Litvine, qui était fort obèse.*

— Tu n'es pas encore empâtée. Mais tu n'as déjà plus la fesse spirituelle.

Marcel Achard, *Petrus,* II, I, Francine (1935).

Elle abuse de son droit à ressembler à un Rubens. Elle devient obèse.

X. Y. Z.

GRAVITÉ

La gravité est le bonheur des imbéciles.

Beaumarchais (1732-1799).

N'oublions pas que si le rire est le propre de l'homme, la gravité est celui des bêtes.

Fernand Vandérem, *La Littérature,* Notes et Maximes (1927).

GRIBOUILLE

Casser le thermomètre n'a jamais guéri le malade de la fièvre.

X. Y. Z.

GROS (l'HOMME)

Sa manière d'être grand, c'est d'être gros.

Natalie Clifford Barney, *Éparpillements* (1910).

GROSSIÈRETÉ

Ils ont éternué dans le sac.

Grossièreté populacière du temps de 1793.

Le grossier élève la voix, tel un pet à minuit.

Proverbe arabe.

GUÉRISSEUR

On reproche à mon client de ne pas être médecin. Il reproche, lui, aux médecins de ne pas être des guérisseurs !

Me René Floriot.

Un rebouteux vient d'être condamné pour exercice illégal de la guérison.

Robert Rocca.

GUERRE

La guerre est la continuation de la diplomatie avec d'autres arguments.

Général von Clausewitz, *De la guerre* (1833).

La guerre est une chose trop importante pour qu'on la confie à des militaires.

Clemenceau (1841-1929).

GUERRE CIVILE

La supériorité de la guerre civile sur l'autre, c'est que l'on connaît ceux que l'on tue.

Maurice Maindron (1857-1911).

GUERRE et PAIX

Ce que je maintiens, c'est que la guerre fait joliment bien dans l'histoire, et que la paix fournit une piètre lecture.

Thomas Hardy, *The Dynasts,* II, 5 (1906).

GUISE

Chacun tapote à sa guise les fesses de sa femme.

Version édulcorée d'un proverbe français du XVIe siècle.

H

HABIT → VÊTEMENT

HABITUDE

Tant va la cruche à l'eau qu'à la fin elle s'habitue.

Gilbert Cesbron, *Journal sans date,* p. 31 (1963).

Chevrette qui a coutume de téter, le palais lui démange.

Proverbe espagnol.

HAINE

Devant la mort de R... — Et dire que ce n'est pas moi qui l'ai tué.

Henry de Montherlant, *Carnets,* XXIV (1933).

HALEINE

A Chloris
dont l'haleine était fâcheuse

Oui, vous avez Chloris, les traits de Vénus même;
Oui, de vos yeux le charme est triomphant;
Vos yeux ordonnent qu'on vous aime,
Mais votre bouche le défend.

Lebrun-Pindare (1729-1807), *Épigrammes.*

Contre la mauvaise haleine, un seul remède, le téléphone!

Michel Chrestien, *Esprit, es-tu là ?* (1957).

HASARD

Le hasard est le plus grand de tous les artistes.

Honoré de Balzac, *La Vieille Fille,* II (1847).

Après avoir cherché sans trouver, il arrive qu'on trouve sans chercher.

Jerome K. Jerome (1859-1927).

HÂTE

Jamais gens pressés ne furent bons accoucheurs.

Proverbe anglais.

HÉRÉDITÉ

L'hérédité est un omnibus dans lequel tous nos ancêtres voyageraient. De temps en temps, l'un d'eux met la tête à la fenêtre et vient vous causer toutes sortes d'ennuis.

Oliver Wendell Holmes (1809-1894).

Il est difficile pour le singe moyen de croire qu'il descend de l'homme.

Henry Mencken (1880-1956), ***Chrestomathy,*** 618.

Quand les parents boivent, les enfants trinquent.

Légende d'une affiche du dessinateur Villemot ***pour la*** Ligue antialcoolique. ***L'illustration montre un adolescent qui marche avec des béquilles en forme de bouteilles.***

Sa mère oignon, son père ail, et lui confiture de roses.

Proverbe turc.

HÉRÉTIQUE

L'hérétique est celui qui a une opinion.

Ferdinand Brunetière, ***Discours de combat*** (1903).

HÉRITIER

On a toujours assez de philosophie pour supporter la mort d'un parent riche.

Claudia Bacchi, ***Coups d'éventail,*** XCVI (1856).

Le plus près du genou est le plus près de l'héritage.

Proverbe allemand.

HERMAPHRODITE

Hermaphrodite. — Excite la curiosité malsaine. Chercher à en voir.

Gustave Flaubert, ***Dictionnaire des Idées reçues*** (1853).

HERMÉTISME

Un coup de dés jamais n'abolira le hasard.

Stéphane Mallarmé (1842-1898).

HÉROS

Un héros n'est pas un homme plus brave qu'un autre. Il est seulement brave cinq minutes de plus.

Emerson (1803-1882), *Uses of Great Men.*

Un héros, c'est celui qui fait ce qu'il peut. Les autres ne le font pas.

Romain Rolland, *Jean-Christophe, L'Adolescent,* III (1909).

HEURE

Il n'y a pas d'heure pour les braves.

Baudoin d'Aubigny, *Les Deux Sergents,* III, XI (1823).

L'heure, c'est l'heure ; avant l'heure, c'est pas l'heure ; après l'heure, c'est plus l'heure.

Jules Jouy (1855-1897).

HISTOIRE, HISTORIEN

Je vais raconter ingénument comment la chose se passa, sans y rien mettre du mien ; ce qui n'est pas un petit effort pour un historien.

Voltaire, *Micromégas,* IV (1747).

Et voilà justement comment on écrit l'Histoire.

Voltaire, *Charlot ou la Comtesse de Givry,* I, VII (1782).

La vérité historique est une belle fille que l'on peut violer, mais il faut lui faire de beaux enfants.

Alexandre Dumas (1803-1870).

L'histoire : une petite science conjecturale... Une des façons dont les choses ont pu se passer.

Ernest Renan (1823-1892).

La vérité historique est faite du silence des morts.

Étienne Rey, *Maximes morales et immorales,* 99 (1914).

La supériorité du jugement de l'historien sur celui de l'homme d'État, c'est qu'il connaît la suite des événements...

Aristide Briand (1862-1932).

Il y a des moments où l'Histoire rit.

Léon Daudet (1868-1942).

L'histoire ne repasse pas les plats.

Céline (1894-1961), *L'Express,* n° 312.

HOLLANDE

A La Haye, les gens sont tellement propres que, quand ils ont envie de cracher, ils prennent le train pour aller cracher à la campagne.

Georges Courteline. — Cf. Jules Renard, *Journal,* 12 avril 1894.

Un Hollandais est un théologien. Deux Hollandais forment une église. Trois Hollandais font un schisme.

Proverbe batave.

HOMME (le JEUNE)

Quand on est jeune, on a des matins triomphants.

Victor Hugo, *La Légende des siècles,* Booz endormi, 51 (1859).

L'important n'est pas d'être sage,
C'est d'aller au-devant des dieux.

Anna de Noailles, *Les Éblouissements, La Course dans l'Azur,* (1907).

« L'œuvre de chair ne désirera... » dit le Décalogue, et, par là, nous engage à prendre pour maîtresses des femmes mariées.

Paul-Jean Toulet (1867-1920), *Les Trois Impostures,*
« Almanach », 131.

Ceux qui s'appliquent trop aux petites femmes deviennent rapidement incapables des grandes choses.

Georges-Armand Masson, *L'Art d'accommoder les Classiques,*
« La Rochefoucauld, Réflexions immorales, XIV » (1924).

Qui obéit à son pénis aura comme lui la tête en bas.

Proverbe turc.

HOMME (l')

— Boire sans soif et faire l'amour en tout temps, Madame, il n'y a que ça qui nous distingue des autres bêtes.

Beaumarchais, *Le Mariage de Figaro,* II, XXI, (1784).

Un bipède omnivore qui porte des bretelles.

Thomas Carlyle, *Sartor Resartus,* I, (1836).

L'homme est un animal sociable qui déteste ses semblables.

Eugène Delacroix, *Journal,* 17 novembre 1852.

L'homme est grand par-devant et petit par-derrière.

Victor Hugo, *L'Art d'être grand-père,*
« Le Poème du Jardin des Plantes », V (1877).

Tout homme a dans son cœur un cochon qui sommeille.

Alexandrin attribué généralement à Charles Monselet (1825-1888). — On ajoute : ... *du sommeil le plus léger.*

— On n'est pas obligé d'être un grand homme. C'est déjà joli d'être un homme.

Alfred Capus, *L'Adversaire,* I, VII, (1903).

Dieu n'a pas mal réussi la nature, mais il a raté l'homme.

Jules Renard, *Journal,* 10 mai 1906.

Il y a plus d'animaux dans Saint-Simon que dans La Fontaine, seulement ce sont des hommes.

Henri de Régnier, *Donc...* (1927).

Ce qu'il y a de plus profond en l'homme, c'est la peau.

Paul Valéry (1871-1945).

HOMME (L'HONNÊTE)

Pour être un honnête homme, il suffit de n'être pas un franc scélérat.

Jean-Jacques Rousseau, *Lettre à d'Alembert sur les spectacles* (1758).

Dans la société, l'honnête homme est une variété de l'espèce humaine.

Chamfort (1740-1794), *Caractères et Anecdotes.*

Il est plus difficile d'être un honnête homme huit jours qu'un héros un quart d'heure.

Jules Renard, *Journal,* 17 juillet 1907.

« Je suis un honnête homme, dit-il, — je veux dire que j'approuve la plupart de mes actions. »

Paul Valéry, *Tel Quel,* II (1943).

HOMME (L') — FEMME (LA)

L'âme est triple. Nous avons une âme très grossière dans le ventre, une âme affectueuse dans la poitrine et une âme raisonnable dans la tête. L'âme est immortelle. Les femmes n'ont que deux âmes. Il leur manque le raisonnable.

Platon (IVe s. av. J.-C.), *Dialogues.*

Je ne suis pas de ceux qui disent : « Ce n'est rien,
C'est une femme qui se noie. »

La Fontaine, *Fables,* III, XVI (1668).

Dieu s'est fait homme, soit ! Le diable s'est fait femme !

Victor Hugo, *Ruy Blas,* II, V (1838).

Avant de sortir, un homme se demande : « Que vais-je dire ? » Une femme : « Que vais-je mettre ? »

Metternich le père (1773-1859).

Au fond du cœur, l'homme n'est que méchant ; mais au fond du cœur, la femme est mauvaise.

Nietzsche, *Ainsi parlait Zarathoustra* (1883).

Rien ne révèle autant un homme que ses mains et une femme que sa bouche.

Paul Brulat, *Pensées* (1919).

D'un homme, tout est possible ; d'une femme, tout est probable.

Henri de Régnier, *Lui ou les Femmes et l'Amour* (1929).

Il y a deux sexes : le beau et le bon.

Decoly, *Impertinences et autres Pensées* (1952).

On ne peut nier que la femme a distancé la guenon plus que l'homme le singe.

Jacques Deval, *Afin de vivre bel et bien* (1969).

La femme doit servir l'homme à table. L'homme doit servir la femme au lit. C'est la loi et les prophètes.

Maurice Jeanneret.

La beauté de l'homme consiste dans son esprit et l'esprit de la femme dans sa beauté.

Proverbe arabe.

Voir Sexes (inégalités des).

HOMME et la FEMME (l')

Il est impossible de passer tout un jour dans la joie à celui qui le passe avec une femme.

Simonide d'Amorgos, *Fragments* (VIe s. av. J.-C.).

— La femme est plus forte à dompter
Qu'autre beste, sauf le monter.

Philippe d'Alcripe,
La Nouvelle Fabrique des excellents traits de vérité (1579).

Une fois qu'une femme vous a donné son cœur, on ne peut plus se débarrasser du reste.

John Vanbrugh, *The Relapse,* II (1606).

La femme est une vigne,
Recueillons le raisin.

Charles Du Fresny, *Amusements sérieux et comiques* (1705).

La pluralité des femmes nous sauve de leur empire : elle tempère la violence de nos désirs.

Montesquieu, *Lettres persanes, LVI* (1721).

Celui qui a été aimé d'une femme sensible, douce, spirituelle et douée de sens actifs, a goûté ce que la vie peut offrir de plus délicieux.

Sénac de Meilhan, ***Considérations sur l'esprit et les mœurs*** (1788).

Il faut choisir d'aimer les femmes ou de les connaître.

Chamfort (1741-1794), ***Caractères et Anecdotes.***

Un duc fait une duchesse, un homme d'esprit ne fait pas une femme d'esprit.

Rivarol (1753-1801), ***Notes, Pensées et Maximes.***

Pour une femme qui nous inspire quelque chose de bien, il y en a cent qui nous font faire des sottises.

Napoléon Ier (1769-1821), ***Maximes et Pensées.***

L'ennui, c'est qu'on ne peut vivre avec les femmes ni sans elles.

Byron (1788-1824).

— J'aime les femmes qui ne parlent pas et qui ne se font pas payer trop cher.

Prosper Mérimée, ***Les Espagnols au Danemark,*** III, II, Charles Leblanc (1825).

Oh ! n'insultez jamais une femme qui tombe !
Qui sait sous quel fardeau la pauvre âme succombe ?

Victor Hugo, ***Les Chants du Crépuscule,*** XIV (1835). — On ajoute : ***Mais laissez à un autre le soin de la ramasser.***

Soyez à leurs pieds. A leurs genoux... Mais jamais dans leurs mains.

Talleyrand (1754-1838).

Il y a toujours quelque niaiserie à trop respecter les femmes.

Gérard de Nerval, ***Lettres à Jenny Colon*** (1808-1855).

— Sois charmante et tais-toi !

Baudelaire, ***Spleen et Idéal,*** « Sonnet d'automne » (1861).

Quand on a une femme, ça veut dire qu'une femme vous a.

Gavarni (1804-1866).

La femme est un danger quand on n'en aime qu'une.

Jean Richepin, ***Les Caresses*** (1877).

On a parfois à parler à une femme selon sa féminité, tout comme vous devez parler à un fou selon sa folie.

Bernard Shaw, ***An Unsocial Socialist,*** XVIII (1881).

Quand tu vas chez les femmes, n'oublie pas ton fouet.

Nietzsche, ***Ainsi parlait Zarathoustra*** (1885).

Le cœur d'une femme est un noyau de pêche. On la mord à pleine bouche et, tout à coup, on se casse les dents.

Jules Renard, *Journal,* 20 mai 1898.

Les femmes et les montres ne sont jamais à l'heure que l'on voudrait.

Paul-Jean Toulet, *Le Carnet de Monsieur du Paur,* 13 (1898).

L'homme propose (la femme accepte souvent) et Dieu dispose.

Alphonse Allais, *Ne nous frappons pas* (1898).

La seule manière de se comporter avec une femme est de faire l'amour avec elle si elle est jolie, et avec une autre si elle ne l'est pas.

Oscar Wilde (1856-1900).

— J'aime les Français parce qu'ils ne laissent jamais les femmes tranquilles.
— Chez nous, on a d'elles bien de l'agrément, à condition qu'on les sorte l'après-midi, qu'on les amuse le soir, qu'on les caresse la nuit et qu'on leur fiche la paix le matin.

Paul Morand, *Ouvert la Nuit,* « La Nuit nordique » (1921).

L'attirance du vide explique la séduction des femmes.

Natalie Clifford Barney, *Pensées d'une Amazone* (1921).

On ne doit jamais donner d'ordre à une femme que lorsqu'on est bien sûr d'être obéi.

Alfred Capus (1858-1922), *Notes et pensées.*

SERGE. — Muflerie ? On ne peut pas employer le même mot pour les deux sexes ?
ARTOUL. — Non. N'oublie jamais qu'elles possèdent une sensibilité très délicate que tu meurtriras douloureusement en leur disant les mots qu'elles méritent.

Jacques Natanson, *L'Enfant truqué,* I (1922).

Le contact de la femme est délicieux et sa présence insupportable.

Albert Guinon (1863-1923).

Ce qui sauve les femmes, c'est que pour lire dans leur âme, il faut regarder leurs yeux.

Marcel Achard, *Malborough s'en va-t'en guerre,* I, IV, Howard (1924).

Pénélope était la dernière épreuve qu'Ulysse eut à subir à la fin de son voyage.

Jean Cocteau, *Le Testament d'Orphée* (1925).

Les femmes ne sont que des organes génitaux articulés et doués de la faculté de dépenser tout l'argent que l'on possède.

William Faulkner, *Mosquitoes,* « Quatrième Jour, 9 heures » (1927).

On ne respecte que les femmes que l'on ne désire pas.

Roland Dorgelès, *Montmartre, mon pays* (1927).

L'homme est le seul mâle qui batte sa femelle. Il est donc le plus brutal des mâles, à moins que, de toutes les femelles, la femme ne soit la plus insupportable — hypothèse très soutenable, en somme.

Georges Courteline, *La Philosophie de Georges Courteline* (1927).

Nous ne sommes pas dupes deux fois de la même... C'est notre seule force !...

Sacha Guitry, *Mon père avait raison,* II (1929).

Je n'ai jamais connu de femme qui me plaise plus d'une minute...

Le peintre Jean Boldini (1845-1931).

Dieu créa l'homme et, ne le trouvant pas assez seul, il lui donna une compagne pour lui faire mieux sentir sa solitude.

Paul Valéry, *Moralités* (1932).

DÉMOKOS. — Tu as bien rencontré des femmes qui, d'aussi loin que tu les apercevais, te semblaient personnifier l'intelligence, l'harmonie, la douceur ?
HECTOR. — J'en ai vu.
DÉMOKOS. — Que faisais-tu alors ?
HECTOR. — Je m'approchais et c'était fini...

Jean Giraudoux, *La Guerre de Troie n'aura pas lieu,* I, VI (1935).

Les femmes disent toujours qu'elles donnent et elles ne font qu'engloutir. L'engloutissement des vallées. Et le climat anémiant des vallées.

Henry de Montherlant, *Les Lépreuses,* VI (1936).

On est toujours trop bon avec les femmes.

Raymond Queneau, *Les Dimanches de la vie* (1951).

Celui qui ne comprend pas qu'on puisse étrangler une femme ne connaît pas les femmes.

Paul Léautaud, *Passe-Temps,* « Mots, Propos et Anecdotes » (1952).

Les femmes, je suis contre, tout contre.

Sacha Guitry (1885-1957).

Les femmes, on peut les détester, mais il est périlleux de les ignorer.

Marcel Achard, *Discours de réception à l'Académie française* (1959).

J'aime les femmes, mais je ne peux pas les supporter longtemps.

Henry de Montherlant (1895-1972).

Il ne faut jamais battre une femme, même avec une fleur. Ça abîme la fleur.

Gabriel Timmory.

Les hommes s'intéressent aux femmes qui leur manifestent de l'intérêt plus qu'à celles qui ont de jolies jambes.

Marlène Dietrich.

Les femmes !... Il y a celles que l'on a eues... Et celles que l'on pouvait avoir et qu'on n'a pas eues. Celles-ci, c'est le chiendent.

Louis Aragon.

Faire l'amour avec une femme qui ne vous plaît pas, c'est aussi triste que de travailler.

Jean Anouilh.

Les femmes ne sont un sexe opprimé que quand on les serre dans nos bras.

Maurice Jeanneret.

L'essence des femmes ne nourrit pas et leur cruauté ne s'oublie pas.

Proverbe arabe.

Les éléphants glissent sur les roses.

Proverbe persan.

Un homme doit se garder de contempler une femme et un précipice.

Proverbe persan.

On prend les femmes comme certaines forteresses, par leur issue secrète.

Proverbe persan.

On tient le taureau par les cornes, l'homme par la parole, et la femme par la chemise.

Proverbe suisse.

Dieu vous garde des mauvaises femmes, et gardez-vous des meilleures.

Proverbe yiddish.

Voir Femme et l'Homme (la)

HOMME et l'AMITIÉ (l')

On préfère souvent ses amis à ses maîtresses, mais quand il faut choisir, on n'hésite pas.

Francis de Croisset (1877-1937).

L'amitié ne se remercie pas.

Joseph Kessel (1898-1979).

HOMME et l'AMOUR (l')

Si Oreste ressentit pour Hermione un amour plus vif, c'est qu'elle avait appartenu d'abord à un autre homme.

Ovide (43-18), *Remedia amoris,* 771.

L'âme d'un homme amoureux vit dans un corps étranger.

Plutarque (50-125), *Vie de Caton.*

... il est chault sur le potaige.

Les Cent Nouvelles nouvelles, XXe nouvelle (XVe siècle).

Que l'homme pratique le proverbe rustique : *Qui ne peut à un moulin, aille à l'autre.*

Jacques Tahureau, *Dialogues non moins profitables que facétieux,* I (1565).

Le vray passaige pour poster à la mort est de bander souvent à l'atelier de Vénus.

Cholières, *Les Matinées,* IV (1585).

L'amour après l'effet dans l'homme se tarit.

Jean de Schelandre (anagramme de Daniel d'Anchères),
Tyr et Sidon, I, III, 315, Méliane (1628).

Celle qui a de grands yeux a de belles cuisses.

John Sukling, *The Goblins* (1638).

Le plaisir est de courte durée, la position ridicule et la dépense absurde.

Lord Chesterfield (1694-1773).

Le comte de Horn, général suédois (1725-1796), disait à l'impératrice Catherine II que, quand il faisait tant que de devenir amoureux, c'était toujours de trois femmes à la fois.

L'homme tombe amoureux par accident, comme il trébuche dans l'escalier.

Robert Southey, *The Doctor,* LIII (1812).

En amour, la victoire de l'homme, c'est la fuite.

Napoléon Ier (1769-1821), *Maximes et Pensées.*

En amour, il n'y a d'intéressant que la conquête et la rupture ; le reste est du remplissage.

Maurice Donnay, *Chères Mesdames,* III, « La Curieuse satisfaite » (1895).

Le plus beau moment de l'amour, c'est quand on monte l'escalier.

Georges Clemenceau, *Les Plus forts,* p. 39 (1898).

Les femmes seraient charmantes si en tombant dans leurs bras nous ne tombions en même temps entre leurs mains.

Ambrose Bierce, *Collected Works,* VIII (1911).

Se sentir nécessaire au bonheur d'une femme est loin d'en être un.

Etienne Rey, *Maximes morales et immorales* (1914).

Je viens aussi de passer l'âge où l'on croit que les femmes ne défaillent que pour vous.

Paul Morand, *Ouvert la nuit,* « La Nuit nordique » (1921).

Il avait cette faiblesse de ne pouvoir rencontrer un jupon sans éprouver, à l'instant même, l'envie de le soulever pour voir ce qu'il y avait dessous.

Georges Courteline, *Les Linottes* (1923).

La chasse aux femmes est un sport passionnant. Les ennuis commencent dès qu'on en a attrapé une.

Gabriel Timmory, *Chroniques* (1928).

Dans l'amour, l'homme ressemble à quelqu'un qui a perdu un franc et trouvé dix sous.

D. H. Lawrence, *L'Amant de Lady Chatterley,* I (1928).

— Madame, l'amour n'est fait que du désir d'avoir ou de la gratitude d'avoir eu.

Georges Courteline (1860-1929), *Théâtre.*

La difficulté pour un homme n'est pas de se tuer pour une femme, c'est de vivre pour elle.

Carole Lombard (1909-1942).

On les a dans ses bras — puis un jour sur les bras — et bientôt sur le dos.

Sacha Guitry, *Elles et Toi* (1948).

Le cœur et l'esprit n'ont que voix consultative. La chair a voix prépondérante.

Paul Géraldy, *L'Homme et l'Amour,* XXIV (1951).

L'homme en mal d'amour, de chasseur devient gibier.

Oscar Forel, *Aphorismes* (1957).

Il serait sage de ne pas aimer les femmes que l'on possède et de ne pas posséder les femmes que l'on aime.

Édouard Herriot (1872-1957), *Notes et Maximes.*

Il est pénible, pour un homme délicat, de ne pas se rappeler, en rencontrant une femme, s'il l'a, ou non, possédée.

Édouard Herriot, *ibid.*

Il n'est qu'une façon d'aimer mille femmes, il est mille façons d'en aimer une.

Jacques Deval, *Afin de vivre bel et bien* (1969).

Le seul ennui, c'est que pendant que l'on fait ça avec une, on ne peut pas le faire avec d'autres, ni même être à la chasse d'autres.

Maurice Jeanneret.

Plus tirent les fesses au lit que les bœufs en la jachère.

Proverbe espagnol.

D'autrui peu se soucie que le noc de sa dame voit.

Proverbe français du XIIIe siècle.

La vie est une longue procession, aussi ménage ton cierge.

Proverbe français.

Ne courez jamais après une femme ni après un tramway ; il en viendra d'autres.

Proverbe italien.

Voir Sodomite (amour).

HOMME et l'ARGENT (l')

Je sais enfin ce qui distingue l'homme de la bête : ce sont les ennuis d'argent.

Jules Renard, *Journal,* 16 décembre 1904.

HOMME FIDÈLE (l')

L'amour, c'est l'effort que l'homme fait pour se contenter d'une seule femme.

Paul Géraldy, *L'Homme et l'Amour,* LXIV (1951).

La femme n'est réellement dangereuse que lorsqu'on n'en aime qu'une seule.

Jean Rigaux.

HOMME INFIDÈLE (l')

Ah ! les femmes des autres
Ont un charme troublant,
Elles sont pareilles aux nôtres,
Mais c'est très différent.

Chanson de la Belle Époque.

Les hommes souffrent-ils bien fortement des douleurs dont ils sont la cause ?

Tristan Bernard, *Un mari pacifique,* XX (1901).

Il est plus facile d'aimer toutes les femmes que d'en aimer une seule.

Étienne Rey, ***Maximes morales et immorales,*** 366 (1914).

Elle était belle comme la femme d'un autre.

Paul Morand, ***Lewis et Irène*** (1921).

N'importe quelle inconnue, quelconque, plutôt que le plus beau corps du monde, mais que l'on a chaque nuit !

Henry de Montherlant, ***Le Démon du Bien,*** II (1938).

Il l'aime plus que les autres, mais il lui faut les autres pour s'en rendre compte.

Natalie Clifford Barney, ***Nouvelles Pensées d'une Amazone*** (1939).

Quand les papillons
Auront des bretelles,
Les cœurs d'amants
Seront fidèles...

André Roussin, ***La Petite Hutte,*** II (1947).

Celui qui a gagné un velu en recherche un sans poils.

Proverbe nigritien. — Peul.

HOMME JALOUX (l')

La jalousie est un sentiment sauvage, fondé sur l'illusion la plus ridicule. Il repose sur l'idée qu'on **a** une femme à soi quand elle s'est donnée, ce qui est un pur jeu de mots.

Anatole France, ***La Rôtisserie de la Reine Pédauque,*** XVIII (1893).

La jalousie est une preuve de cœur, comme la goutte, de jambes.

Paul-Jean Toulet, ***Le Carnet de Monsieur du Paur,*** 20 (1898).

HOMME qui n'est pas JALOUX (l')

Catherine d'Entragues, maîtresse de François de Bassompierre et sœur de la duchesse de Verneuil, née Henriette d'Entragues, maîtresse de Henri IV, avait été entreprise par le Roi. Anne de Rohan (qui lisait la Bible dans le texte hébreu et composait des vers) écrivit à Bassompierre ce quatrain :

Bassompierre, on vous avertit,
Aussi bien l'affaire vous touche,
Qu'on vient de baiser une bouche
Dans la ruelle de ce lit.

Le futur maréchal répondit :

Bassompierre dit qu'il s'en rit,
Et que l'affaire ne le touche,

Celle à qui l'on baise la bouche
A mille fois baisé son...

Et il ajoutait :

Je mettrai, quand il vous plaira, la rime entre vos belles mains.

Tallemant des Réaux (1619-1692), *Historiettes.*

— La jalousie n'est qu'un sot enfant de l'orgueil, ou c'est la maladie d'un fou.

Beaumarchais, *Le Mariage de Figaro,* IV, XIII, Figaro (1784).

HOMME et le MARIAGE (l')

Celui qui, par hasard, a une honnête femme vit heureux avec un fléau.

Euripide, *Les Crétoises,* fragments (Ve siècle av. J.-C.).

Quatrain

Ma foi, le mariage est une étrange affaire ;
On prend femme par intérêt,
Ou sans savoir ce que l'on fait,
Ou bien ne sachant plus que faire.

Jean-Pierre Du Commun, *Les Yeux, le Nez et les Tétons* (1734).

Pourquoi se marier
Quand les femmes des autres
Ne se font pas prier
Pour devenir les nôtres ?

Charles Collé (1709-1783), *Épigrammes.*

J'ai peur d'être cocu si je me marie, car vous savez qu'on en voit beaucoup cette année.

Beaumarchais (1732-1799), *Opuscules.*

Croyez-vous que si Laure avait été l'épouse de Pétrarque, celui-ci eût écrit des sonnets toute sa vie ?

Byron, *Don Juan* (1819).

Est-elle riche ? Oui. En ce cas, l'union fait la force.

Honoré de Balzac, *Le Faiseur,* XVIII (1839).

Maint homme est devenu un génie grâce à une jeune fille... mais aucun d'eux ne devint génie grâce à la jeune fille dont il obtint la main...

Kierkegaard (1813-1855).

Le mari, chef du ménage, n'a qu'à étouffer les affaires fâcheuses, au nom de la raison d'État.

Tristan Bernard, *Un mari pacifique, XVIII* (1901).

Le mariage : une cérémonie où un anneau est mis au doigt de l'épouse et un autre au nez de l'époux.

Herbert Spencer (1820-1903).

— Le mariage... c'est la plus triste façon de se mettre au lit.

Gaston de Caillavet et Robert de Flers, *L'Éventail*, I, IX, François (1907).

Il y a deux formes de folie temporaire : l'une finit dans le suicide, l'autre dans le mariage.

Ambrose Bierce, *Collected Works* (1912)

Un jeune homme marié perd son nez.

Paul Éluard, *152 Proverbes mis au goût du jour* (1925)

L'abbé. — Dieu condamne la violence.
Pierre. — Dieu n'est pas marié, monsieur l'abbé.

Jacques Deval, *La Rose de septembre*, III, 3 (1926).

« Mais alors, pourquoi les hommes se marient-ils ? » demandai-je un jour à l'abbé Mugnier. Il me répondit : « Par goût de la catastrophe. »

Henry de Montherlant, *Le Démon du Bien*, I (1938).

Si l'on s'étonne du choix que certains ont fait de la compagne de leur vie, c'est qu'ils ne l'ont pas choisie.

Natalie Clifford Barney, *Nouvelles Pensées d'une Amazone* (1939).

Tous les mariages sont des accidents dangereux, mais on en réchappe.

René Clair, *Ma Femme est une sorcière* (1943).

On n'a pas tort de dire que la femme est la moitié de l'homme. Car un homme marié n'est plus qu'une moitié d'homme.

Romain Rolland (1866-1944).

Si pauvre type que soit tel prêtre, il a toujours la supériorité, sur la plupart des autres hommes, de n'être pas marié.

Henry de Montherlant, *Carnets* (1930-1944).

— Il est comme un homme qui a gagné à la loterie et qui n'est pas très sûr de son lot.

Jean Anouilh, *Roméo et Jeannette*, IV, Jeannette (1945).

Nous ne devons épouser que de très jolies femmes si nous voulons qu'on nous en délivre.

Sacha Guitry, *Elles et Toi* (1948).

Un bailli, qui n'avait jamais fait grand-chose dans sa vie, disait toujours : « *A quoi bon ? On n'a le temps de rien. La vie est trop courte.* » Quelqu'un lui demanda : « *Mais pourquoi vous êtes-*

***vous marié ?* » — « *Pour qu'elle paraisse plus longue* »,** répondit-il.

Paul Léautaud, ***Passe-temps,*** Mots, Propos et Anecdotes (1952).

Nous ne demandons pas à notre femme d'être délicieuse, mais simplement de savoir qu'elle ne l'est pas.

Jean Rostand (1874-1977).

On épouse une femme... On s'aperçoit un jour qu'on est le mari d'une autre.

André Roussin.

Mieux vaut être bien pendu que mal marié.

Proverbe allemand.

Bats ta femme chaque matin : si tu ne sais pas pourquoi, elle, elle le sait toujours.

Proverbe arabe.

Mieux vaut œuf de géline que pet de reine.

Proverbe français du XIIIe siècle.

Un grain de poivre vaut mieux qu'un panier de courges. (C'est-à-dire : Un peu de féminité est préférable à beaucoup de richesses.)

Proverbe hébreu.

Le sot chante les louanges de sa femme, le sage parle de son chien.

Proverbe turc.

HOMME et le REMARIAGE (l')

Abstenez-vous de raconter à votre femme les infamies que vous ont faites celles qui l'ont précédée.
Ce n'est pas la peine de lui donner des idées !

Sacha Guitry (1885-1957).

HOMME et le MENSONGE (l')

— Quand un homme se donne la peine de mentir à une femme, elle devrait considérer ça comme une marque d'intérêt. C'est un peu comme si on lui apportait des fleurs.

Stève Passeur, ***La Traversée de Paris à la nage,*** III, I, Denise (1925).

Il y a autant de variétés de menteurs que d'espèces de papillons. Il y a l'homme qui ment parce qu'il est bien élevé : celui-là, c'est un homme du monde. Il y a l'homme qui ment pour amuser les autres : celui-là, c'est un poète. Il y a l'homme qui ment par devoir : celui-là, c'est un saint. Il y a l'homme qui ment par intérêt, par égoïsme ou par lâcheté : celui-là, c'est un mufle. Il y a l'homme qui ment pour le plaisir : celui-là, c'est un menteur. Enfin, il y a l'homme qui ment aux femmes : celui-là ne ment pas.

Francis de Croisset, *Nos Marionnettes* (1928).

Il faut s'amuser à mentir aux femmes. On a l'impression qu'on se rembourse.

Sacha Guitry, *Elles et Toi* (1948).

HOMME et la PUDEUR (l')

La pudeur de l'homme, c'est de la fatigue.

Yves Mirande.

Voir Pudeur et Impudeur.

HOMME (le sexe de l')

Il vaut mieux avoir un bel engin qu'un beau génie.

Pétrone, *Le Satyricon*, XCII (env. 60).

Sans cet engin, la beauté de la femme
N'a point de prix, non plus qu'un corps sans âme.

Florent Chrestien (1541-1596) *Le Cabinet secret du Parnasse*, I, 229

Une dame de Paris avait trois filles mariées et voulant savoir si ses filles étaient femmes bien servies, elle les prit à part et leur dit : « *Or ça, mes filles, nous sommes toutes femmes, il faut tout dire, je veux savoir laquelle est la mieux de vous, dites-moy quel cas ont vos maris.* » L'aisnée dit : « *Ma mère, mon mari l'a menu, mais il est long. — Bien, voilà qui est bon quand la cuiller va jusqu'au fond du pot.* » La seconde dit : « *Mon mari l'a court, mais il est gros. — Cela est raisonnable, lors que la cheville emplit le pertuis.* » La jeune : « *Mon mari l'a petit, menu, mais il me le fait souvent. — Voilà qui est bien, c'est bon heur d'avoir petite rente qui vient toujours.* »

Béroalde de Verville, *Le Moyen de parvenir* « Exploit » (1612).

V. Femme (le sexe de la). — Sexe.

HOMME TROMPÉ (l')

Le cocu est en sa maison comme un homme qui est jugé à pendre.

Les Quinze Joyes du Mariage, « La Quinziesme Joye » (env. 1420).

Au cocu, on fait sa besogne, que veut-il davantage ?

Noël Du Fail, *Les Baliverneries d'Eutrapel,* I (1548).

Lucullus, Caesar, Pompeius, Antonius, Caton, et d'autres braves hommes furent cocus, et le surent sans en exciter tumulte.

Montaigne, *Essais,* III, V (1588).

Épigramme

D'où vient cela que si souvent,
Double Jean, ta femme s'esgare ?
C'est faute, je croy, que ton phare
Ne flambe pas assez pour son devant.

Anonyme, *Les Muses incognues* (1604).

Le coup fait le cocu, et le bruit fait les cornes.

Le Temple d'Apollon (1611).

Jean-Pierre Camus (1582-1653), évêque de Belley, auteur de *L'Antimoine bien préparé,* disait à un mari trompé qui se plaignait hautement :
— Taisez-vous donc. Il vaut mieux être Cornelius Tacitus que Publius Cornelius.

— Il vaut mieux être cocu que trépassé.

Molière, *Sganarelle,* XVII, 436, Sganarelle (1660).

En tout cas, ce qui peut m'ôter ma fâcherie,
C'est que je ne suis pas seul dans ma confrérie.

Molière, *ibid.*, XVII, 461-462.

Quand on l'ignore, ce n'est rien ;
Quand on le sait, c'est peu de chose.
. . . .
Apprenez qu'à Paris ce n'est pas comme à Rome :
Le cocu qui s'afflige y passe pour un sot.
. . . .
Ajoutez que l'on tient votre femme en haleine :
Elle n'en vaut que mieux, n'en a que plus d'appas.
Ménélas rencontra des charmes dans Hélène
Qu'avant d'être à Pâris la belle n'avait pas.

La Fontaine, *Contes et Nouvelles,* « La Coupe enchantée » (1685).

Les maris sont de bonnes gens :
On les condamne à tous dépens.

Alexis Piron (1689-1773), *Œuvres badines,* « Saint-Guignolé ».

Il n'y a que les rois et les cocus qui aient le droit de faire grâce.

Talleyrand (1754-1838).

Paraître instruit de la passion de sa femme est d'un sot ; mais feindre d'ignorer tout est d'un homme d'esprit ; et il n'y a guère que ce parti à prendre. Aussi dit-on qu'en France tout le monde est spirituel.

Honoré de Balzac (1799-1850), ***Maximes et Pensées.***

On aime si bien les yeux fermés, à quoi bon les ouvrir !

Adolphe d'Houdetot, ***Dix Épines pour une rose*** (1853).

Il n'y a pas d'autre consolation que celle-ci : on peut être cocu et aimé.

Victor Hugo, ***Choses vues,*** 26 octobre 1869.

Du temps de Molière on avait peur d'être cocu ; cent ans plus tard on en riait ; aujourd'hui on a bien d'autres choses à penser.

Alfred Bougeart, ***Pailles et Poutres,*** 275 (1877).

Je trouve qu'il y a une jolie place à prendre entre George Dandin et Othello !

Maurice Donnay, ***Amants,*** I, X, Le Comte (1895).

Deux hommes trahis par la même femme sont un peu parents.

Alfred Capus, ***Un ange,*** III, VI, Saintfol (1909).

— ... Être trompé, c'est tout de même une histoire d'amour.

Robert de Flers et Gaston de Caillavet, ***Monsieur Brotonneau,*** I, XV, Louise (1914).

Certains maris admirent davantage leur femme à mesure qu'ils sont plus trompés. A côté des cocus honteux, il y a les cocus émerveillés.

Étienne Rey, ***De l'Amour*** (édit. de 1925).

La plus grande saleté qu'on puisse faire à un homme qui vous a pris votre femme, c'est de la lui laisser !...

Sacha Guitry, ***La Pèlerine écossaise,*** I, Mérissel (1930).

Si les maris trompés ne criaient pas vengeance, qu'est-ce qu'il leur resterait ?

Jean Giraudoux, ***La Guerre de Troie n'aura pas lieu,*** II, XII, Oiosa (1935).

Au spectacle d'un homme trompé, seules les femmes rient.

Paul Léautaud, ***Amour,*** Aphorismes (1939).

Il vaut mieux être plusieurs sur une bonne affaire que seul sur une mauvaise.

Tristan Bernard (1866-1947).

J'imagine un cocu disant :
— Ce qui m'exaspère, c'est de penser que ce monsieur sait maintenant de quoi je me contentais !

Sacha Guitry, ***Elles et Toi*** (1948).

Si l'on considère la difficulté que comporte le métier d'amant, la précarité de cette situation, ses fatigues et son peu d'avenir, on peut raisonnablement soutenir que le véritable cocu de l'histoire, c'est bien l'amant.

Dictionnaire des Femmes, « Cocus » (1961).

C'est pour ceci que l'homme est cocu, que deux peuvent plus qu'un seul.

Proverbe espagnol.

HOMME et la VERTU (l')

Il donnerait plutôt un écu à une garce qu'un denier à un pauvre.

Béroalde de Verville, *Le Moyen de parvenir,* « Livre de raison », (1612).

Que de choses il faut pour retenir l'homme : la religion, l'autorité, l'opinion publique, ses devoirs, ses intérêts, sa conservation, son repos ! Et il n'est pas retenu du tout.

Henry Becque (1837-1899).

Mets un Caton entre une Lucrèce et une Laïs, et tu verras de quel côté il tournera.

Simon Coiffier de Moret (Fernand Fleuret), *Le Livre du boudoir* (1920).

HOMME et la VIEILLESSE (l')

Le vieil homme a les dents trop faibles pour mâcher de la venaison.

Marguerite de Navarre, *L'Heptaméron,* II, XVI (1559).

On disait d'un vieux seigneur qui avait encore du trait : ***C'est un vieux château où il revient des esprits.***

Mme Necker, *Mélanges* (1798).

J'aime encore beaucoup à respirer les fleurs, mais je n'en cueille plus.

Sainte-Beuve (1804-1869).

La jeunesse a quatre membres souples et un raide. La vieillesse a quatre membres raides et un souple.

Le Cabinet satyrique (1618).

Que c'est triste d'être vieux ! On peut faire les mêmes choses que quand on est jeune mais on les fait moins bien.

Anatole France (1844-1924).

A cinquante ans, on a dix ans de plus qu'à quarante ; à soixante, vingt ans de plus qu'à cinquante ; à soixante-dix, quarante de plus qu'à soixante !

Georges Courteline (1860-1929).

De tous les événements inattendus, le plus inattendu, c'est la vieillesse.

Trotski (1879-1940).

Comme disait Corneille à Monsieur de Louvois :
« Que n'ai-je baisé plus quand baiser je pouvois... »

Tristan Bernard (1866-1947).

HOMME et la VIEILLESSE (l') (amours d'automne et d'hiver)

Si la tête du poireau est blanche, la tige n'en est pas moins verte.

Boccace, *Le Décaméron*, IV, I (env. 1350).

Le vieux foin est diffile à enflammer et plus difficile à éteindre.

Cervantes, *Nouvelles exemplaires,* « Le petit-fils de Sancho Panza » (1613).

Distique

Mais tant et tant il a poussé
Qu'en poussant il est trespassé.

Le Cabinet satyrique (1618).

Passe encor de bâtir : mais planter à cet âge !

La Fontaine, *Fables,* XI, VIII, « Le Vieillard et les Trois Jeunes Hommes » (1679).

En amour, les jeunes paient pour ce qu'ils font, les vieux pour ce qu'ils ne font pas.

Beaumarchais (1732-1799), *Opuscules.*

J'aime encore beaucoup à respirer les fleurs, mais je n'en cueille plus.

Sainte-Beuve (1804-1869).

Qui ne peut moissonner, qu'il se contente de glaner.

Vincent Lespy, *Proverbes du Béarn* (1892).

— A partir de soixante-cinq ans, on se répète toujours.
— Excepté en amour.

Général marquis de Galliffet (1830-1909).

Dans l'âge mûr, on peut encore recevoir dans ses bras une femme qui tombe, mais on ne peut pas la faire tomber soi-même.

Alfred Capus (1858-1922).

— Quand on ne peut plus remplir le cœur d'une femme, il faut encombrer sa vie.

Francis de Croisset et Robert de Flers, *Les Nouveaux Messieurs,* I, VII, Le Comte (1925).

Je ne vois nulle honte à être un « vieux cochon », mais je trouve beaucoup de ridicule à être un vieil imbécile.

Georges Courteline, *La Philosophie de Georges Courteline* (1927).

On demandait à Édouard Herriot (1872-1957), quand il était sur le penchant de l'âge, s'il recherchait toujours les femmes. Il répondit : « *Ce n'est pas l'alambic qui ne va pas très bien. C'est le petit robinet.* »

En amour, le chasseur devient gibier.

Jacques Deval, *Afin de vivre bel et bien* (1969).

Il est meilleur pour la santé d'avoir des femmes dans la mémoire que sur les genoux.

Maurice Chevalier (1888-1972).

HOMMES (grands)

Les grands hommes... s'ils sont plus grands que nous, c'est qu'ils ont la tête plus élevée, mais ils ont les pieds aussi bas que les nôtres.

Pascal, *Pensées,* section II, n° 103 (1670).

Les grands hommes sont comme les rochers, il ne peut s'y attacher que des huîtres.

Balzac, *Sur l'album de Mme Hanska* (1833).

Les grands hommes meurent deux fois, une fois comme hommes et une fois comme grands.

Paul Valéry, *Tel Quel,* I (1941).

HOMOSEXUALITÉ → LESBIEN (amour); → SODOMITE (amour)

HONNÊTETÉ

Vivent les honnêtes gens ! Ils sont encore moins canailles que les autres.

Henry Becque (1837-1899), *Notes d'album.*

Laquelle de ces deux vérités est la vérité ? Il faut être très riche pour se permettre d'être honnête. Il faut être très riche pour se permettre de manquer d'honnêteté.

Auguste Detœuf, *Propos de O.-L. Barenton, confiseur* (1937).

Il y a des honnêtes gens, et leur cas n'est pas très clair.

Gonzague Truc, *Immoralité de la Morale* (1946).

Méfiez-vous de la femme qui parle de sa vertu et de l'homme qui parle de son honnêteté.

Proverbe slovène.

HONNEUR

Quand mon honneur me gêne, je m'assieds fort bien dessus ! Il faut sortir de Péronne.

Louis XI (1423-1483).

Quand l'invité parle de son honneur, l'hôte doit compter ses petites cuillers.

R. W. Emerson, *The Conduct of Life,* VI (1860).

Tout ce qui est déshonoré se porte bien.

Henry de Montherlant, *Carnets,* XIX (1930).

— A notre époque, l'honneur, ça repousse.

Marcel Achard, *Le Moulin de la Galette,* I, (1951).

HONNEUR (parole d')

BANQUE HYPOTHÉCAIRE SUR PAROLE D'HONNEUR

Idée lancée par Alphonse Allais et Tristan Bernard.

HONNEURS (les)

Les honneurs, comme les échasses, grandissent ceux qui ne seraient jamais devenus grands.

Comtesse Diane, *Glanes de la vie* (1898).

HONORAIRES → PAYER (se faire)

HONTE (fausse)

Jamais honteux n'eut belle maîtresse.

Gresset, *Le Carême Impromptu* (1734).

HOSPITALITÉ (que l'on donne)

Vous êtes ici comme chez vous, mais n'oubliez pas que j'y suis chez moi.

Jules Renard, *Journal,* 7 octobre 1903.

Mangez et soyez le bienvenu ; ne mangez pas et soyez davantage le bienvenu.

Tony Mayer, *L'Humour anglais* (1961).

Après trois jours, le poisson et l'hôte deviennent puants.

Proverbe latin.

L'hôte est beau de dos. (Quand il s'en va.)

Proverbe espagnol.

Pour faire bouillir la marmite de l'hospitalité, nous devons transformer nos meubles en bois de chauffage.

Proverbe persan.

HOSPITALITÉ (que l'on reçoit)

On le mange, on ne le digère pas !

Mot de Chamfort (1741-1794) *sur* Grimod de La Reynière (1758-1838) *dont la table était bonne, mais la conversation ennuyeuse.*

La médisance est le prix de l'hospitalité.

Aminado, *Pointes de feu* (1939).

Où l'hôtesse est belle, le vin est bon.

Proverbe français.

HÔTE et INVITÉ

Les gens ne sont pas commodes ; ils vous disent : « Comme vous vous servez mal, monsieur Labrosse !... » Et si l'on se sert bien, ils ne vous invitent plus.

Tristan Bernard, *Les Jumeaux de Brighton,* I, 6 (1908).

HÔTELS et RESTAURANTS

Ici, ce n'est pas le Waldorf, mais si c'était ici, vous n'y seriez pas.

Aphorisme new-yorkais : le Waldorf est le meilleur hôtel de New York.

Si vous ne voulez pas vivre pour manger, mangez au moins pour me faire vivre.

Inscription à la devanture d'un restaurant de Lisbonne.

HUMILITÉ

Ceux qui s'agenouillent risquent d'être pris pour des culs-de-jatte.

Natalie Clifford Barney, *Nouvelles Pensées d'une Amazone* (1939).

HUMOUR

On peut dire de l'humoriste ce qu'on disait de Jules Ferry : c'est un rosier qui a ses fleurs en dedans et ses épines au-dehors.

Robert Escarpit, *L'Humour,* II (1960).

Un garçon demandait à une dame : « *Vous fumez après l'amour ?* » La dame lui répondit : « *Je ne me donne pas chaud à ce point-là.* »

X. Y. Z.

HUMOUR NOIR

Claude[1], faible héritier du pouvoir des Nérons,
Préférait à la gloire un plat de champignons.

Berchoux, *La Gastronomie,* I, 215-216 (1801).

Stavisky s'est suicidé d'un coup de revolver qui lui a été tiré à bout portant.

Le Canard Enchaîné (1934).

Les révolutions et les tremblements de terre dans les diverses parties du monde contribuent puissamment à développer la connaissance de l'histoire et de la géographie.

Aminado, *Pointes de feu* (1939).

Tout va bien, j'ai déjà un pied dans la tombe. Et comme je deviens sourd, je n'entendrai pas ma dernière heure sonner.

Pierre Cami (1894-1958).

L'humour est la politesse du désespoir.

Boris Vian (1920-1959).

LAMBALLE[2] (princesse de). — Amie dévouée de Marie-Antoinette, devenue tristement célèbre pour sa tête en l'air.

Claude Robert, *Dictionnaire non académique* (1962).

Les squelettes ont toujours l'air de rire aux éclats. Peut-être, après tout, que le néant, c'est plus drôle qu'on ne pourrait l'imaginer.

Jacques Sternberg, *Dictionnaire du mépris* (1973).

HYGIÈNE

HYGIÈNE. — Doit toujours être bien entretenue. Elle préserve des maladies, quand elle n'en est pas la cause.

Gustave Flaubert, *Dictionnaire des Idées reçues* (1853).

HYPERBOLE

L'amour... « ces deux minutes où les anges se couvrent de leurs ailes pour n'être pas jaloux de nos plaisirs. »

Le chevalier Aude, *Vie privée du comte de Buffon* (1788).

---

1. Claude, empereur romain (Ier siècle), fut empoisonné, à l'instigation de sa femme Agrippine, au moyen de champignons vénéneux.
2. La princesse de Lamballe, enfermée en 1792 à la prison de la Force, fut assassinée au cours des massacres de septembre. Assommée à coups de marteau, les misérables lui coupèrent la tête qui fut mise au bout d'une pique et portée, à travers les rues de Paris, sous les fenêtres de la tour du Temple où était emprisonnée Marie-Antoinette.

HYPOCRISIE

Sextus parle de la vertu en remuant le derrière.

Juvénal, *Satires,* II, 21 (env. 120).

La profession d'hypocrite a de merveilleux avantages.

Molière, ***Don Juan,*** V, II, Don Juan (1665).

L'homme n'est qu'un amas de grimaces.

Xavier Forneret, *Sans titre* (1838).

Elle met la vertu en préceptes et le vice en actions.

Sophie Gay (1776-1852). — *Sur Mme de Genlis.*

La main sur le cœur... mais pas le cœur sur la main.

Jules Jouy (1855-1897).

HYSTÉRIE

Avec certaines femmes, c'est le devoir des Danaïdes.

Maurice Donnay (1859-1945).

Si la jeune fille est folle, que les mains aillent et que la bouche se taise.

Proverbe espagnol.

Tout le monde en veut au cas de la reine folle.

Proverbe français.

I

IDÉALISME

Un idéaliste est quelqu'un qui, remarquant qu'une rose sent meilleur qu'un chou, conclut qu'elle fera une meilleure soupe.

Henry Mencken (1880-1956), *Chrestomathy.*

IDÉE

Rien n'est plus dangereux qu'une idée quand on n'a qu'une idée.

Alain Chartier, *Propos* (1932).

On tient d'autant plus à ses idées qu'on en a moins.

Georges Wolfrom, *Courts-Circuits,* 1188 (1960).

IGNORANCE

Il y a une ignorance abécédaire et une ignorance doctorale.

Montaigne, *Essais,* I, LIV (1580).

L'ignorance toujours est prête à s'admirer.

Boileau, *L'Art poétique,* I, 185 (1674).

Ce qu'il sait, il le sait bien, mais il ne sait rien.

Jules Renard, *Journal,* 26 décembre 1902.

Les ignorants abusent toujours de leur supériorité.

Georges Wolfrom, *Courts-Circuits,* 857 (1960).

ILLUSION

ILLUSION. — Une ombre qui vaut mieux que la proie.

Pierre Véron, *Le Carnaval du Dictionnaire* (1862).

Qu'importe le flacon pourvu qu'on ait l'étiquette ?

Parodie du célèbre alexandrin de Musset.

IMAGE

L'impératrice Eugénie (1826-1920), soucieuse des infidélités de Napoléon III, questionnait un jour la princesse Pauline de Metternich (1836-1921), femme de l'ambassadeur d'Autriche à la Cour des Tuileries :
— ***Et vous,*** demandait Eugénie, ***n'êtes-vous pas jalouse du prince ? Comment faites-vous pour garder sa fidélité ?***
— ***Oh ! moi, c'est bien simple,*** répondit Pauline, ***pour l'empêcher de courir, je lui casse la patte tous les matins !***

Le temple est vétuste, mais le sanctuaire persiste.

Proverbe français.

La tête du vieux garçon n'a pas de bonnet de fourrure.

Proverbe russe.

IMBÉCILE → SOT, SOTTISE

IMITATION

Il est impossible d'imiter Voltaire sans être Voltaire.

Frédéric II, *Lettre à Voltaire,* 8 août 1736.

Étiquette de certains vins américains :
Véritable champagne de Californie. Méfiez-vous des imitations françaises.

IMPARTIALITÉ

Sur la route de l'impartialité, on reste toujours à mi-chemin.

Gaston Andréoli, *Pensées d'un médecin,* 37 (1953).

IMPATIENCE

Celui qui est impatient d'avoir un enfant épousera une femme enceinte

Proverbe nigritien.

IMPERTINENCE

Dans une lettre adressée à Mme René Coty, épouse du président de la République et qui était connue pour sa corpulence, Yvan Audouard écrivait : « *Tout bien pesé, Madame...* »

IMPOSSIBLE → POSSIBLE et IMPOSSIBLE

IMPÔT

Dans ce monde, il n'y a rien d'assuré que la mort et les impôts.

Franklin (1706-1790). *Lettre à Leroy, de l'Académie des Sciences.*

Il faut demander plus à l'impôt et moins au contribuable.

Alphonse Allais (1854-1905).

Il y a une chose pire que de payer l'impôt sur le revenu, c'est de ne pas en payer.

Lord Thomas Robert Dewar (1864-1930).

IMPÔT. — Un tribut prélevé sur le travail des uns pour entretenir la paresse des autres.

André Prévot, *Petit Dictionnaire à l'usage des optimistes* (1947).

Je n'ai pas les moyens de gagner davantage d'argent.

Henri Jeanson (1900-1970). — *Sur l'impôt progressif.*

En amour, tous les moyens sont bons ; en mariage, trompe qui peut ; en impôt, fraude qui peut.

Maurice Jeanneret.

IMPRESSION (première) → SENTIMENT (premier)

IMPROMPTU

Impromptu badin

Ma main qui se sent efficace
Dans son pantalon de pilou
Hésite à jouer à pile ou
Face.

Auteur inconnu.

IMPROVISATION

Il n'y a jamais eu que trois improvisateurs, Lamartine, Thiers et moi-même.
Aucun des trois n'improvisait.

Émile Ollivier (1825-1913).

IMPRUDENCE

IMPRUDENCE. — Consiste à chercher un refuge, durant une averse, dans la boutique d'un marchand de parapluies.

Punch, février 1909.

IMPUDENCE

L'impudence a une sorte de beauté monstrueuse, un peu comme le derrière d'un éléphant.

James Elroy Flecker (1884-1915).

IMPUDEUR → PUDEUR et IMPUDEUR

IMPUISSANCE

Le trop grand amour que l'on porte à une femme empesche qu'on ne puisse bander à l'atelier de Vénus.

Guillaume Bouchet, *Les Serées*, V (1584).

La volonté est assez plantureuse
Mais la puissance est assez malheureuse

Florent Chrestien (1541-1596).
Cf. *Le Cabinet secret du Parnasse*, I, 225.

Tel homme qui serait un Hercule avec des facilités devient un Eunuque par des rebuts.

Mercier de Compiègne, *Manuel des boudoirs*, II, 143 (1769).

Le bégaiement génital est une timidité amoureuse. L'homme est inhibé par la supériorité de la femme.

Docteur Julien Besançon, *Ne pas dételer*, IV (1949).

IMPURETÉ → PURETÉ et IMPURETÉ

INACTIVITÉ

Si la vache n'est tirée ordinairement elle se tarist.

Noël Du Fail, *Contes et Discours d'Eutrapel*, XXXII (1585).

INCESTE

Il but
Il devint tendre ;
Et puis il fut
son gendre.

Marquis Stanislas de Boufflers, *Poésies et Pièces fugitives* (1782). Poème-express consacré à l'histoire de Loth.

Comme une bonne grosse plaisanterie, je demande à X..., en parlant de son frère : « Il ne couche pas avec ta mère, qui est encore si bien ? » Avec élan, il répond : « Oh ! non ! ça, c'est fini. »

Henry de Montherlant, *Carnets*, XLIII (1943).

L'inceste entre jumeaux de différents sexes est-il un inceste, puisqu'ils étaient déjà mariés dans le sein de leur mère ?...

Malcolm de Chazal, *Sens plastique* (1948).

Un grand fils étant épris de son encore jeune maman, il se pressait contre elle et la pressait contre lui. Témoin de cette affection, quelqu'un de la parenté disait : « *L'important, c'est qu'il aime bien sa maman.* »

Maurice Jeanneret.

INCONGRUITÉ

Le fruit des conférences de cent jours est détruit par un seul pet.

Proverbe japonais.

INDÉCISION

Beaucoup se sont jetés dans la Tamise pour n'avoir pas joué atout.

Alphonse Esquiros, *L'Esprit des Anglais* (1848).

Je suis dans l'indécision comme d'autres dans les affaires.

Pierre Daninos, *Sonia, les Autres et Moi* (1952).

INDÉLICATESSE

Il y a des gens qui ne peuvent rencontrer un boiteux sans parler de pieds.

Proverbe chinois.

INDÉPENDANCE

Mon verre est petit, mais je ne veux pas que vous buviez dedans.

Jules Renard, *Journal*, 26 janvier 1904.

INDIGESTION

Mieux vaut mourir d'indigestion que de faim.

Cicéron (106-43)

INDIGNATION

Un sourire vaut mieux qu'une indignation.

Émile Faguet (1847-1916).

— Je suis fatigué de l'indignation.

Henry de Montherlant, *Le Maître de Santiago*, I, IV, Alvaro (1948).

INDISCRÉTION

J'ai la plus grande confiance dans votre indiscrétion.

Sydney Smith (1771-1845).

INDOLENCE

L'indolence, c'est la vertu de l'automobiliste qui roule sur un cassis pour secouer la cendre de sa cigarette.

Les Marx Brothers.

Il ne passe jamais au soleil, parce que ça le fatigue de traîner son ombre.

Marcel Pagnol.

INDULGENCE

INDULGENCE. — La forme aristocratique du dédain.

Remy de Gourmont, *Les Chevaux de Diomède* (1897).

L'indulgence est l'expression bienveillante de l'indifférence.

Georges Wolfrom, *Courts-Circuits*, 1108 (1960).

INFIDÉLITÉ

Voir Amour et Infidélité ; Femme infidèle (la) ; Homme infidèle (l').

INFIRMITÉ

On s'habitue à ses infirmités, le plus difficile c'est d'y habituer les autres.

Comtesse d'Houdetot (1730-1813).

INFORMATIQUE

L'ordinateur garantit l'exactitude des décimales, mais non celle du nombre entier. La précision de l'appareil compense son inexactitude.

X. Y. Z.

L'esprit est prompt mais la chair est faible.
Traduction rendue par ordinateur :
Le spiritueux est rapide mais la viande est ramollie.

INGÉNIEUR

Il y a trois manières de se ruiner, disait le grand Rothschild : le jeu, les femmes — et les ingénieurs. Les deux premières sont les plus agréables — mais la dernière est la plus sûre.

Auguste Detœuf, *Propos de O.-L. Barenton, confiseur* (1937).

Le Gadzarts sait beaucoup et sait qu'il le sait. L'X ne sait rien et sait qu'il ne sait rien. Le Central ne sait pas grand-chose et croit qu'il sait tout.

Auguste Detœuf, *ibid.*

Il faut se méfier des ingénieurs, ça commence par la machine à coudre, ça finit par la bombe atomique.

Marcel Pagnol, *Critique des critiques*, III (1949).

Dans ***ingénieur,*** il y a ***génie.***
— Sans doute, mais avec le préfixe négatif ***in.***

Jean Mistler, *Bon poids...* (1976).

L'ingénieur n'a pas de problèmes, il n'a que des solutions.

Maurice Jeanneret.

INGRATITUDE

Il y a beaucoup moins d'ingrats qu'on ne croit ; car il y a beaucoup moins de généreux qu'on ne pense.

Saint-Évremond (1614-1703), *Œuvres mêlées.*

L'ingratitude est l'indépendance du cœur.

Nestor Roqueplan, *Nouvelles à la main* (1832).

Il y a trois sortes d'ingrats : ceux qui oublient le bienfait, ceux qui le font payer, et ceux qui s'en vengent.

Santiogo Ramon y Cajal (1852-1934).

INITIATIVE

Avoir de l'initiative, c'est exercer librement son activité dans le cadre de l'ordre reçu.

Manuel du gradé d'artillerie, édition de 1937.

INJURE

Réponse à une injure sanglante.
— Oh ! vous dites ça pour me taquiner.

Jules Renard, *Journal,* 18 janvier 1896.

Le saint oublie l'injure, le sage la médite, le sot en tire vengeance.

Proverbe chinois.

INJUSTICE

Une injustice dont nous profitons s'appelle de la chance ; une injustice dont un autre profite se nomme un scandale.

Louis Dumur, *Petits Aphorismes* (1892).

— Dans la vie, il faut savoir supporter les injustices jusqu'au moment où on peut en commettre soi-même...

Alfred Capus, *L'Institut de Beauté,* II, XII, (1913).

INNOCENT → COUPABLE et l'INNOCENT (le)

INSULTE

Lorsque l'on parle de toi et qu'on t'appelle cuistre, istre est un ornement.

Victor Hugo, *Portefeuille* (1853). — *Sur Louis Veuillot.*

Il se vomit lui-même, mais sur les autres.

Forain (1852-1931).

INTELLIGENCE

Cet homme avait tant d'intelligence qu'il n'était presque plus bon à rien dans le monde.

G. C. Lichtenberg (1742-1799), *Aphorismen.*

INTELLIGENCE. — Qualité banale si elle n'est pas précédée de GRANDE.

Pierre Daninos, *Le Jacassin* (1962).

INTÉRÊT GÉNÉRAL

L'intérêt général n'a été vraiment défini que par Pascal. C'est, dit-il, un cercle dont le centre est partout, la circonférence nulle part.

Auguste Detœuf, *Propos de O.-L. Barenton, confiseur* (1937).

Mais, qui a jamais rencontré l'intérêt général ?

André Siegfried, *Quelques maximes* (1946).

INVENTION

Les deux meilleures inventions de l'époque : la cigarette et le bas de soie.

Pierre Louÿs (1870-1925).

IRONIE

IRONISER. — Caresser à rebrousse-poil.

Jean Bonot, *Dictionnaire des Lettres et des Arts* (1947).

Il ne faut jamais jeter la pierre à une femme, ou alors des pierres précieuses.

Le peintre Gabriel Domergue (1889-1962).

IRRIGATEUR

IRRIGATEUR. — Le narghilé des femmes.

Jules Lévy, *Dictionnaire de l'Académie de l'Humour français* (1934).

ISRAÉLITE

La vraie ferveur et la vraie saccade que Dieu entend donner à l'étreinte humaine, seule la Juive la sait.

Jean Giraudoux, ***Judith***, II, 7 (1931).

Un Juif voudrait ne pas l'être rien que pour le plaisir de le devenir.

André Treilles, ***Maximes, Réflexions***, 410 (1953).

Les Juifs sont capables de tout comprendre, excepté ce que c'est qu'un Juif.

André Frossard, ***Dieu existe, je L'ai rencontré*** (1969).

Les Juifs sont comme tout le monde; seulement ils le sont davantage.

Proverbe anglais.

ITALIE

Nous allons en Italie pour voir l'Italie, mais pas pour voir les Italiens.

C. C. Colton, ***Lacon or Many Things in Few Words*** (1820).

Habillez-les en rouge, habillez-les en vert, ils f… le camp tout de même.

Ferdinand Ier, roi des Deux-Siciles (1751-1825), ***à son petit-fils qui choisissait des uniformes pour ses soldats napolitains.***

Les femmes italiennes ont le sexe sur la figure.

Stendhal (1783-1842).

Les hommes, en Italie, passent leur temps à se retourner dans la rue, pour regarder les fesses des femmes : leur regard va toujours immédiatement aux fesses; je me demande si un Italien a jamais aimé une femme pour son visage.

Jean-François Revel.

A Naples, on ne dit pas : « Je vais travailler », mais : « Je vais à la fatigue. »

X. Y. Z.

IVRESSE

Plutôt dormir avec un cannibale sobre qu'avec un chrétien ivre.

Herman Melville (1819-1891), ***Moby Dick.***

L'ennui est qu'il faut boire pour supporter les gens et qu'à ce moment-là, ils ne vous supportent plus.

Riggold Wilmer Lardner (1885-1933).

Force vin trouble l'engin.

Proverbe français.

IVROGNERIE

Qui boit de l'absinthe se tue par gorgées.

Erick Satie (1866-1925), *Les Raisonnements d'un têtu.*

J-K

JALOUSIE → AMOUR et JALOUSIE

JAMAIS

Il ne faut pas dire : « Fontaine, je ne boirai pas de ton eau ! » Il y a des moments où l'on a si soif...

Jacques Normand, *Nouvelles Pensées de toutes les couleurs* (1928).

JÉSUS-CHRIST

Comme homme, le Christ est admirable. Comme Dieu, il laisse dire : « Quoi ! C'est tout ce qu'il a pu faire ? »

Jules Renard, *Journal,* 6 août 1906.

Si Jésus n'était pas Dieu, puisse Dieu lui ressembler !

Jacques Deval, *Afin de vivre bel et bien* (1969).

JEU d'ARGENT

— Ce qu'il y a de plus terrible avec l'argent gagné au jeu, c'est qu'on le dépense d'abord... et qu'on le reperd après.

Tristan Bernard (1866-1947).

— Avec mes gains au baccara, je me suis acheté une casquette de yachtman ; avec mes pertes, j'aurais pu me payer le bateau.

Ibid.

Quand je joue, j'ai l'impression d'avoir vingt amants.

Catherine Otéro, dite *la Belle Otéro* (1868-1965).

JEU de MOTS

Quand, en 1907, Berthe Cerny (1868-1940), sociétaire du Français, devint l'amie de son ministre, Aristide Briand (1862-

1932), et la liaison devait durer des années, Paris disait : *Cerny a les yeux brillants et Briand a les yeux cernis.*

« Mieux vaut tête bien faite que tête bien pleine », Montaigne signifie par là qu'une jeune fille réussit mieux dans la vie en sortant de chez le coiffeur qu'en sortant de Normale.

Claude Robert, *L'Humour vert* (1969).

Peu d'hommes sont des saints, toutes les femmes en ont.

Raymond Queneau (1903-1976), *Contes et Propos.*

JEUNESSE

... Vu la corruption dépravée de la jeunesse du temps présent.

Marguerite de Navarre, *L'Heptaméron,* Appendice (1559).

Levez-vous vite, orages désirés.

Chateaubriand, *René* (1802).

Les jeunes sont toujours prêts à donner aux aînés le bénéfice de leur inexpérience.

Oscar Wilde (1856-1900), *Miscellanies.*

La jeunesse est une belle chose, non parce qu'elle permet de faire des bêtises, mais parce qu'elle donne le temps de les réparer.

Jean-Bernard, *365 Pensées,* CCCL (1925).

Il vaut mieux gâcher sa jeunesse que de n'en rien faire du tout.

Georges Courteline, *La Philosophie de Georges Courteline* (1927).

— La jeunesse retarde toujours un peu.

Henry de Montherlant, *Le Maître de Santiago,* I, IV, Alvaro (1948).

— Ce n'est pas un titre d'être jeune.

Jean Anouilh, *Ornifle ou le Courant d'air,* I, Ornifle (1955).

Celui qui embrasse la paume de la main dit : « Les parents ne savaient pas cela ! »

Proverbe malgache.

JEUNESSE et VIEILLESSE

Si jeunesse savait, si vieillesse pouvait... rien ne se perdrait.

Henri Estienne, *Les Prémices,* IV, IV (1954). — *L'additif est moderne.*

La jeunesse a quatre membres souples et un raide. La vieillesse a quatre membres raides et un souple.

Dictionnaire proverbial, satirique (1786).

L'âge qu'on veut avoir gâte celui qu'on a.

Daniel Darc (Mme Marie Régnier), *Sagesse de poche* (1885).

La jeunesse de ce temps est absolument monstrueuse. Elle n'a pas l'ombre de respect pour les cheveux teints.

Oscar Wilde (1856-1900).

Après tout, il faut avoir une jeunesse. L'âge où l'on se décide à être jeune importe peu...

Henri Duvernois, *La Brebis galeuse* (1924).

Je ne suis pas assez jeune pour tout savoir.

Bernard Shaw (1856-1950).

Que de jeunes, partis don Quichotte, sont arrivés Sancho Pança.

Oscar Forel, *Aphorismes* (1957).

On peut naître vieux comme on peut mourir jeune.

Jean Cocteau (1891-1963).

J'ai mangé de la vache enragée dans ma jeunesse, et encore, pas tous les jours !

Marcel Achard (1899-1974).

JOIE

JOIE. — Un rayon de soleil entre deux averses.

André Prévot, *Petit Dictionnaire à l'usage des Optimistes* (1947).

JOIE et CHAGRIN

Je jouis, donc je rêve ; je souffre, donc j'existe.

Marie Valyère, *Nuances morales* (1899).

JOUIR — JOUISSANCE

La jouissance n'est pas toujours le point culminant de la volupté. Mais on n'ose pas en convenir, de peur de froisser son partenaire — lequel pense peut-être de même.

Étienne Rey, *De l'Amour* (édit. de 1935).

JOUIR. — Éprouver un plaisir plus ou moins vif grâce à la possession ou à l'usage de quelque chose ou de quelqu'un. Elle *jouit* de l'estime publique. Il *jouit* de toutes ses facultés. Ils *jouissent* d'une large aisance, d'un certain bien-être, ou du fruit de leur activité. S'emploie aussi absolument : il (ou elle) *jouit,* il (ou elle) *a joui* — sous-entendu : de ses facultés, de l'estime publique, d'un certain bien-être, du fruit de son activité, etc.

Georges-Armand Masson, *L'Amour de Ah ! jusqu'à Zut !* (1960).

Il ne saurait en être question dans la conversation que pour la bonne santé, les bons revenus, les beaux panoramas et les beaux restes.

Pierre Daninos, *Le Jacassin* (1962).

JOURNALISME

Art de faire croire au peuple ce que le gouvernement trouve juste.

Heinrich von Kleist (1777-1811), *Écrits en prose.*

Les journaux sont le mauvais lieu de la pensée.

Honoré de Balzac (1799-1850).

— La presse étant un sacerdoce, il faut bien pourvoir aux frais du culte.

Émile Augier, *Les Effrontés* III, III (1861).

La différence entre la littérature et le journalisme, c'est que le journalisme est illisible et que la littérature n'est pas lue.

Oscar Wilde, *The Critic as Artist* (1891).

Les commentaires sont libres, mais les faits sont sacrés.

Ch. P. Scott (1847-1932).

La presse a quelque ressemblance avec ce coq qui croyait que sans son cocorico le soleil ne se lèverait pas.

François Mauriac, *Journal,* V (1953).

Le journalisme est un métier où l'on passe la moitié de sa vie à parler de ce que l'on ne connaît pas et l'autre moitié à taire ce que l'on sait.

Henri Béraud (1885-1958).

Les bons journalistes écrivent ce qu'ils pensent eux-mêmes ; les meilleurs, ce que devraient penser leurs lecteurs.

Georges Elgozy, *Le Fictionnaire* (1973).

Lorsqu'un chien mord une vieille dame, ce n'est rien ; mais lorsque c'est la vieille dame qui mord le chien, là, c'est une affaire pour la une.

Pancarte sur le bureau d'un directeur de journal.

JUGEMENT (On juge les autres d'après soi-même.)

Les amoureux pensent que les autres ont les yeux creux.

Proverbe espagnol.

JUGEMENT DERNIER

Au Jugement dernier.
J'interroge :

— Et les catastrophes de chemin de fer, Seigneur ? Comment m'expliquerez-vous les catastrophes de chemin de fer ?
DIEU (*gêné*). — Ça ne s'explique pas. Ça se sent.

Jean Cocteau, *Le Secret professionnel* (1922).

JUSTESSE

Sur une note juste, l'homme est plus en sécurité que sur un navire de haut bord.

Jean Giraudoux, *Intermezzo,* II, 5 (1933).

JUSTICE DISTRIBUTIVE

On est souvent puni par ceux qui ont péché.

Claire Lardinois, *Réflexions mauvaises* (1951).

JUSTICE LÉGALE

Pénétrez-vous bien de cette maxime : l'intérêt de l'accusé est sacré, l'intérêt de la société est deux fois sacré, l'intérêt de la justice est trois fois sacré.

Anatole France, *L'Orme du Mail,* XV (1897).

La justice pèse à faux poids dans des balances de précision.

Jacques Deval, *Afin de vivre bel et bien* (1969).

Il faut prendre la justice comme elle vient.

Mot de robin. — Cité par Henry de Montherlant, (1896-1972), *Carnets.*

JUSTICE LÉGALE (les Juges)

La justice est une si belle chose qu'on ne saurait trop l'acheter.

Lesage, *Crispin rival de son maître,* scène IX (1707).

Il y a la magistrature debout et la magistrature assise. Il y a aussi la magistrature à plat ventre.

Jules Jouy (1855-1897).

— Tu crains la justice : ta conscience te fait donc peur ?
— La mienne, non ; celle de mes juges.

Fagus, *Aphorismes* (1938).

— Nous autres magistrats, nous connaissons trop les faiblesses des hommes pour nous permettre de regarder les nôtres avec une excessive sévérité.

Marcel Aymé, *La Tête des autres,* IV, VI (1952).

JUSTICE LÉGALE (sentences)

Tenter de réformer un homme est un travail ingrat et d'un succès douteux. Le pendre est l'affaire d'un instant.

Douglas Jerrold (1803-1857).

— Un homme acquitté, c'est plus qu'un honnête homme !... L'acquittement, c'est une sanction, un consécration de l'honnêteté.

Georges Berr et Louis Verneuil, *Maître Bolbec et son mari*, II, II (1926).

JUSTICE MILITAIRE

La justice militaire est à la justice ce que la musique militaire est à la musique.

Mot de Clemenceau (1841-1929), *à propos de l'affaire Dreyfus*.

L

LÂCHETÉ

— La vraie femme de l'homme est la lâcheté.

Jean Giraudoux, *Pour Lucrèce,* II, I, Paola (1953).

LAÏCISME

On connaît des hommes qui seraient moins alarmés d'une invasion de barbares que de la résurrection d'un ordre religieux.

Louis de Bonald (1754-1840), ***Recueil de Pensées,*** 463.

LAID (l'HOMME)

Pellisson [1] abuse de la permission qu'ont les hommes d'être laids.

Comte de Guilleragues. — *Cité par* Mme de Sévigné, *lettre à sa fille,* 12 janvier 1674.

Ce n'est pas à la tête que les femmes me regarderont !

Réplique de Mirabeau ***adolescent à sa mère qui lui faisait un reproche de sa figure grêlée.***

Il était si laid que, lorsqu'il faisait des grimaces, il l'était moins.

Jules Renard, *Journal,* 4 décembre 1891.

Ceux qui sont laids, toujours nus les premiers.

Jean Giraudoux, *Pour Lucrèce,* III, 7 (1953).

Ce Monsieur est une invitation perpétuelle à la parthénogenèse.

Paul Claudel (1868-1955), *Journal.*

---

1. Paul Pellisson (1624-1693), écrivain, historiographe de Louis XIV.

LAIDE (la FEMME)

C'est grand pitié quand beauté manque à cul de bonne volonté.

Rabelais, *Cinquième Livre,* XX (1564).

Aucune femme n'est laide au point d'être insensible aux compliments.

Lord Chesterfield (1694-1773).

En fait de vertu, la laideur c'est déjà la moitié du chemin.

Henri Heine (1797-1856).

— Elle est de ces femmes pour lesquelles les derniers outrages seraient les premières politesses.

Maurice Donnay, *Chères Mesdames,* XV (1895).

« La plus belle fille du monde... » Mais la plus laide donne plus.

Jules Renard, *Journal* (1898).

Ne dites pas qu'une femme est laide tant que vous ne l'avez pas vue dans le plaisir de l'amour. La moins jolie peut l'y devenir.

Paul Léautaud, *Amour,* Aphorismes (1939).

Je crois que quand on aime une femme laide, on doit l'aimer de plus en plus, puisqu'elle devient de plus en plus laide...

Sacha Guitry (1885-1957).

La laide s'ingénie à se le faire pardonner après l'extinction des lampes.

Maurice Chapelan, *Main courante* (1957).

Lorsqu'une femme est laide, on dit que le haut défend le bas ou que la tête défend le cul.

Proverbe français.

LAIDEUR

Les personnes d'esprit sont-elles jamais laides ?

Piron (1640-1727).

Les gens laids y mettent bien du leur.

Georges Wolfrom, *Courts-Circuits,* 492 (1960).

LAPSUS

La marquise de Saint-Pierre était dans une société où l'on disait que le M^al^ de Richelieu [1] avait eu beaucoup de femmes sans en

1. Il s'agit du maréchal de Richelieu (arrière-petit-neveu du cardinal de Richelieu), renommé à la fois par sa bravoure, son esprit et son libertinage (1696-1788).

avoir jamais aimé une. « *Sans aimer! c'est bientôt dit,* reprit-elle ; *moi, je sais une femme pour laquelle il est revenu de trois cents lieues.* » Ici elle raconte l'histoire en troisième personne et, gagnée par sa narration : « ***Il la porte sur le lit avec une violence incroyable, et nous y sommes restés trois jours.*** »

Chamfort (1741-1794), *Caractères et Anecdotes.*

LATIN

Il faut d'abord bien savoir le latin. Ensuite il faut l'oublier.

Montesquieu (1689-1755), *Pensées et Fragments divers.*

LAVER (se)

— ... Celui-là, je l'ai quitté parce qu'il n'était pas soigné. Il ne se lavait jamais les mains.

Gaston de Caillavet et Robert de Flers,
Le Sire de Vergy, II, XI, Mitzy (1903).

La grande différence entre les femmes du monde et nous, c'est que nous nous lavons entre les jambes.

Liane de Pougy, née Marie-Anne Chassaigne (1869-1950).

LECTURE, LIRE

Seuls les imbéciles ne lisent pas.

Napoléon Ier (1769-1821).

Il y a une grande différence entre celui qui veut lire un livre et celui qui veut un livre à lire.

Gilbert Keith Chesterton (1874-1936).

LÉGÈRETÉ

Il faut être léger comme l'oiseau et non comme la plume.

Paul Valéry, *Aphorismes* (1930).

LESBIEN (AMOUR)

Une eau dormante rafraîchit moins qu'une eau vive et courante.

Brantôme (1540-1614), *Vies des Dames galantes,* I.

Sans se plaindre de leur tourment,
Toutes deux soupirent sans cesse,
Tantôt l'amant est la maîtresse,
Tantôt la maîtresse est l'amant.

Denys de Saint-Pavin (1600-1670), *Poésies libertines.*

Surpassant l'ardeur du mari,
De l'amant la plus grande embrassade,
Des enfants se mettant à l'abri,
Elles goûtent la tribade secousse.

Parnasse satyrique du XVIIIe siècle.

Si vous me dites que je ne suis pas encore bien fixé sur l'amitié de madame de Staël avec Juliette Récamier, vous me soupçonnerez de vous cacher quelque chose. Je sais gré à votre discrétion de ne pas me demander quoi.

Mérimée (1803-1870).

L'actrice Marie Dorval (1798-1849), maîtresse adorée d'Alfred de Vigny (1797-1863), mais qui se laissait néanmoins taquiner par George Sand (1803-1876), confiait à ses amies : « George me fatigue cent fois plus que M. de Vigny. »

Les filles sont comme les pommes : quand elles se touchent de trop près, elles se gâtent.

Daniel Darc (Mme Marie Régnier), *Sagesse de poche* (1885).

A Gomorrhe !... Je suis à Gomorrhe !... C'est une ville maudite. C'est pour cela que j'y suis venue. Cette ville est, dit-on, pleine de tentations. J'espère ne pas y succomber. Quelle gloire si je n'y succombe pas !... Et quelles compensations si j'y succombe !...

Tristan Bernard, *La Petite Femme de Loth,* I, 2 (1900).

Ah ! sentir sur son cœur s'abattre la nature !
Boire le miel léger des calices profonds.

Anna de Noailles, *Le Cœur innombrable,* L'amoureux été (1901).

Et nous pouvons, quand la ceinture se dénoue,
Être tout à la fois des amants et des sœurs.

Renée Vivien, *A l'heure des mains jointes* (1906).

Deux femmes, m'a dit une femme, ne se battent tout à fait comme il faut qu'à la condition de s'être d'abord aimées comme il ne faut pas.

Claude Farrère, *La Dernière Déesse* (1920).

Quand on voit deux femmes s'embrasser tendrement sur la joue, elles feraient aussi bien la même chose sur leur nénuphar.

Willy (1859-1931).

Les amours saphiques sont dans la majorité des cas une assomption de la féminité. On peut dire que toute femme est homosexuelle.

Simone de Beauvoir, *Le Deuxième Sexe,* Formation, IV (1949).

Mme Augustine Bulteau, femme de lettres (1861-1922), donnait au *Figaro* de brillantes chroniques. C'était une dame chasseresse qui ne courait qu'après les biches. Elle signait ses chroniques sous le nom de ***Foemina,*** « ***ce qui ne signifiait pas qu'elle fût une femme,*** disait l'écrivain académicien Abel Bonnard (1883-1968), ***mais qu'elle en avait le goût.*** » Et Abel Bonnard ajoutait cette malice : « ***Je proposai qu'elle signât Feminus.*** »

Voir Sodome et Gomorrhe.

LETTRE

Écrire, c'est une façon de parler sans être interrompu.

Jules Renard (1864-1910).

On ment mieux par écrit.

Henry de Montherlant, ***Carnets,*** XXIV (1935).

Voir Écrire.

LETTRE ANONYME

Lettre anonyme. — Lettre que l'on jette au panier, après l'avoir lue.

Auguste Detœuf, ***Propos de O.-L. Barenton,*** « Petit lexique industriel » (1937).

L'envoi d'une lettre anonyme est un acte sans nom !

Decoly, ***Impertinences et autres Pensées*** (1952).

LEUCORRHÉE → FLEURS BLANCHES (les)

LEVER MATIN (se)

Se lever matin... une manie élevée au rang des vertus et qui consiste surtout à aller réveiller les autres.

Philippe Gerfaut (Mme Dardenne de La Grangerie), ***Pensées d'une sceptique*** (1885).

LIAISON DANGEREUSE

Une jeune dame rapportait une bouteille vide à limonade purgative, dont elle avait absorbé le contenu. Le pharmacien s'informa avec un intérêt sympathique :
— ***Avez-vous beaucoup été, madame ?***
La jeune femme interprétant mal la liaison et toute rougissante :
— ***Mais, monsieur, je ne savais pas que c'était pour ça !***

Alphonse Allais (1854-1905), ***Le Tintamarre.***

LIBERTÉ

Nous vous refusons la liberté suivant nos principes et nous vous la réclamons à vous, à cause des vôtres.

Louis Veuillot (1813-1883).

La liberté est un bien précieux, mais il faut avoir un petit capital d'exploitation pour le cultiver.

Tristan Bernard, *Le Fardeau de la liberté,* VIII (1897).

La liberté, c'est un mot qui a fait le tour du monde et qui n'en est pas revenu.

Henri Jeanson (1900-1970).

LIBERTIN, LIBERTINAGE

C'est être libertin que d'avoir de bons yeux.

Anonyme.

... Pour bien gouster tous les délices,
Passer la nuit entre deux cuisses
Et le jour entre deux vins.

Claude Chouvigny (1605-1655), *Chansons libertines.*

LIBRE-PENSEUR

Aussi bien était-il libre-penseur ; ce qui, peut-être, dispense de beaucoup penser.

Paul-Jean Toulet, *Mon amie Nane* (1905).

LIBRE-PENSEUR. — Penseur suffirait.

Jules Renard, *Journal* (1905).

LIEU COMMUN

Veuillez laisser cet endroit aussi propre en sortant que vous souhaiteriez le trouver en entrant.
Voilà l'image du lieu commun !

Winston Churchill (1874-1965).

LIGNAGE

Il n'y a point de lignage en cul de putain.

Béroalde de Verville, *Le Moyen de parvenir,* II, « Élégie » (1612).

— Je descends d'une longue lignée de pas grand-chose...

Marcel Achard, *Les Compagnons de la Marjolaine,* II, Cora (1952).

LIT (le)

Le meilleur dispositif pour sacrifier à Vénus consiste en un lit d'éponges imprégnées d'eau tiède.

Athénée, *Le Banquet des Savants* (IIIe siècle).

Un lit est le meilleur lieu de rendez-vous.

Sir Thomas Ooverbury (1581-1613).

Le lit est une bonne chose
Si l'on n'y dort l'on s'y repose.

P.-J. Le Roux, ***Dictionnaire proverbial*** (1786).

Elle devrait faire parler son lit. Ce serait tellement plus amusant.

Tristan Bernard (1866-1947). — ***Sur une ancienne actrice, très légère, qui faisait parler les tables.***

LIT. — Un meuble où l'on se repose quand on est seul, où l'on se fatigue quand on est deux.

André Prévot, ***Petit Dictionnaire à l'usage des Optimistes*** (1947).

LIT. — Ring pour amants, sans arbitre ni soigneur, sans gants ni culottes. Coups bas et corps à corps sont de règle.

Georges Elgozy, ***Le Fictionnaire*** (1973).

Le lit, quand on y pense, n'est jamais que le terrain d'entraînement du cercueil.

Jacques Sternberg, ***Dictionnaire du mépris*** (1973).

LITOTE

Il est certain qu'une jeune personne ne peut empêcher un honnête homme de l'estimer.

Beaumarchais, ***Le Barbier de Séville,*** II, 2, Rosine (1775).

On s'étonnait devant d'Alembert (1717-1783), célèbre mathématicien, « sublime géomètre », écrivain et académicien, de ce que les cantatrices de l'Opéra font rarement une brillante fortune, tandis qu'il n'est presque aucune danseuse qui ne soit comblée de biens. « ***C'est,*** répondit d'Alembert en une docte et noble litote, ***une suite nécessaire des lois du mouvement.*** »

LITTÉRATURE

La littérature est une loterie dont le gros lot est d'être lu trente ans après qu'on est mort.

Stendhal (1783-1842).

On aimerait à savoir si c'est la littérature qui corrompt les mœurs ou les mœurs, au contraire, qui corrompent la littérature.

Alfred Capus (1858-1922), ***Notes et Pensées.***

On est obligé de rafraîchir les lieux communs. Or, qu'est-ce que la littérature sinon cela ?

Jean Cocteau (1889-1963).

La littérature empêche les hommes d'être indifférents aux hommes.

Eugène Ionesco.

LIVRE

— … et l'on voit une solitude effroyable aux grands ouvrages.

Molière, *La Critique de l'École des Femmes,* VI, Lysidas (1663).

Les livres sont comme les enfants des femmes. Ils sont conçus dans la volupté, menés à terme avec peine et enfantés dans la douleur.

Beaumarchais (1732-1799), *Mémoires.*

Il y a des gens qui ont une bibliothèque comme les eunuques ont un harem.

Victor Hugo (1802-1885), *Fragments.*

Les livres ont les mêmes ennemis que l'homme : le feu, l'humidité, les bêtes, le temps ; et, surtout, leur propre contenu.

Paul Valéry (1871-1945).

LOGIQUE

Bon sens et logique : un chef.
Bon sens sans logique : un employé.
Logique sans bon sens : une catastrophe.

Auguste Detœuf, *Propos de O.-L. Barenton, confiseur* (1937).

Prise en trop grande quantité, la logique, comme le whisky, perd sa vertu bénéfique.

Lord Dunsany, *My Ireland,* XIX (1938).

LOI

On peut violer les lois sans qu'elles crient.

Talleyrand (1754-1838).

On détrousse au coin des lois plus sûrement qu'au coin des bois.

Paul Brulat (1866-1940).

Que le monde serait terne si les lois n'étaient pas violées de temps en temps !

Carl Gustav Jung.

La loi a le nez en cire. (On peut la modeler pour la circonstance.)

Proverbe tchèque.

LOI (gens de)

Le métier des gens de loi est d'expédier les affaires, leur profit est de les faire traîner.

Jacques Deval, *Afin de vivre bel et bien* (1969).

LOISIR

La moins trompeuse des grimaces de l'homme, c'est son repos.

Xavier Forneret, *Sans titre,* (1838).

Le problème des loisirs est d'empêcher les autres de gâcher les vôtres.

Oscar Wilde (1856-1900).

LONGÉVITÉ

— Il n'y a qu'un père éternel, s'écriait un jeune rapin dans la gêne. Et il faut que ce soit le mien.

Nestor Roqueplan, *Nouvelles à la main* (mai 1844).

Ce qui est difficile, c'est de devenir octogénaire. Après, il n'y a plus qu'à se laisser vivre...

Paul Léautaud (1872-1956).

Épitaphe

Et rose, elle vécut ce que vivant les roses
Quand elles sont en fer forgé.

Travestissement burlesque du célèbre alexandrin de Malherbe, dédié par un chansonnier à Cécile Sorel (1873-1966).

LOUANGE

L'émeraude ne perd pas de son prix faute de louange.

Marc Aurèle, *Pensées,* IV, 20 (IIe siècle).

La louange est le seul don duquel on soit reconnaissant.

Comtesse de Blessington, *Desultory Thoughts and Reflections* (1839).

LOUANGE. — Fleur qui embaume, même quand elle est artificielle.

Dictionnaire de l'Académie de l'Humour français. — Adrien Vély (1934).

LOUANGE (faire sa propre)

On a raison de se louer soi-même, quand on ne trouve pas d'autre apologiste.

Érasme, *Éloge de la folie,* III (1509).

LOUFOQUERIE

Une erreur peut être vraie ou fausse selon que celui qui la commet a raison ou tort.

Pierre Dac (1896-1975).

LUNE

Quatrain

Ô lune, astre de la nuit,
Comme d'une douce lumière tu luis.
Ô lune, maîtresse de la nuit,
Viens luire dans mon lit.

Auteur inconnu.

LUXE

Le luxe... c'est l'art des imbéciles.

Henri Duvernois, ***La Brebis galeuse,*** XIV (1924).

Le vrai luxe, c'est celui qui ne se voit pas. Ce n'est pas le contraire de la pauvreté, c'est le contraire de la vulgarité.

Gabrielle-Coco Chanel (1883-1971).

LUXURE

La luxure est comme le poivre, qui ne se tolère qu'à petites doses.

Louis-Sébastien Mercier (1740-1814), ***Merceriana.***

LUXURE. — Le plus capiteux des péchés capitaux.

Dictionnaire de l'Académie de l'Humour français. Gaston Derys (1934).

L'alcôve tue lentement.

Robert Rocca.

Les vieux haillons brûlent plus aisément que le linge neuf.

Proverbe allemand.

M

MADRIGAL

Je vous aime avec constance
Et pour prix de cet aveu,
Donnez-moi la préférence
Du bijou qui s'ouvre un peu,
Quand vous faites la révérence.

Le marquis de Prévoisin,
pour une ballerine de Théâtre-Italien (XVIIIe siècle).

MAGISTRAT → JUSTICE LÉGALE (les Juges)

MAIGRE (la FEMME)

Une dame, longue et sèche, dans une altercation assez vive avec le comte de Montrond, s'était échappée jusqu'à lui dire qu'elle « *lui ferait voir du pays* » A ce défi de mauvais goût, il se contenta de répondre : « *Madame, ce serait du pays plat.* »

Casimir de Montrond (1769-1843).

Elle me fait l'effet d'une ficelle où il y aurait un nœud.

*Mot d'*Esther Guimont *sur Rachel qui était enceinte.*

Un beau brin de fil.

Aurélien Scholl (1833-1902). — *Sur Sarah Bernhardt.*

La beauté, c'est toujours une fausse maigre.

Dr Benjamin Calvo-Platero.

La fille maigre ne possède de rond que la porte de son derrière.

Proverbe français. — Lorraine.

MAIGRE (L'HOMME)

Les bons coqs sont toujours maigres.

Proverbe français.

Chien maigre, queue raide.

Proverbe français.

MAIGREUR

J'ai une santé de fil de fer.

Jean Cocteau (1891-1963).

MAIGRIR

Le meilleur moyen de maigrir est d'être malheureux en amour.

Dr Ludwig Lenz, *Souvenirs d'un sexologue,* 243 (1953).

MAIN

Si elle est grande, elle sent sa déesse,
Étant petite, elle en est plus habile.

Jacques Yver, *Le Printemps,* « Cinquième Journée » (1572).

MAISON de RENDEZ-VOUS

MAISON DE RENDEZ-VOUS. — C'est le seul endroit où l'homme refait son nœud de cravate en se regardant dans les glaces du plafond.

Le chansonnier Charles Bernard.

MAISON de TOLÉRANCE

Une femme de b… disait à Jules Lemaître qu'il y avait plus de dignité à attendre les hommes qu'à courir après.

Maurice Donnay, *J'ai vécu 1900* (1904).

MAÎTRE et ÉLÈVE

Le maître était sucre brut, l'élève devint sucre raffiné.

Proverbe persan.

MAÎTRE et SERVANTE

Il n'est déjeuner que d'écoliers, dîner que d'avocats, souper que de marchands, regoubilloner que de chambrières.

Rabelais, *Quart Livre* XLVI (1548).

Le contact intime abolit des distances que le tact rétablit en silence.

Oscar Forel, *Aphorismes* (1957).

MAÎTRE et SERVITEUR

Il est moins malheureux, l'esclave qui fouit le sol, que l'homme qui fouit son maître.

Juvénal, *Satires,* IX, 45-46 (env. 120).

La différence entre un maître et son valet c'est que, s'ils fument tous les deux les mêmes cigares, il n'y en a qu'un qui les paye.

Robert Frost.

Un serviteur, deux seaux d'eau à la maison; deux serviteurs, un seul seau d'eau à la maison; trois serviteurs, pas de seau d'eau.

Proverbe chinois.

MAÎTRESSE et SERVANTE

Quand la maîtresse fait un faux pas, la servante ne s'inquiète plus de boiter des deux pieds.

Cervantès, *Don Quichotte,* I, XXXIV (1605).

Prude femme ne crie pute chambrière.

Proverbe français du XIIIe siècle.

MAJORITÉ et MINORITÉ

L'avis de la majorité ne peut être que l'expression de l'incompétence.

René Guénon, *La Crise du Monde moderne* (1927).

La majorité a toujours raison, mais la raison a bien rarement la majorité aux élections.

Jean Mistler, *Bon poids...* (1976).

MAL (le)

C'est bien joli, de ne pas faire le mal. S'il fallait encore ne jamais penser à mal!...

Jules Renard, *Journal,* 18 avril 1901.

MALADIE

— On dirait quelqu'un qui a oublié de se faire enterrer.

Henry de Montherlant, *La Reine morte,* II, V, L'Infante (1942).

Il est rare qu'un malade ne soit pas doublement malade — car d'ordinaire on est malade d'être malade.

Sacha Guitry, *Ma Maladie et mes Médecins* (1955).

Je suis malade. Et à l'âge que j'ai, ce que j'ai, ce que l'on peut me souhaiter de mieux, c'est d'être malade longtemps.

Jacques Deval.

MALHEUR

Rares sont les malheurs qui ne portaient pas une cloche à leur cou.

Jacques Deval, *Afin de vivre bel et bien* (1969).

MALHEUR de l'UN PROFITE à l'AUTRE (le)

C'est la maigreur des uns qui fait un ventre aux autres.

Théodore de Banville (1823-1891).

Le malheur des uns fait le bonheur des autres, comme ça c'est moins un malheur.

Proverbe français. — Provence.

MALHEUREUX (les)

On ne refuse pas la pitié aux malheureux, pourvu qu'ils n'en demandent pas davantage.

Joseph Sanial-Dubay, *Pensées sur les mœurs,* 344 (1813).

Les larmes sont les perles des malheureux.

Decoly, *Impertinences et autres Pensées* (1952).

MALHONNÊTETÉ

Il faut bien vivre !... — Bien vivre des autres.

Natalie Clifford Barney, *Éparpillements* (1910).

MALIGNITÉ des CHOSES et du SORT

Le pain tombe toujours du côté qui est beurré.

Proverbe anglais.

Un chauve trouve un peigne.

Proverbe siamois.

MANGER

Et tout pour la tripe.

Rabelais, *Quart Livre,* XLVI (1552).

Je suis né, Sancho, pour vivre en mourant, et toi, pour vivre en mangeant.

Cervantès, *Don Quichotte,* II, LIX (1615).

Les animaux se repaissent ; l'homme mange ; l'homme d'esprit seul sait manger.

Brillat-Savarin, *Physiologie du Goût,* Aphorisme, II (1825).

La conversation prend un tour emphatique,
parlons donc de manger.

Raoul Ponchon, *La Muse au cabaret* (1920).

Plus on aime, moins on aime aimer ; plus on mange, plus on aime manger.

Alain Laubreaux, *L'Amateur de Cuisine* (1931).

Manger avec quelqu'un qui n'a pas d'appétit,
C'est comme parler art avec un abruti.

Raoul Ponchon (1848-1937), *La Muse vagabonde,*
Aphorismes de table (1947).

Voir Boire.

MANGER et BOIRE

Qui mange bien, boit bien ; qui boit bien, dort bien ; qui dort bien ne pèche pas ; qui ne pèche pas, va droit au ciel.

Proverbe anglais.

Pour ce qui de manger, qui ne peut ne peut ; pour ce qui est de boire, on se force.

Proverbe suisse.

Voir Repas.

MANQUE

Aussi navrant que le « attendez que je mouille » d'une vierge.

Jules Renard, *Journal,* s. d., 1887.

MAQUEREAU

MAQUEREAU. — Le mâle de la morue.

Dictionnaire de l'Académie de l'Humour français. —
André Mycho (1934).

Si le maquerellage vient en deuxième (en ancienneté) dans le catalogue des métiers, il va de soi que le premier soit le putanat.

René-Louis Doyon, *Éloge du Maquereau* (1949).

MARIAGE

En mariage, trompe qui peut.

Gabriel Meurier, *Sentences notables* (1568).

— De toutes les choses sérieuses, le mariage étant la plus bouffonne…

Beaumarchais, *Le Mariage de Figaro,* I, IX (1784).

Le mariage ne dérive point de la nature.

Napoléon Ier (1769-1821), *Maximes et Pensées.*

Le mariage vient de l'amour comme le vinaigre du vin.

Byron (1788-1824).

Qui on épouse n'a guère d'importance. Le lendemain matin on trouvera toujours que c'est quelqu'un d'autre.

Samuel Rogers (1763-1855).

Le mariage est la traduction en prose du poème de l'amour.

Alfred Bougeard, *Observations* (1856).

On s'étudie trois semaines, on s'aime trois mois, on se dispute trois ans, on se tolère trente ans, et les enfants recommencent.

Hippolyte Taine, *Vie et Opinions de Thomas Graindorge* (1867).

— Eh ! oui, oui ! On s'épouse sans se connaître. Vous voulez donc qu'il n'y ait plus de mariage ?

Henry Becque (1837-1899).

MARIAGE. — Communauté composée d'un maître, d'une maîtresse et de deux esclaves, ce qui fait en tout deux personnes.

Ambrose Bierce, *Devil's Dictionary* (1906).

— Il me semble que, des amants les plus tendres et les plus ardents, le mariage, même le plus heureux, ne peut faire que des fonctionnaires de la volupté et des ronds-de-cuir du bonheur.

Maurice Donnay, *Les Éclaireuses*, III, V, Jeanne (1913).

— Le mariage… c'est un petit jeu de satiété.

Henri Duvernois et Robert Dieudonné, *La Guitare et le Jazz-Band,* I, VIII, Martine (1924).

Le mariage simplifie la vie et complique la journée.

Jean Rostand, *Maximes sur le mariage* (1927).

—Pourquoi les femmes charmantes épousent-elles toujours des hommes insignifiants ?
— Parce que les hommes intelligents n'épousent pas les femmes charmantes.

Somerset Maughan, *L'Envoûté,* II (1928).

Les premières années du mariage sont souvent tourmentées, parce qu'on ne se connaît pas encore ; celles qui suivent le sont parfois davantage, parce qu'on se connaît trop.

Jacques Normand, *Nouvelles Pensées de toutes les couleurs* (1928).

« Qu'on est bien dans les bras
D'une personne du sexe opposé ! »

dit une chanson. Le miracle est qu'on puisse s'y trouver bien toute la vie.

Paul Guth et Michelle Maurois, *Le Savoir-Vivre actuel,* dictionnaire (1959).

Le mariage est une opération par laquelle, tôt ou tard, deux ne font plus qu'un et demi.

Jacques Deval, *Afin de vivre bel et bien* (1969).

Il ne faut pas oublier que le premier devoir dans le mariage est de se faire pardonner d'être là.

Jean Rostand (1874-1977).

La difficulté n'est pas d'aimer quelqu'un, c'est d'habiter avec !

Maurice Horgues.

Elle, servante à table. Lui, serviteur au lit. C'est la loi et les prophètes.

Maurice Jeanneret.

Dieu fait les gens et le diable les accouple.

Proverbe français.

La chaleur du lit ne fait pas bouillir la marmite.

Proverbe italien.

MARIAGE pour l'HOMME et la FEMME (le)

Je suis heureuse de ne pas être un homme, car si cela était, je serais obligée d'épouser une femme.

Mme de Staël (1766-1817).

Le mariage : une cérémonie où un anneau est mis au doigt de l'épouse et un autre au nez de l'époux

Herbert Spencer (1820-1903).

— Les femmes sont faites pour être mariées et les hommes pour être célibataires. C'est de là que vient tout le mal.

Sacha Guitry, *Mon Père avait raison,* I, Adolphe (1936).

La femme est un animal impudent ; l'homme un animal imprudent.

Henry de Montherlant, *Le Démon du Bien,* I (1937).

Le mariage, c'est une femme de plus et un homme de moins.

Francis de Croisset (1877-1937).

Une femme s'inquiète de l'avenir jusqu'à ce qu'elle ait trouvé un mari, tandis qu'un homme ne s'inquiète de l'avenir que lorsqu'il a trouvé une femme.

Bernard Shaw (1856-1950).

MARIAGE et AMOUR

L'amour est aveugle, mais le mariage lui rend la vue.

Lichtenberg, *Aphorismes* (1790).

Pour être heureux, le mariage exige un continuel échange de transpirations.

Napoléon Ier (1769-1821), *Maximes et Pensées.*

Quand les draps ne sont pas froissés, les époux ne tardent pas à l'être.

Proverbe français.

Le mariage et le macaroni ne sont bons que chauds.

Proverbe italien.

MARIAGE et ARGENT

Un mariage n'est bon qu'autant que l'on ne pourrait pas en faire un meilleur.

Mme de Girardin, née Delphine Gay (1804-1855).

Le mariage est une des façons les plus honnêtes de s'enrichir.

Aurélien Scholl (1833-1902).

— Faire l'amour avec une femme qui ne vous plaît pas, c'est aussi triste que de travailler.

Jean Anouilh, *L'Hermine,* Frantz (1931).

MARIAGE ASSORTI

Le couvercle est ordinairement digne du pot qu'il couvre.

Bénigne Poissenot, *Nouvelles Histoires,* V (1586).

A jeune femme, il faut jeune mari,
Et youp!... et youp!... et tralala!...

Le Sire de Framboisy, chanson qui eut sa grande vogue sous le Second Empire.

MARIAGE non ASSORTI

MARIÉ. — N'être ni seul ni ensemble.

Natalie Clifford Barney, *Éparpillements* (1910).

Quand un vieil homme épouse une jeune femme, il doit s'attendre à tout; mais quand une vieille femme prend un jeune mari, elle ne doit s'attendre à rien.

X. Y. Z.

Quand un vieil homme épouse une jeune femme, l'homme rajeunit et la femme vieillit.

Proverbe yiddish.

MARIAGE à l'ESSAI

On s'aime pour s'aimer tout autant que l'on peut :
le mariage suit, et vient après, s'il veut.

Regnard, *Le Joueur,* IV, IX, 1363-1364, Le Marquis (1696).

S'essayer, ce n'est pas s'adopter.

Robert Dieudonné, *Le Manuel du parfait sportif* (1924).

MARIAGE (remariage)

Le remariage est le triomphe de l'espérance sur l'expérience.

Samuel Johnson, *The Rambler* (1770).

Quand une femme se remarie, c'est qu'elle détestait son premier mari. Quand un homme se remarie, c'est qu'il adorait sa première femme.

Oscar Wilde, *Le Portrait de Dorian Gray,* XV (1891).

On ne se marie jamais très bien du premier coup. Il faut s'y reprendre.

Alfred Capus, *La Petite Fonctionnaire,* I, VIII (1901).

Le remariage est parfois un adultère posthume.

Decoly, *Impertinences et autres Pensées* (1952).

De vieil cul nouvelles noces.

Proverbe français du XIVe siècle.

MARIÉE (la JEUNE)

A la jeune mariée, à la mairie. — *Vous avez perdu la dernière occasion de dire non.*

Jules Jouy (1855-1897).

MARI et FEMME

Pour faire un bon mariage, il faut que le mari soit sourd et la femme aveugle.

Richard Taverner, *The Garden of Wisdom,* II, 4 (1539).

Elle mange votre pain à la sauce d'une plus agréable imagination.

Montaigne, *Essais,* III, 5 (1588).

La femme règne et ne gouverne pas.

Mme de Girardin (Delphine Gay), *Lettres parisiennes,* 12 mars 1840.

Un mois avant le mariage, il parle, elle écoute.
Un mois après le mariage, elle parle, il écoute.

Dix ans après le mariage, ils parlent en même temps et les voisins écoutent.

Pierre Véron, *Carnaval du Dictionnaire* (1863).

— Du côté de la barbe est la toute-puissance.
— Où placez-vous la barbe ?

Victor Hugo (1802-1885), *Réflexions de Maglia.*

L'homme a reçu de la nature une clef avec laquelle il remonte sa femme toutes les vingt-quatre heures.

Victor Hugo, *Réflexions de Maglia.*

Quatrain

Comme il allait mourir, elle lui dit : « Espère
En un monde meilleur où tu me reverras. »
Mais lui, tout doucement, lui répondit : « Ma chère,
Si ce monde est meilleur, je ne t'y verrai pas. »

Henri Lavoix, *lecteur à la Comédie-Française* (1892).

Que peut-il manquer à ma femme ? Elle a tout ce qu'il me faut.

Eugène Marbeau, *Remarques et Pensées* (1893).

— La femme ne voit jamais ce que l'on fait pour elle, elle ne voit que ce qu'on ne fait pas.

Georges Courteline, *La Paix chez soi,* Trielle (1903).

Ce qui est grave dans un ménage, c'est que l'un des deux époux aime et que l'autre n'aime pas. Mais s'ils ne s'aiment ni l'un ni l'autre, ils peuvent être heureux.

Alfred Capus (1858-1922).

C'est déjà une preuve d'attachement que de pouvoir se supporter.

Natalie Clifford Barney, *Nouvelles Pensées d'une Amazone* (1939).

L'homme ne s'auréole vraiment de perfection qu'à deux périodes : celle de ses fiançailles et celle de son enterrement. Mais il ne peut malheureusement jouir que de la première.

Professeur André Binet, *L'Amour et l'Émotion chez la Femme,* VIII (1948).

« Plus je vieillis, plus il m'aime », disait Agatha Christie de son second mari. En ajoutant : « C'est normal, il est archéologue ! »

Agatha Christie (1890-1973).

Les maris ont quelquefois, comme les plantes, des propriétés cachées que l'amant fait découvrir.

Georges-Armand Masson.

Quand un homme et une femme sont mariés, ils ne deviennent plus qu'un ; la première difficulté est de décider lequel.

Proverbe anglais.

Les troncs galeux ont des branches fleuries. (Un homme laid a souvent une jolie femme.)

Proverbe chinois.

Aux vilains matous les belles chattes.

Proverbe français.

A une chose qui vous a fait plaisir au moment de s'endormir, on répond en se réveillant.

Proverbe malgache.

Si bonne que soit l'épouse, il faut la graisser à l'huile.

Proverbe nigritien. — Haoussa.

MARI et FEMME (querelles de ménage)

Il y a trois sortes de choses qu'une femme est capable de faire avec rien : un chapeau, une salade et une scène de ménage.

Mark Twain (1835-1910).

— En cas de dispute, quelle doit être l'attitude d'un mari ?
— Le mari n'a qu'à dire à sa femme : « Déshabille-toi ! on va s'expliquer. »

Noël Coward.

Même un chien trouve immangeable une querelle de ménage.

Proverbe japonais.

MARI COMPLAISANT (le)

Une épouse stérile rend un ami agréable et précieux.

Juvénal, *Satires,* V, 140 (env. 120).

Il n'est cocu qui veult. Si tu es cocu, *ergo,* ta femme sera belle, *ergo,* seras bien traicté d'elle ; *ergo,* tu auras des amis beaucoup ; *ergo,* tu seras saulvé. Ton bien accroistras davantage.

Rabelais, *Tiers Livre,* XXVIII (1532).

Un partage avec Jupiter
N'a rien du tout qui déshonore.

Molière, *Amphitryon,* III, X, 1898-1899, Jupiter (1666).

Laissez à votre Femme exercer son Mérite
Car c'est-là ce qui fait bien aller la Marmite.

Grandval, *Le Vice puni ou Cartouche,* IV (1725).

Sur un Grand Capitaine du Siècle.

Quoi qu'il soit fils de Hobereau,
Il est vaillant comme Pompée :
Il s'est avancé par l'épée
Et sa femme par le fourreau.

Jean-Pierre Du Commun, *Les Yeux, le Nez et les Tétons* (1734).

Un mari disait à sa femme : « Je vous permets tout, hors les Princes et les laquais. » Il était dans le vrai : les deux extrêmes déshonorent par le scandale.

Mercier de Compiègne, *Manuel des boudoirs,* II, 65 (1769).

— Moi, je vais faire trente cocus d'un seul coup, je vais coucher avec ma femme.

Ancelot (1794-1854). — *Propos rapporté par Mérimée à Stendhal, en décembre 1831.*

On commence par être un mari facile, on finit par être un mari aisé.

Aurélien Scholl (1833-1902).

Dans l'adultère, la honte du partage ne le cède qu'à ses avantages.

Étienne Rey, *De l'Amour* (1909).

— Patience ! Patience ! Le temps amène tout... le temps m'a ramené ma femme.

Maurice Donnay et Jules Lemaître, *Le Mariage de Télémaque,* III, II, Ménélas (1910).

Il y a des femmes dont l'infidélité est le seul lien qui les attache encore à leur mari.

Sacha Guitry, *Elles et Toi* (1948).

Beaucoup d'hommes portent à leur boutonnière le souvenir des aventures amoureuses de leur femme.

Francis Picabia (1879-1953).

Bien des hommes acceptent d'être cocus s'il doit leur en pousser des cornes d'abondance.

Gilbert Cesbron, *Journal sans date,* p. 245 (1963).

— Je faisais un jour pour mon journal une « grande enquête » pour savoir « s'il fallait mieux être aveugle que cocu ». Un grave personnage, ainsi questionné, me répondit posément que « l'idéal serait, en somme, d'être borgne, et un peu cocu... »

Roland Dorgelès (1886-1973).

MARTYRE

Une chose n'est pas nécessairement vraie parce qu'un homme meurt pour elle.

Oscar Wilde (1856-1900).

Le martyre est la seule façon pour un homme de devenir célèbre sans talent.

Bernard Shaw, *The Devil's Disciple* (1901).

Le martyr : J'aime mieux mourir que de... réfléchir.

Paul Valéry, *Tel Quel*, II (1943).

MASOCHISME

Piétine-moi, pourvu que je sente tes pieds.

Gustave Flaubert, *Salammbô*, XI (1862).

Entre la torture que l'on s'impose et celle que l'on impose, il n'y a qu'une différence de goût.

Natalie Clifford Barney, *Nouvelles Pensées d'une Amazone* (1939).

MASOCHISME. — Perversion absurde qui consiste à se faire du mal à soi-même, alors qu'il y a les autres pour cela.

Georges-Armand Masson, *L'Amour de Ah ! jusqu'à Zut !* (1960).

MATERNITÉ

Toutes les femmes ne sont pas faites pour être mères : quelle allure aurait *la Victoire de Samothrace* si elle devait arrêter son essor pour mettre bas.

Natalie Clifford Barney, *Pensées d'une Amazone* (1921).

MATHÉMATIQUES

Amenez-moi un bœuf et j'en ferai un mathématicien.

D'Alembert (1717-1783).

L'étude des mathématiques, en comprimant la sensibilité et l'imagination, rend quelquefois l'explosion des passions terrible.

Mgr Dupanloup, *De la haute éducation intellectuelle* (1855).

Pascal combattait ses maux de tête avec des problèmes de géométrie. Moi, je combattais la géométrie en faisant semblant d'avoir des maux de tête.

Tristan Bernard (1866-1947).

MAXIME

MAXIME. — Jamais neuve mais toujours consolante.

Gustave Flaubert, *Dictionnaire des Idées reçues* (1853).

MÉCHANCETÉ

La méchanceté voit elle-même la plus grande partie de son poison.

Sénèque le Philosophe (2-65), *Lettres à Lucilius.*

MÉCHANT. — Un homme plus à plaindre qu'à regretter.

Adrien Decourcelle, *Les Formules du docteur Grégoire* (1868).

J'aime mieux les méchants que les imbéciles, parce qu'il se reposent.

Alexandre Dumas fils (1824-1895).

D'être méchant, c'est se venger d'avance.

Paul-Jean Toulet (1867-1920), *Les Trois Impostures,* « Almanach », 205.

MÉDECIN

Il vaut mieux tomber dans les mains d'un médecin heureux que d'un médecin savant.

Bonaventure Des Périers, *Cymbalum mundi* (1538).

Le médecin guérit la maladie et tue le malade.

Francis Bacon, *Essays,* XXVII (1597).

Le grand avantage des médecins, c'est que lorsqu'ils commettent une erreur, ils l'enterrent tout de suite.

Alphonse Allais (1854-1905).

— C'est le docteur Robin qui me soigne, alors je suis tranquille, je ne mourrai qu'à la dernière minute...

Octave Mirbeau (1850-1917).

— Les gens bien portants sont des malades qui s'ignorent.

Jules Romains, *Knock ou le Triomphe de la Médecine,* I, Knock (1923).

— Attention. Ne confondons pas. Est-ce que ça vous chatouille ou est-ce que ça vous gratouille ?

Jules Romains, *ibid.,* II, I, Knock.

— La santé n'est qu'un mot, qu'il n'y aurait aucun inconvénient à rayer de notre vocabulaire. Pour ma part, je ne connais que des gens plus ou moins atteints de maladies plus ou moins nombreuses à évolution plus ou moins rapide.

Jules Romains, *ibid.,* II, III, Knock.

Mon traitement est bon, mais c'est la maladie qui laisse à désirer.

Légende d'un dessin de Forain (1852-1931).

MÉDECIN. — Celui qui vit des maladies de ceux qui en meurent.

Dictionnaire de l'Académie de l'Humour français. — Trébla (1934).

Le même médecin, en moins d'une heure, sauve celui qui allait mourir et tue celui qui allait vivre.

Jacques Deval, *Afin de vivre bel et bien* (1969).

Pour guérir la maladie, il faut être un savant, mais pour soigner le malade, mieux vaut rester un sorcier.

Jean Mistler, *Bon poids...* (1976).

Pour le médecin qui s'est trompé, on dit, selon une jolie formule, qu'*il n'a pas laissé au malade toutes ses chances de survie.*

Maurice Jeanneret.

MÉDECINE

— Il vaut mieux mourir selon les règles que de réchapper contre les règles.

Molière, *L'Amour médecin,* II, V, M. Bahys (1665).

Soyons optimistes. La médecine a découvert beaucoup plus de remèdes qu'il n'y a de maux.

Alfred Capus (1858-1922).

— On a trouvé d'autres termes beaucoup moins vagues que les anciens pour désigner les mêmes malaises. C'est un grand progrès linguistique.

Jean Anouilh, *La Valse des Toréadors,* I, Le Docteur (1952).

MÉDICAMENT

L'orviétan [1] est un remède dont beaucoup de gens se sont bien trouvés.

Molière, *L'Amour médecin,* II, VI, Sganarelle (1665).

Hâtez-vous d'en prendre pendant qu'il guérit [2].

Sénac de Meilhan (1736-1803).

REMÈDE. — Agent thérapeutique qui guérit rarement le mal qu'on a, mais donne à chaque instant un mal qu'on n'avait pas.

Georges Courteline, *La Philosophie de Georges Courteline* (1927).

1. Électuaire rapporté d'Italie par un homme d'Orvieto. Ce remède, qui eut une grande vogue à Paris, au milieu du XVIIe siècle, n'était qu'une variante inoffensive de la thériaque.
2. Il s'agit de l'écorce de l'orme pyramidal ; on la prenait en poudre, en infusion, en décoction, en élixir ; elle était souveraine pour les nerfs, le cœur, l'estomac, le ventre ; c'était une panacée.

Ce qui guérit le foie rend la rate malade.

Proverbe espagnol.

MÉDIOCRITÉ

Le médiocre est l'excellent pour les médiocres.

Joseph Joubert (1754-1824), *Maximes et Essais.*

La richesse illumine la médiocrité.

Abel Bonnard, *L'Argent* (1925).

Beaucoup de médiocres réussissent. La médiocrité rassure.

Auguste Detœuf, *Propos de O.-L. Barenton, confiseur* (1937).

— Allez, allez, en prison ! En prison pour médiocrité !

Henry de Montherlant, *La Reine morte,* I, VI, Ferrante (1942).

Il y a des présences qui font paraître le ciel toujours gris.

Marguerite Grépon, *Lotissement-Journal,* 7 (1946).

MIRABEAU. — Où est donc la force, selon vous ?
ROBESPIERRE. — Chez les médiocres, Monsieur, parce qu'ils sont le nombre.

Jean Anouilh, *Pauvre Bitos ou le Dîner de Têtes,* II (1958).

MÉDISANCE

Vous ne direz jamais autant de mal de moi que j'en penserais de vous, si je pensais à vous.

Jules Renard, *Journal,* 1er mai 1899.

Ceux qui déblatèrent derrière mon dos, mon c.. les contemple.

Erik Satie (1866-1925).

Si ceux qui disent du mal de moi savaient exactement ce que je pense d'eux, ils en diraient bien davantage.

Sacha Guitry, *Toutes réflexions faites* (1947).

MÉLANCOLIE

On disait de M..., qui se créait des chimères ridicules et qui voyait tout en noir : « Il fait des cachots en Espagne. »

Chamfort (1740-1794), *Caractères et Anecdotes.*

La mélancolie est le petit luxe des âmes pauvres.

Henry de Montherlant, *Le Démon du Bien,* II (1937).

MÉMOIRE

La mémoire est toujours aux ordres du cœur.

Rivarol (1753-1801), *Notes, Pensées et Maximes.*

MÉMOIRES (les)

Avez-vous lu des mémoires de femmes ? Avez-vous lu Mogador et Cora Pearl ? Cela pourrait s'appeler *Les Travaux et les Nuits.*

Abel Hermant, *Les Confidences d'une Biche,* I « La Solférino » (1909).

Quand on ne tient pas un journal, on oublie, mais dès qu'on en tient un, on ment.

Louis Loucheur (1872-1931). — *Propos tenu à Jean Mistler.*

MÉNOPAUSE

A partir d'un certain âge, les femmes ne trompent plus leurs maris selon les règles.

Georges Elgozy, *Le Fictionnaire* (1973).

Elle est retirée des affaires. C'est maintenant ***la Dame sans camélias.***

Propos de chansonnier.

Voir Fleurs rouges (les)

MENSONGE

On ment bien de la bouche, mais avec la gueule que l'on fait en même temps, on dit là vérité quand même.

Nietzsche, *Par-delà le Bien et le Mal* (1886).

Le mensonge adoucit les mœurs.

Georges de Porto-Riche, *Le Passé,* I, 5 (1897).

N'importe quel imbécile peut dire la vérité. Il faut des qualités pour bien mentir.

Samuel Butler (1835-1902).

Les femmes et les médecins savent seuls combien le mensonge est nécessaire aux hommes.

Anatole France (1844-1924).

Le mensonge donne des fleurs, mais pas de fruits.

Proverbe espagnol.

MENSONGE chez l'HOMME et la FEMME (le)

Je crois que les hommes sont moins menteurs que les femmes, sauf le moment où ils leur font la cour.

Comtesse Diane, *Glanes de la vie* (1898).

Les hommes sont les roturiers du mensonge. Les femmes en sont l'aristocratie.

Étienne Rey, *Éloge du Mensonge* (1925).

Il faut s'amuser à mentir aux femmes. On a l'impression qu'on se rembourse.

Sacha Guitry, *Elles et Toi* (1948).

Le mensonge ne sied qu'aux femmes.

Paul Guth, *Moi, Joséphine, impératrice,* I (1979).

MENSTRUES → FLEURS ROUGES (les)

MÉPRIS

Si un homme me tient à distance, ma satisfaction est qu'il s'y tient aussi.

Swift (1667-1745), *Thoughts on Various Subjects.*

Il ne faut dépenser le mépris qu'avec une grande économie, à cause du grand nombre de nécessiteux.

Chateaubriand (1768-1848).

Faites-moi des grimaces dans le dos, tant que vous voudrez : mon cul vous contemple.

Gustave Flaubert (1821-1880), *Carnets.*

Je vous reproche de ne pas respirer à la hauteur où je respire.

Montherlant, *La Reine morte,* I, 3, Ferrante (1942).

MER

Une telle quantité d'eau frise le ridicule !

Henri Monnier (1805-1877), *Propos de Monsieur Joseph Prudhomme.*

MERDE ! → MOT de CAMBRONNE (le)

MÈRE

Combien d'enfants ont reçu de leur mère des baisers qui n'étaient pas pour eux !

Étienne Rey, *De l'Amour* (1909).

Il y a des femmes de tout acabit ; or, la majorité des femmes sont mères ; il y a donc des mères de tout acabit.

Henry de Montherlant, *Les Lépreuses,* VIII (1936).

... A-t-on idée d'abandonner son bébé sur les marches d'une église, quand il y a tant de façons d'abandonner un enfant, même en le gardant commodément chez soi jusqu'à sa majorité.

Jean Anouilh, *Le Rendez-vous de Senlis,* I (1937).

Chacun trouve sa source
Dans les eaux de sa mère,
Et ce baptême-là,
S'il manque de chaleur,
Glace pour l'éternité.

Hervé Bazin, *Traits* (1976).

MÈRE et FILLE

Oui, je regrette souvent ma mère... mais très peu à la fois.

Mme Aubernon de Nerville (1825-1899).

Les fils croient à la vertu de leur mère. Les filles aussi, mais moins.

Anatole France, *L'Anneau d'améthyste,* XV (1899).

La mère faisait des ménages, la fille les défait !...

Georges Feydeau (1862-1921).

C'est une très honnête fille. — Comment le savez-vous ? — La mère l'affirme.

Proverbe arménien.

Putain la mère, putain la fille, et putain la couverture qui les couvre.

Proverbe espagnol.

MÈRE et FILS

— J'ai souvent pensé que c'était parce qu'il m'avait destiné à être heureux que Dieu n'avait pas jugé utile de me donner une mère.

Marcel Achard, *Noix de Coco,* I, III, Antoine (1935).

Le fils de la putain ôte sa mère de doute.

Proverbe espagnol.

MÉRITE

C'est un pesant fardeau que d'avoir un gros mérite !

Regnard, *Le Joueur,* II, VIII, Le Marquis (1696).

Le mérite se cache de peur de n'être pas reconnu.

Charles Lemesle, *Tablettes d'un sceptique,* (1833).

Le piment ne peut pas vanter sa force.

Proverbe guadeloupéen.

MÉTAPHORE

La gloire est le soleil des morts.

Balzac, *La Recherche de l'absolu*, XV (1834).

Une bombe de féminité !

Mot de Maurice Chevalier (1888-1972), sur Marlène Dietrich.

Les métaphores amoureuses recourent au thème du feu. D'abord on brûle pour quelqu'un, ensuite on déclare sa flamme, puis on est en proie aux feux du désir, et finalement on se consume de passion.

Maurice Jeanneret.

Le chameau est le vaisseau du désert.

Proverbe arabe.

MÉTAPHYSIQUE

Un métaphysicien est un homme qui, à minuit, va sans lumière dans une cave obscure à la recherche d'un chat noir qui n'y est pas.

Charles Bowen (1835-1894).

MÉTIER

Tout métier est un sacerdoce, ou bien un putanat.

Fagus, *Aphorismes* (1908).

Il n'y a pas de sot métier, c'est entendu... Mais il y a ceux qu'on laisse aux autres.

Miguel Zamacoïs, *Almanach des Lettres françaises et étrangères*, p. 87 (1924).

MÉTIER (Choix d'un)

Soyez humains : si vous avez un fils qui ne sait pas distinguer les couleurs, faites-en plutôt un critique d'art qu'un mécanicien de chemin de fer.

Remy de Gourmont, *Des pas sur le sable* (1909).

Ne te fais pas boulanger si tu as la tête en beurre.

Proverbe danois.

MÉTIER (Chacun est menteur dans son)

La sage-femme dit que l'enfant sortira plus doucement qu'il n'est entré.

Béroalde de Verville, *Le Moyen de parvenir*, II, « Chapitre » (1612).

MÉTIER (spécialisation)

Un professeur de grec est celui qui sait un peu de grec et rien d'autre.

H. L. Mencken, *Dictionary of Quotations* (1946).

METS

Toute phrase commencée doit être suspendue à l'arrivée d'une dinde aux truffes.

Horace Raisson, *Code gourmand* (1829).

Le poireau, c'est l'asperge du pauvre.

Anatole France, *L'Affaire Crainquebille*, I, 2 (1902).

MEXIQUE

Il y a trois choses supérieures au Mexique : le tabac, le café, la vérole.

Journal des Goncourt, 13 janvier 1865.

MICHET, MICHETON, MICHETONNEUSE

MICHET, MICHETON. — Homme plus ou moins âgé et qui a de l'argent.

MICHETONNEUSE. — Hétaïre occasionnelle qui n'a pas encore émergé des limbes de l'amateurisme.

Philippe Bouvard

MIEL

Le meilleur vin est au milieu et le meilleur miel au fond.

Proverbe latin.

MIEUX est l'ENNEMI du BIEN (le)

Si l'éclat des étoiles doublait l'univers serait à jamais ténébreux.

Goethe (1749-1832), *Maximes et Réflexions.*

Si vous pouviez faire moins bien, vous feriez mieux peut-être.

Eugène Lefébure à Stéphane Mallarmé, *Lettre du 15 avril 1864.*

MILIEU

Dès que les bêtes sont en nombre
L'homme d'esprit n'est plus qu'un sot.

A. P. Dutramblay, *Apologues* (1810).

MILIEU (influence du)

Gardons-nous d'abuser de la théorie des milieux : si Jeanne d'Arc est née à Domrémy, Jeanne Bécu[1] a vu le jour à Vaucouleurs, dans le même canton.

Édouard Herriot (1872-1957), *Notes et Maximes.*

Quand on vit au milieu des roses, on en prend malgré soi le parfum.

Proverbe russe.

MILIEU (juste)

Il n'y a de bonne politique que celle du juste milieu. Le difficile n'est que de savoir où il est.

Auguste Detœuf, ***Propos de O.-L. Barenton, confiseur*** (1937).

Va pas croire que le juste milieu est le milieu juste.

Catherine Bugnard (Justin Godard), ***La Plaisante Sagesse lyonnaise*** (1951).

Celui qui n'a que des vertus n'est guère meilleur que celui qui n'a que des défauts.

Proverbe suédois.

MILITAIRE

Si les militaires n'étaient pas si beaux, on verrait qu'ils sont bêtes. Ceux qui sont intelligents ne sont pas de vrais militaires.

Mérimée (1803-1870).

MOTIF DE PUNITION. — Deux jours de police au brigadier La Guillaumette pour avoir pris le soleil dans une glace et l'avoir violemment jeté à la figure de ce sous-officier. Adjudant Flick.

Georges Courteline, ***Les Gaîtés de l'escadron*** (1886).

Il y a trois sortes d'intelligence : l'intelligence humaine, l'intelligence animale et l'intelligence militaire.

Aldous Huxley, ***Point counter Point*** (1928).

Il suffit d'ajouter « militaire » à un mot pour lui faire perdre sa signification. Ainsi, la justice militaire n'est pas la justice, la musique militaire n'est pas la musique, etc.

Georges Clemenceau (1841-1929).

Quand les talons claquent, l'esprit se vide.

Aphorisme du maréchal Lyautey (1854-1934).

1. Jeanne Bécu, comtesse Du Barry, maîtresse de Louis XV

Le képi déforme la tête.

Maurice Druon, *Remarques* (1952).

La guerre justifie l'existence des militaires. En les supprimant.

Henri Jeanson (1900-1970).

MINISTRE

Il sied plus mal à un ministre de dire des sottises que d'en faire.

Cardinal de Retz (1613-1679).

Il faut tenir le pot de chambre aux ministres tant qu'ils sont en place et le leur verser sur la tête quand ils n'y sont plus.

Maréchal de Villeroi (1644-1730).

Un jacobin ministre n'est pas un ministre jacobin.

Mirabeau (1749-1791).

Les gens en place se font plus de tort par les sottises qu'ils disent que par celles qu'ils font.

Condorcet (1743-1794), *Mémoires sur le règne de Louis XVI.* — Sur l'abbé Terray, Contrôleur général des Finances.

C'étaient jadis les rois qui avaient des bouffons, aujourd'hui ce sont les peuples.

Mme de Girardin (Delphine Gay), *Lettres parisiennes,* 28 mars 1840.

Si Judas vivait, il serait ministre d'État.

Barbey d'Aurevilly, *Pensées détachées,* XLV (1889).

MIROIR

Les miroirs feraient bien de réfléchir un peu plus avant de renvoyer les images.

Jean Cocteau, *Le Sang d'un poète* (1930).

On le consulte, car il est capable de réflexion.

Définition de mot croisé, par Tristan Bernard (1866-1947).

Il n'est si bon miroir que plus belle que soi.

Proverbe chinois.

MISANTHROPIE

Le misanthrope est celui qui reproche aux hommes d'être ce qu'il est.

Louis Scutenaire, *Mes Inscriptions* (1945).

Le pays où les pierres vous connaissent vaut mieux que le pays où les gens vous connaissent.

Proverbe berbère.

MISÈRE

La misère a cela de bon qu'elle supprime la crainte des voleurs.

Alphonse Allais (1854-1905), *Le Chat noir.*

Le comble de la misère humaine, c'est le mépris des pauvres pour les pauvres.

Léon Bloy (1846-1917).

MISOGYNE

MISOGYNE. — Homme qui a trop aimé les femmes et qui ne le leur pardonne point.

Georges-Armand Masson, *L'Amour de Ah ! jusqu'à Zut !* (1960).

MODE

La mode est une forme de laideur si intolérable qu'il faut en changer tous les six mois.

Oscar Wilde (1856-1900).

Les femmes ont porté des culs postiches, ce qui démontre que la mode leur tourne la tête.

Gabriel de Lautrec (1850-1947).

N'être d'aucune mode. La mode, c'est ce qui se démode. La mode meurt jeune.

Jean Cocteau (1889-1963).

Comme on demandait à Gabrielle Coco Chanel (1883-1971) son avis sur la mode des mini-jupes qui font voir les genoux, elle répondit :
— *Montrer les cuisses, oui. Les genoux, jamais.*

Je veux bien suivre la mode, mais de loin.

Jean Fayard.

MODESTIE

De toutes les vertus, celle qui, dans le monde, m'a toujours paru réussir le moins à celui qui la pratique, c'est la modestie.

Crébillon fils (1707-1777).

Sois modeste ! C'est le genre d'orgueil qui déplaît le moins.

Jules Renard, *Journal*, 30 septembre 1895.

La modestie ? — l'art de se faire dire par les autres le bien que l'on n'ose pas dire de soi-même.

Marie Valyère, *Nuances morales*, « Vices et Vertus » (1899).

La modestie va bien aux grands hommes, c'est de n'être rien et d'être quand même modeste qui est difficile.

Alfred Capus (1858-1922).

Il faut toujours laisser les autres être modestes pour vous.

Henri Duvernois, *Jeanne*, I (1932).

MŒURS

Les mauvaises mœurs sont la seule chose que les gens prêtent sans réfléchir.

Jean Cocteau, *Le Grand Écart* (1923).

Les bonnes mœurs sont un collier de perles. (Il suffit d'une seule faute pour être perdu de réputation.)

Proverbe arménien.

MOI

En vérité, c'est aussi bien dit que si je l'avais dit moi-même.

Swift (1667-1745).

Quand je me contemple, je m'inquiète ; quand je me compare, je me rassure.

Talleyrand (1754-1838).

Le moi est haïssable... mais il s'agit de celui des autres.

Paul Valéry, *Mélange* (1943). Rappel du mot de Pascal, VII, 455.

MONDE

Il n'y a que l'inutilité du premier déluge qui empêche Dieu d'en envoyer un second.

Chamfort (1740-1794), *Caractères et Anecdotes.*

Eh bien ! on s'en souviendra de cette planète !

Barbey d'Aurevilly (1808-1889).

En apparence, tout cela n'a aucun sens, et pourtant il est impossible qu'il n'y en ait pas un.

Albert Einstein (1879-1955).

Le monde pourrait être pire et les puces plus grosses que les chiens.

Jean Mistler, *Bon poids...* (1976).

MONDE (gens du)

Le grand monde est un mauvais lieu que l'on avoue.

Chamfort (1740-1794), *Caractères et Anecdotes.*

— Qu'est-ce qu'un homme du monde ? Que représentent ces deux mots : homme et monde, qui, considérés séparément, n'offrent aucun intérêt et qui prennent tant de profondeur et de noblesse lorsqu'ils s'associent dans cette expression : un homme du monde ?

Gaston de Caillavet et Robert de Flers, *L'Habit vert,* III, I, Hubert de Latour-Latour (1912).

Une femme du monde est quelqu'un qui ne montre jamais involontairement ses dessous.

Tony Mayer, *L'Humour anglais* (1961).

Les femmes du monde ? La minute d'après, les voilà tranquilles. Une goutte d'eau sur un canard laisse plus de traces.

Félicien Marceau, *Madame Princesse* (1965).

MONOGAMIE et BIGAMIE

La bigamie, c'est avoir une femme de trop. La monogamie aussi.

John Heywodd (1497-1580).

En Angleterre, un homme, accusé de bigamie, est sauvé par son avocat qui prouve que son client est trigame.

Lichtenberg (1742-1799), *Aphorismes.*

Il y a de quoi hésiter avant de commettre le crime de bigamie ! Parce que dans la bigamie, on a deux belles-mères.

Hervé Lauwick.

MONTAGNE

La montagne exalte les âmes et les pieds.

Georges Wolfrom, *Courts-Circuits,* 165 (1960).

Une nuit près d'une laideronne et tout un jour dans la montagne, on n'en voit pas la fin.

Proverbe turc.

MORALE

La morale est comme tous les régimes : elle interdit tout ce qui est bon.

Fernand Vandérem, *Gens de qualité,* « Minimes » (1938).

Il n'est de bons moralistes que ceux qui ne s'occupent que de la morale d'autrui.

Maurice Sachs (1906-1945), *Derrière cinq barreaux.*

MORT, MOURIR

Celui qui meurt cette année en est quitte pour l'an prochain.

Shakespeare (1564-1616).

Ne demande jamais pour qui sonne le glas, il sonne pour toi.

John Donne (1573-1631), *Sermons.*

Quand on est mort, c'est pour longtemps.

Désaugiers (1772-1827), *Chansons,* Le Délire bachique — Le proverbe fait distique avec le vers suivant : *Employons donc bien nos instants.*

Le sapin dont on fait les cercueils est un arbre toujours vert.

Xavier Forneret, *Encore un an de sans titre* (1839).

Partir, c'est mourir un peu... Mais mourir, c'est partir beaucoup...

Alphonse Allais (1854-1905), *en écho au célèbre « Rondel de l'Adieu » du poète Edmond Haraucourt.*

De mourir, ça ne me fait rien. Mais ça me fait peine de quitter la vie.

Marcel Pagnol, *César,* Panisse (1935).

— Malheureusement, pour être mort, il faut mourir.

Marcel Achard, *Le Corsaire,* II, I, Kid (1938).

La mort est une formalité désagréable, mais tous les candidats sont reçus.

Paul Claudel (1866-1955), *Journal.*

Ce n'est pas vraiment que j'aie peur de mourir. Mais j'ai tellement peur de m'ennuyer quand je serai mort.

Pierre Lazareff (1907-1972).

MORT des AUTRES (la)

Dans la mort, les plus à plaindre sont ceux qui restent. Bon Demandez-leur donc de changer.

Lucien Guitry (1860-1925).

LE DUC. — Je n'en ai plus pour longtemps.
L'ABBÉ. — Nous en sommes tous là... à quelques années près, fort heureusement.

Jacques Prévert, *La Pluie et le beau Temps,* « Entrées et Sorties » (1955).

Mène tes morts au cimetière, mais ramène-les.

Jacques Deval, *Afin de vivre bel et bien* (1969).

MORT (peine de) → CHÂTIMENT (peine de mort)

MOT

En 1858, Napoléon III avait créé une commission chargée de publier la *Correspondance générale* de Napoléon Ier. A la première séance, on discuta s'il fallait inclure les lettres à Joséphine. Mérimée, qui faisait partie de la commission, dit à l'empereur qui la présidait : « ***Sire, si nous publions les lettres à Joséphine, le public constatera que votre oncle déposait des baisers sur des mots qui ne sont pas au dictionnaire.*** »

La pensée vole et les mots vont à pied.

Julien Green, *Journal,* 4 mai 1943.

Entre deux mots, il faut choisir le moindre.

Paul Claudel (1868-1955), *Journal.*

C'est un mot qui, en italien, signifie *avec* et qui a, en français, une signification très impertinente.

Gina Lollobrigida.

MOT de CAMBRONNE (le)

Zut est plus joli mais l'exclamation est moins satisfaisante à proférer.

Maurice Jeanneret.

MOT HISTORIQUE

Les mots historiques sont des mots que de grands personnages prononcèrent après leur mort.

André Prévot, *Réflexions et Dialogues* (1957).

MOTS (Jeu de) → JEU de MOTS

MOYENS (appropriation des)

Nettoyer les écuries d'Auglas avec un cure-dents.

Jules Renard, *Journal,* 3 mars 1891.

MUSIC-HALL

— Je n'ai jamais vu de visages si tristes et de derrières si gais.

Remarque de Clemenceau (1841-1929), *lorsqu'il alla pour la première fois au music-hall.*

MUSIQUE

De tous les bruits, je crois que la musique est le moins désagréable.

Samuel Johnson (1709-1784).

MUSIQUE. — Fait penser à un tas de choses.

Gustave Flaubert, *Dictionnaire des idées reçues* (1953).

La musique sert peut-être en ce qu'elle fait estimer le silence à son prix.

Edmond et Jules de Goncourt, *Journal* (1862).

La musique est le plus coûteux de tous les bruits.

Théophile Gautier (1811-1872).

Faire de la musique, c'est faire l'amour.

Étienne Rey, *Maximes morales et immorales,* 611 (1914).

Le professeur de musique venait deux fois par semaine combler l'immense fossé qui séparait Dorothy de Chopin.

George Ade (1866-1944).

MUSIQUE (Instruments de)

Que les mères les plus scrupuleuses se rassurent ! Leurs filles peuvent jouer du violon sans effleurer les convenances.

Louis Lombard, *Observation d'un musicien américain,* 118 (1905).

Le violoncelle est le seul instrument qui calme les nerfs au point qu'il endort l'exécutant.

Maurice Baquet.

MYSTIFIER

Le fait de mystifier est du domaine de l'humour comme le fait de pincer, en pleine foule, une femme en sa partie la plus charnue est du domaine de l'amour.

Léon Chancerel. — Cf. Ludovic O'Followell, *A. B. C. de L'Humour* (1958).

N

NATION (caractères nationaux)

L'Italienne est une créature qui aime, la Russe une créature qui s'aime, la Française, une créature qui plaît. L'Italienne cède à l'amour par amour, la Russe par besoin, la Française par reconnaissance.

Stanislas d'Arpentigny, *Voyage en Pologne et en Russie* (1828).

Il y a à peu près autant d'imbéciles en Angleterre qu'en France, mais un imbécile anglais est un imbécile tout court, tandis qu'un imbécile français est un imbécile qui raisonne.

George Meredith (1828-1909).

Le Français chante faux et pense juste. L'Allemand chante juste et pense faux. L'Italien ne pense pas mais il chante.

Henri de Régnier, *Pages d'album* (1936).

Le Français est un paresseux qui travaille beaucoup ; l'Anglais, un paresseux qui ne fait rien ; l'Allemand, un travailleur qui se donne du mal ; l'Américain, un travailleur qui sait s'arranger pour ne pas faire grand-chose.

Auguste Detœuf, *Propos de O.-L. Barenton, confiseur* (1937).

En Allemagne, les médiocrités s'additionnent, en France, les supériorités se neutralisent.

Paul Claudel (1868-1955), *Journal.*

L'Europe serait presque faite si les Français restaient chaque jour une heure de moins au bistrot et les Allemands une heure de plus au lit.

Jean Mistler, *Bon poids...* (1976).

Un Français dit : « Vous êtes ravissante ! » Un Anglais dit : « Vous avez l'air en bonne santé ! »

Un Français dit : « Vous ne paraissez pas plus de vingt-cinq ans ! » Un Anglais dit : « La quarantaine vous va très bien ! »

X. Y. Z.

Les Français séduisent les femmes, les Anglais les épousent, les Russes les violent, les Américains les achètent.

X. Y. Z.

L'Anglais aime d'amour, le Français fait l'amour.

Proverbe anglais.

Quelle différence y a-t-il entre une Flamande et une paire de pantoufles ? Il n'y en a pas. Dans les deux cas, on est bien dedans, mais on ne saurait sortir avec.

Proverbe wallon.

NATURE (sentiment de la)

La femme ne sait bien voir de la forêt que la feuille à l'envers.

Marc Stéphane, *Aphorismes et Boutades* (1903).

NATUREL (le)

Quand l'escargot bave, ne lui en demandez pas la raison.

Proverbe chinois.

NATURISME → NUDISME

NÉCESSAIRE et le SUPERFLU (le)

Le superflu, chose très nécessaire.

Voltaire, *Satires,* Le Mondain, 22 (1736).

Le nécessaire et le superflu ? Quand une femme fait l'amour, il n'est pas nécessaire qu'elle se mette toute nue, mais ce n'est pas superflu.

Armand Silvestre (1837-1901).

NÉGLIGENCE

On peut s'accoutumer à la laideur, à la négligence jamais.

Gabrielle-Coco Chanel (1883-1971).

NÉOLOGISME

Nous bavardinerons.

Mme de Sévigné (1626-1696).

Je défends que quelqu'un le ridicoculise.

Edmond Rostand, *Cyrano de Bergerac,* II IV, Cyrano (1897).

Trois variétés de femmes : les emmerdeuses, les emmerdantes, les emmerderesses. Cette dernière catégorie comprenant celles qui amènent l'homme à la passivité totale.

Paul Valéry (1871-1945).

Je t'amoure.

X. X. Z.

NEUF et l'ANCIEN (le) → ANCIEN et le NEUF (l')

NEZ

Jamais un grand nez n'enlaidit un visage, pas plus qu'un haut clocher ne fit honte à son village.

Réplique de François Ier (1494-1547) *à la duchesse d'Étampes (1508-1580) qui le plaisantait sur son nez oblong.*

Ce nez-là avait mieux qu'une forme : une véritable attitude...

Gilbert Cesbron, *Journal sans date,* p. 14 (1963).

Un grand nez a un grand sexe.

Proverbe latin. — Bene nasati, bene vasati.

NOBLESSE

Une demoiselle noble fait un pet qui est noble.

Béroalde de Verville, *Le Moyen de parvenir,* II, « Attestation » (1612).

Nos comtes, quand on les compte, ressemblent à des contes.

Joseph de Maistre (1753-1821).

NOCES (nuit de)

La seule première qui ne comporte pas de répétition générale.

Gérard de Rohan-Chabot, *Définissons,* « Petit Littré du lettré » (1944).

NOCES (voyage de)

Ah ! partir en voyage de noces !... Tout seul.

Jules Renard (1864-1910).

NOM

Votre nom débute comme une caresse et s'achève par un coup de cravache.

Jean Cocteau *à Marlène Dietrich.*

NONCHALANCE

Il promet de construire une maison, et au bout d'un an, il apporte un bibelot pour le salon.

Georges Feydeau (1862-1921), *sur la nature nonchalante de Tristan Bernard.*

NOSTALGIE

Un bon tiens vaut mieux que deux tu l'as eu.

Jacques Audiberti, *L'Effet glapion*, I (1959).

NOUVEAUTÉ (rien de nouveau)

Il n'y a de nouveau que ce qui est oublié.

Rose Bertin, *marchande de modes de la reine Marie-Antoinette* (1744-1813).

Ce n'est pas nouveau : c'est renouveau, tout au plus.

Jules Renard, *Journal* (1895).

NOUVELLE

Pas de mauvaises nouvelles, ce sont de bonnes nouvelles.

Swift (1667-1745).

NUANCE

Autrefois, je vous disais tout ; maintenant, je ne vous cache rien.

Beaumarchais (1732-1799), *Opuscules*.

Un fort de la halle sue, un homme comme il faut transpire, une jolie femme perle.

Armand Silvestre (1837-1901).

Une décoration sur le veston d'un brave : c'est un ruban... Sur le veston d'un bon à rien : c'est une faveur...

René Dorin, *Nuances* (1936).

Il l'aime, mais il ne l'admire pas. Elle l'admire, mais elle ne l'aime pas.

Paul Valéry (1871-1946). *Sur André Malraux et Louise de Vilmorin.*

Elle ne se divise pas, elle se partage.

Maurice Jeanneret.

NUDISME

L'homme heureux n'a pas de chemise.

Proverbe français.

NUDITÉ

L'indécent n'est pas le nu, mais le troussé.

Diderot (1713-1784).

La nudité est l'éloquence de la chair.

Daniel Darc (Mme Marie Régnier), *Petit Bréviaire du Parisien* (1883).

Le nu est un costume difficile à porter.

Jacques Charles, ***régisseur de music-hall.***

Voir Femme nue (la).

NYMPHOMANIE

NYMPHOMANIE. — Fureur utérine des autres femmes.

Georges Elgozy, ***Le Fictionnaire*** (1973).

O

OBSÉQUIOSITÉ

L'escalier de service du respect.

Adrien Decourcelle, ***Les Formules du docteur Grégoire*** (1868).

OCCASION

Circonstance favorable pour saisir une déception.

Ambrose Bierce, ***Devil's Dictionary*** (1906).

Si l'occasion se saisit aux cheveux, mieux vaut ne pas les couper en quatre.

Hervé Bazin, ***Traits*** (1976).

ODEUR

Deux odeurs naturelles : la suavité de la rose et la mofette trouduculière.

Jules Jouy (1855-1897).

Mieux vaut être à la saveur qu'à l'odeur.

Proverbe italien.

ŒUVRE

Ce n'est pas au pied du mur que l'on connaît le maçon ; c'est tout en haut.

Auguste Detœuf, ***Propos de O.-L. Barenton, confiseur*** (1937).

OFFENSE

Si vous offensez votre prochain, il vaut mieux ne pas le faire à demi.

Bernard Shaw (1856-1950).

OFFICIER et SOLDAT

Une certaine dose de stupidité est nécessaire pour faire un bon soldat.

Florence Nightingale, *Lettre* (janvier 1855).

Le métier d'officier consiste surtout à *punir* ceux qui sont au-dessous de soi et à *être puni* par ceux qui sont au-dessus.

Alphonse Allais (1854-1905).

Le matériel humain. — *Expression née à l'État-Major allemand, en 1914-1918.*

Les soldats regardent la mort en face, mais elle, elle leur ferme les yeux.

Claude Sergent, *L'Humour vert* (1964).

Un bon soldat ne doit penser qu'à trois choses : 1) au roi ; 2) à Dieu ; 3) à rien.

Proverbe allemand.

Voir Général.

OISIVETÉ

Le pénible fardeau de n'avoir rien à faire.

Boileau, *Épîtres*, II, 76 (1965).

Il y a tant de choses délicieuses à faire dans le monde, comme par exemple de ne rien faire...

Miguel Zamacoïs (1866-1955).

De temps en temps, il faut se reposer de ne rien faire.

Jean Cocteau (1891-1963).

Les oisifs sont des gens qui ne se reposent jamais.

Prince Georges Ghika. — Cité par Liane de Pougy, *Mes Cahiers bleus, 112.*

Tout le monde est tenté du diable, mais l'oisif tente le diable.

Proverbe turc.

OPINION

Rien ne contribue davantage à la sérénité de l'âme comme de n'avoir aucune opinion.

G. C. Lichtenberg, *Aphorismen* (1799).

Un homme qui a raison vingt-quatre heures avant les autres passe pour un fou pendant vingt-quatre heures.

Rivarol (1753-1801).

Il n'y a que les sots et les morts qui ne changent pas d'opinion.

James Russel Lowell, *My Study Windows* (1871).

Il pense par contagion et attrape une opinion comme un rhume.

John Ruskin (1819-1900).

On peut changer, et rester absurde.

Jules Renard, *Journal,* 11 août 1902. — *Propos allusif visant l'alexandrin de Barthélemy :* « L'homme absurde est celui qui ne change jamais. »

Quand vous hésitez entre deux opinions, choisissez celle qui a le plus petit nombre de partisans, vous avez des chances de choisir la bonne.

Jean-Bernard, *365 Pensées,* CCLXXI (1925).

Il y a trois opinions dont je tiendrai le plus grand compte : la vôtre, la mienne — et la bonne.

Frédéric de Villani, *ministre de Hongrie à Paris* (1928).

Il est parfois moins difficile d'avoir le courage de son opinion que d'avoir une opinion.

André Siegfried, *Quelques Maximes* (1946).

Toutes les opinions sont respectables. Bon. C'est vous qui le dites. Moi je dis le contraire. C'est mon opinion : respectez-la donc.

Jacques Prévert, *Spectacle,* « Intermède » (1951).

OPINION PUBLIQUE

L'opinion publique, c'est une force terrible; on ne peut pas impunément l'ignorer : quand on la délaisse, elle se venge — comme une femme jalouse.

Marcel Bleustein-Blanchet, *La Rage de convaincre,* XXVI (1974).

OPPORTUNITÉ

Il faut battre une femme quand elle chaude.

Jean Fayard.

Offrir le bon miel à la bonne bouche, au bon moment et au bon endroit.

Devise de Salvador Dali. — Cf. Fleur Cowles, *Dali, la Vie d'un grand Excentrique* (1961).

OPTIMISME et PESSIMISME

L'optimiste est celui qui croit que le mariage est moins onéreux que les fiançailles.

Auteur anonyme, *Poor Richard Junior's Almanac, 80* (1906).

Il y a des moments où tout vous réussit. Il ne faut pas s'en effrayer. Ça passe.

Jules Renard (1865-1910).

Tout est bien. Tout pourrait être mieux, mais tout pourrait être plus mal. Donc tout est bien.

Henri Duvernois, *Le Club des Canards mandarins* (1925).

L'optimiste est l'homme qui regarde vos yeux, et le pessimiste, l'homme qui regarde vos pieds.

Gilbert Keith Chesterton (1874-1936).

Je me sens très optimiste quant à l'avenir du pessimisme.

Jean Rostand, *Carnet d'un biologiste* (1959).

PESSIMISTE. — La femme qui pense qu'elle ne pourra pas garer sa voiture entre deux autres dans un espace visiblement trop étroit. Optimiste : l'homme qui pense qu'elle n'essayera pas.

Grover Whalen.

Un pessimiste, c'est un monsieur qui a travaillé pendant trois mois avec un optimiste.

André Ghanassia.

ORAISON FUNÈBRE

Éloge funèbre. La moitié de ça lui aurait suffi de son vivant.

Jules Renard, *Journal*, 16 décembre 1906.

On ne fait jamais si bien l'éloge d'un mort que lorsqu'on a pris sa place.

Jean Mistler, *Bon poids*... (1976).

Quand l'homme meurt, ses pieds s'allongent. (On le dit plus grand qu'il n'était.)

Proverbe berbère.

ORATEUR

L'orateur le plus doué est celui qui peut dire le moins de choses avec le plus de mots.

Samuel Butler (1835-1902).

Un orateur : un monsieur qui dit des choses vagues avec la dernière violence.

Maurice Donnay, *Le Cœur et la Tête* (1913).

Jamais un orateur n'a pensé en parlant.

Alain (Émile Chartier, dit), *Propos sur l'éducation* (1920).

ORDINATEUR → INFORMATIQUE

ORDRE (injonction)

Un ordre ne doit engager que celui qui le reçoit.

Adage de la discipline militaire.

ORDRE et DÉSORDRE

Dans le désordre, on se retrouve. Dès qu'une personne étrangère range notre désordre, on ne retrouve plus rien.

Jean Cocteau, *Bacchus* (1951).

ORGASME → AMOUR

ORGUEIL

Sur le plus beau trône du monde, on n'est jamais assis que sur son cul.

Montaigne, *Essais,* III (1588).

ORIGINALITÉ

L'originalité consiste à essayer de faire comme tout le monde sans y parvenir.

Raymond Radiguet (1903-1923). — Cité par Jean Cocteau, *Discours de réception à l'Académie française,* 20 octobre 1955.

ORIGINE

Épigramme

D'un fils de putain qui se disait Gentilhomme

Il se dit Gentilhomme, étant fils de putain,
Et voici le sujet où sa noblesse il fonde :
Que sa mère... tant avec tout le monde,
L'a bien pu faire noble aussitôt que vilain.

Recueil des plus excellents vers satyriques (1617).

ORPHELIN

Tout le monde ne peut pas être orphelin.

Jules Renard, *Poil de Carotte,* « Coup de théâtre » (1894).

Un orphelin qui éternue est obligé de se faire à lui-même un souhait.

Proverbe malgache.

ORTHOGRAPHE

L'orthographe est la propreté du style.

Sainte-Beuve (1804-1869), *Correspondance*. — Ou encore : L'orthographe est le commencement de la littérature.

OUBLI

Une chose dont on ne parle pas n'a jamais existé.

Oscar Wilde, *The Picture of Dorian Gray*, IX (1891).

OUTRECUIDANCE

Le papillon en se posant sur la branche craint de la briser.

Proverbe arménien.

P

PARADIS

Épitaphe

Ci-gît, dans une paix profonde,
Cette *Dame de volupté*
Qui, pour plus de sûreté,
Fit son paradis en ce monde.

Épitaphe, composée par elle-même, de la comtesse Jeanne de Luynes de Verrue (1670-1736). On lui avait donné le surnom de *Dame de volupté*.

Il ne pensait pas que l'on doive transformer ce monde en un enfer pour aller au paradis dans l'autre.

William Beckford (1759-1844).

— La vie éternelle… quand on y croit… je vous assure que c'est abominable.

François Mauriac (1885-1970).

Le Créateur a raté ce monde-ci, pourquoi aurait-il réussi l'autre ?

Paul Morand (1888-1976).

Çe qui prouve l'existence du Paradis et le bonheur parfait des Élus, c'est qu'aucun d'eux n'a jamais trouvé le temps de venir nous le décrire.

Jean Mistler, *Bon poids…* (1976).

PARADOXE

Il n'y a de réellement obscènes que les gens chastes.

J. K. Huysmans, *Certains,* p. 78 (1889).

PARAÎTRE

Paraître ce que l'on est, c'est un crime ; paraître ce que l'on n'est point, c'est un succès.

Mme de Girardin (Delphine Gay), *Lettres parisiennes,* 20 décembre 1839.

PARDON

Il nous est ordonné de pardonner à nos ennemis, mais il n'est écrit nulle part que nous ayons l'ordre de pardonner à nos amis.

Cosme de Médicis (1389-1464). — Cité par Francis Bacon, *Essays,* IV.

Il faut se pardonner beaucoup à soi-même pour s'habituer à pardonner beaucoup à autrui.

Anatole France, *Le Petit Pierre,* XXXIV (1918).

PARENTÉ

Un parent pauvre est le produit le plus ridicule de la nature.

Charles Lamb (1775-1834).

Un parent pauvre est toujours un parent éloigné.

Adolphe d'Houdetot, *Dix Épines pour une fleur* (1853).

PARENTS et ENFANTS

L'enfant a pour principal effet de rendre complètement idiots de braves parents qui, sans lui, n'eussent été que de simples imbéciles.

Georges Courteline (1860-1929).

« A ton âge, tu devrais être plus raisonnable,
Combien de fois faudra-t-il te le répéter ?
On ne met pas les coudes sur la table.
Cet enfant est insupportable !
— Ah ! Madame, pas tant que vous ! »

André Gide, *Les Nouvelles Nourritures,* III (1935).

Voir Enfants et Parents.

PARESSE

Il y a des années où l'on n'est pas en train.

Henri Murger, *Scènes de la Vie de Bohème* (1849).

Rien faire et laisser dire.

Alphonse Allais, *A se tordre* (1891).

Un paresseux est un homme qui ne fait pas semblant de travailler.

Rodolphe Salis (1852-1897).

Ce qui vaut la peine d'être fait vaut la peine qu'on demande à quelqu'un de le faire.

Ambrose Bierce (1838-1914).

Je crois que la paresse est utile à cause de l'effort qu'elle demande pour la surmonter.

Tristan Bernard (1866-1947).

J'ai tellement besoin de temps pour ne rien faire, qu'il ne m'en reste plus assez pour travailler.

Pierre Reverdy, *En vrac* (1956).

Mettre ses doigts de pied en éventail.

Maurice Jeanneret.

PARFUM

Il y a des parfums qu'on ne respire bien qu'avec la bouche.

Colette et Willy, *Claudine à Paris* (1901).

— Que mettez-vous pour dormir ? Une chemise ? Un pyjama ?
— Du n° 5 de Chanel.

Marilyn Monroe (1926-1962).

Il y a plusieurs jouissances : celle de l'argent, celle de la femme et celle du parfum de santal.

Proverbe indien — Sikh.

N'employez aucun parfum si ce n'est le charme de vos pensées.

Proverbe siamois.

Voir Fard; Femme et la coquetterie (la) (soins de beauté).

PARIS → FRANCE

PARLER

La parole a été donnée aux hommes vulgaires pour exprimer leur pensée et aux sages pour la dissimuler.

Robert Smith, *Sermon,* 30 avril 1676.

La parole est la menue monnaie du silence.

George Meredith, *The Ordeal of Richard Feverel* (1875).

En parlant, on ne change jamais l'opinion des autres, on change quelquefois la sienne.

Alfred Capus (1858-1922), *Notes et Pensées.*

Il y a des gens qui parlent, qui parlent... jusqu'à ce qu'ils aient trouvé quelque chose à dire.

Sacha Guitry (1885-1957).

Toutes les fois que j'ai trop parlé ou que j'ai trop écouté, j'ai été roulé.

Proverbe paysan français.

Si votre cœur est une rose, votre bouche dira des mots parfumés.

Proverbe russe.

Assieds-toi de travers, si tu veux; mais parle juste.

Proverbe turc.

PARLER ou SE TAIRE

Le meilleur usage que l'on puisse faire de la parole est de se taire.

Tchouang Tseu (IVe siècle av. J.-C.).

La parole est d'argent et le silence est d'or, ce qui veut dire qu'il coûte plus cher.

René Dorin.

Il y a un temps pour ne rien dire, il y a un temps pour parler, mais il n'y a pas un temps pour tout dire.

Proverbe latin médiéval.

PAROLE (bonne)

Les bonnes paroles désaltèrent plus que l'eau fraîche.

George Herbert, *Jacula prudentum* (1651).

Un mot aimable est comme un jour de printemps.

Proverbe russe.

PAROLE DONNÉE

PAROLE. — Chose qui vaut si peu qu'on la donne.

Dictionnaire de l'Académie de l'Humour français (1934).

PAROLE ENVOLÉE

On croit toujours dire des paroles en l'air. Mais quelquefois, au lieu de s'envoler, elles retombent.

Pierre Daninos, *Sonia, les Autres et Moi* (1952).

PARRAIN

Un parrain est un second père, quand par hasard il n'est pas le premier.

Mme Aubernon de Nerville (1825-1899).

PARVENU

Plus haut monte le singe, plus il montre son cul.

Chancelier Olivier (1487-1560). — Cité par Montaigne, *Essais,* II, XVII.

Un âne chargé d'or ne laisse pas de braire.

Antonio Perez, *Obras y Relacmones* (1598).

PASSÉ (le)

Les vieux péchés ont de longues ombres.

Agatha Christie, *Sad Cypress* (1926)

PASSION

Le grand avantage de la passion, c'est qu'elle nous fait passer le temps.

Tristan Bernard, *Sur les grands chemins,* p. 176 (1911).

PASSION. — Une maladie qui ne se guérit que par des rechutes.

Gérard de Rohan-Chabot, *Définissons,* « Petit Littré du lettré » (1944).

PASTICHE

Au clair de la lune,
Ma chandelle est prête ;
Ouvre-moi ton feu,
Prête-moi ta lune.

Anonyme.

PATERNITÉ

Chacun sait la tendre mère
Dont il a reçu le jour ;
Tout le reste est un mystère,
C'est le secret de l'amour.

Beaumarchais, *Le Mariage de Figaro,* V, XIX, (1784).

Quand on s'est assise sur un boisseau d'épines, on ne va pas chercher celle qui vous a piquée.

Augustine Brohan (1824-1893).

Tu te plains de ne pas être le père de ton fils ? Sais-tu seulement si tu es le fils de ton père ?

Dictionnaire de l'Amour. — Académie de l'Humour français (1938).

« — ***C'est étonnant,*** disait-on, ***comme l'enfant de Madame Une-Telle ressemble à son père ! — La mère aura eu un regard*** », répondit une mauvaise langue.

X. Y. Z.

Quand l'enfant ressemble au père, il ôte de doute sa mère.

Proverbe espagnol.

Le ventre de la femme est un jardin qui porte toutes sortes de fruits.

Proverbe espagnol.

PATIENCE

Il n'est de supportable que ce et ceux que l'on n'est pas obligé de supporter.

Pierre Reverdy, *En vrac* (1956).

La patience est mère d'un bel enfant.

Proverbe bantou.

PATRIE

Ugolin fut un père moins terrible que la mère patrie.

Natalie Clifford Barney, *Pensées d'une Amazone* (1921).

Être patriote, c'est croire que votre pays a raison parce que vous y êtes né.

Bernard Shaw (1856-1950).

Le mariage fait des cocus et le patriotisme des imbéciles.

Paul Léautaud, *Passe-Temps,* « Mots, Propos et Anecdotes » (1952).

Pourquoi aimerait-on d'un amour particulier le pays où l'on paye ses impôts ?

Bertolt Brecht (1898-1956), *Dialogues d'exilés.*

PATRON et EMPLOYÉ

Le patron n'est autre que le personnage qui est en retard quand vous êtes en avance et qui arrive avant vous si vous êtes en retard.

Charles Fourier (1772-1837).

Ne dites pas : Il ne faut pas attendre de reconnaissance d'un ouvrier. Dites : Il ne faut attendre de reconnaissance de personne.

Auguste Detœuf, *Propos de O.-L. Barenton, confiseur* (1937).

PAUVRES (les)

Quand la bourse se rétrécit, la conscience s'élargit.

Noël du Fail, *Contes et Discours d'Eutrapel,* XXXI (1585).

Il faut apprendre aux pauvres qu'ils sont nés pour être malheureux.

Ferdinand Lassalle (1825-1864).

— Qu'est-ce qu'un pauvre ? — Celui qui ne sait pas se contenter de ce qu'il n'a pas.

Eugène Marbeau. — Cf. Comtesse Diane, *Livre d'or,* 145 (1895).

Il n'y a que les pauvres qui partagent.

Léon Bloy (1846-1917).

Un des avantages de la pauvreté est qu'elle vous oblige à pratiquer la vertu.

Jerome K. Jerome (1859-1927).

PAUVRETÉ N'EST PAS VICE. — Parbleu ! Un vice est agréable.

Paul Léautaud, *Passe-Temps,* « Mots, Propos et Anecdotes » (1952).

L'argent n'a pas d'odeur. Mais la pauvreté en a une.

Paul Léautaud (1872-1956).

Au pauvre, même sa nuit de noces est courte.

Proverbe polonais.

PAYER

Combien un avocat bien payé par avance trouve-t-il plus juste la cause qu'il plaide.

Pascal, *Pensées,* section, II, n° 82 (1670).

Payer, c'est régner.

Mme de Girardin (Delphine Gay), *Lettres parisiennes,* 7 mars 1840.

Les cochons de payants.

Aristide Bruant (1851-1925).

PAYER COMPTANT

Il n'y a rien de plus éloquent que l'argent comptant.

Proverbe français.

PAYER par ANTICIPATION

Il y a deux sortes de mauvais payeurs : ceux qui ne payent jamais et ceux qui paient trop tôt.

Proverbe anglais.

PAYER (se faire)

L'apothicaire, que le clystère fasse effet ou non, réclame ses honoraires.

Le Parnasse hippocratique (1896).

Cent fois sur le métier remettez votre ouvrage à demain, si on ne vous paie pas le salaire d'aujourd'hui.

Jacques Prévert, *Spectacle,* « Intermède » (1951).

PAYSAN

J'aime les paysans, ils ne sont pas assez savants pour raisonner de travers.

Montesquieu (1689-1755) *Variétés.*

— Pour une année où il y a des pommes, il n'y a pas de pommes ; mais pour une année où il n'y a pas de pommes, il y a des pommes.

Anicet Bourgeois et Adolphe d'Ennery, *La Fille du Paysan,* II, IV (1862).

PÊCHE

Une canne à pêche est un bâton avec un crochet à un bout et un imbécile à l'autre.

Samuel Johnson (1709-1784).

Le pêcheur à la ligne a le mérite de la patience, mais croyez-vous qu'il ait le choix ?
Le vrai pêcheur en exercice ne rit jamais. Il faut convenir qu'il n'y a pas de quoi.

Miguel Zamacoïs, *La Pêche, les Pêcheurs et les Poissons* (1906).

PÉCHÉ

L'habitude du péché lui donne une jolie couleur.

Thomas Dekker, *The Honest Whore,* II, 1 (1604).

Il y a des péchés si flatteurs que, si je les confessais, j'en commettrais un autre d'orgueil !

Sophie Arnould (1744-1802) *à l'abbé de Bernis.*

Les hommes ne sont pas même parvenus à inventer un huitième péché capital.

Théophile Gautier (1811-1872), cf. Anatole France, *Le Jardin d'Épicure.*

Le péché est la seule note de couleur vive qui subsiste dans la vie moderne.

Oscar Wilde, *The Picture of Dorian Gray,* II (1891).

PÉCHÉ. — Avoué, il est à moitié pardonné ; mais caché, il est pardonné tout à fait.

Pierre Véron, *Le Carnaval du Dictionnaire* (1898).

Péché avoué est à moitié recommencé.

Charles Morellet, *Calembredaines* (1952).

A force d'exigence envers le péché, il arrive qu'on en fait quelque chose de si rare qu'il dépasse la vertu en délicatesse.

Marcel Jouhandeau, *Être inimitable,* Journaliers, VI (1960).

PÉDAGOGIE

La pédagogie ! Une des plus grosses sottises de ce temps, mais ne le disons pas trop haut, il y a tant de gens qui en vivent.

Hippolyte Taine (1828-1893).

PÉDÉRASTE → SODOMITE (AMOUR)

PÉDICURE

Mon pédicure me disait un jour : « Si Monsieur était pédicure, il ne se monterait pas la tête pour des femmes. »

Anatole France, *L'Orme du Mail,* XII (1897).

PEINTURE

Ce qui entend le plus de bêtises dans le monde est peut-être un tableau de musée.

Edmond et Jules de Goncourt, *Idées et Sensations* (1886).

— Vous savez, au fond... on n'achète pas les tableaux parce qu'on les aime, on les aime parce qu'on les achète...

Georges Feydeau, *Champagnol malgré lui,* I, 12 (1925).

Et dire qu'il y a tant de créatures ravissantes et de si beaux couchers de soleil !...

Franc-Nohain, *Guide du Bon Sens,* VIII (1932).

La peinture des natures mortes. Cela fait cher la pomme !

Maurice Jeanneret.

PENCHANT

Il est facile de mener une grenouille à la rivière.

Proverbe serbe.

PENSER

Quand un homme est enveloppé dans ses pensées, cela fait un bien petit paquet.

John Ruskin (1819-1900).

— Je suppose que vous pensez rarement. Il y a très peu de gens qui pensent plus de trois ou quatre fois par an. Moi qui vous parle, je dois ma célébrité à ce que je pense une ou deux fois par semaine.

Bernard Shaw (1856-1950) *au début d'une allocution.*

Nous sommes peu à penser trop, trop à penser peu.

Françoise Sagan, *Le Cheval évanoui,* I, II (1966).

PÈRE

Un père est un banquier donné par la nature.

Variante de l'alexandrin : Un frère est un ami donné par la nature.

Il était à court de nouvelles, celui qui racontait que son père avait été pendu.

Proverbe anglais.

PÈRE et FILS

C'est un brave garçon. Dommage qu'il ait tué son père.

Réflexion facétieuse de Napoléon Ier sur le tsar Alexandre Ier.

Mon père est un grand enfant que j'ai eu étant tout petit.

Réflexion plaisante d'Alexandre Dumas fils sur son père.

CÉSAR. — Il a fallu que j'attende l'âge de trente-deux ans pour que mon père me donne son dernier coup de pied au derrière. Voilà ce que c'était que la famille, de mon temps. Et il y avait du respect et de la tendresse.
MARIUS. — A coups de pied.

Marcel Pagnol, *Marius,* I, 3 (1929).

L'homme préfère la femme d'autrui, mais il aime mieux son propre fils.

Proverbe géorgien.

Voir Fille.

PÈRE et FILLE

MONSIEUR LEPIC. — Je n'ai encore refusé ma fille à personne, il n'y a pas de raison pour que je commence par vous.

Jules Renard, *La Bigote,* II, 4 (1909).

— Avez-vous demandé ma main à mon père ?
— Oui, je la lui ai demandée par téléphone et il m'a répondu : « Je ne sais pas qui parle, mais c'est entendu. »

Maurice Jeanneret.

Mon Dieu, ne me donnez que des enfants mâles, et faites que mes bestiaux ne produisent que des femelles.

Proverbe arabe.

PERFIDIE

La perfidie est la forme de méchanceté des délicats.

Henri de Régnier, *Donc...* (1927).

Voulez-vous nuire à quelqu'un ? N'en dites pas de mal, dites-en trop de bien.

André Siegfried, *Quelques maximes* (1943).

PÉRIPHRASE

Sans être jolie, elle paraissait l'être à quelque distance.

Mme Vigée-Lebrun (1755-1842). — *Sur la princesse de Lamballe (1749-1792).*

PERSÉVÉRANCE

PERSÉVÉRANCE. — La noblesse de l'obstination.

Adrien Decourcelle, *Les Formules du docteur Grégoire* (1878).

PETITS (les)

L'huître aussi a des chagrins d'amour.

Sheridan, *The Critic,* III (1779).

Gens très humbles qui ne vous dérangent qu'une fois dans leur vie : le jour de leur enterrement.

Gilbert Cesbron, *Journal sans date,* p. 171 (1963).

PEUPLE

On peut forcer le peuple à suivre les principes de la justice et de la raison ; on ne peut pas le forcer à les comprendre.

Confucius, *Livre des sentences,* VIII, 9 (VIe s. av. J.-C.).

Si le peuple ne donne pas le bon exemple, quelle est sa raison d'être ?

Walter Raleigh (1552-1618).

Le peuple ressemble a des bœufs, à qui il faut un aiguillon, un joug, et du foin.

Voltaire, *Correspondance,* 17 avril 1765.

Le peuple est un souverain qui ne demande qu'à manger. Sa Majesté est tranquille quand elle digère.

Rivarol (1753-1801), *Notes, Pensées et Maximes.*

Le peuple… un âne qui se cabre.

Victor Hugo (1802-1885).

Oui, le peuple ! Mais il ne faudrait jamais voir sa gueule !

Jules Renard, *Journal,* 8 juin 1904.

PEUR

PEUREUX. — Un homme qui, en présence du danger, pense avec ses jambes.

Joseph Addison (1672-1719).

PHARMACIEN

PHARMACIEN. — Un marchand d'espoir... aussi bien pour les héritiers que pour le malade.

André Prévot, *Petit Dictionnaire à l'usage des Optimistes* (1947).

PHILOSOPHE (généralités)

Il n'y a pas de philosophe qui supporte avec patience une rage de dents.

Shakespeare, *Much Ado about Nothing,* V, I, 35 (1599).

Qu'est-ce que la philosophie ? — L'art de supporter les infortunes des autres.

Comtesse Diane, *Livre d'or,* 213 (1895).

PHILOSOPHIE (science)

Des réponses incompréhensibles à des problèmes insolubles.

Thomas Adams (1612-1653).

A y regarder de plus près, toute philosophie n'est que le sens commun traduit en langage amphigourique.

Goethe (1749-1832), Maximes et Réflexions.

Disons-le hardiment, philosopher, c'est expliquer le clair par l'obscur, *clarum per obscurius.*

Jules Lagneau, *Revue philosophique,* février 1880.

Le monde est une pensée qui ne se pense pas, suspendue à une pensée qui se pense.

Jules Lachelier (1832-1918), *Psychologie et Métaphysique.*

Croire, c'est savoir qu'on croit, et savoir qu'on croit, c'est ne plus croire.

Jean-Paul Sartre, *L'Être et le Néant* (1943).

PHOTOGRAPHIE

Il y a encore moins de bons photographes que de bons peintres. Le bon photographe ne dispose que d'une seconde pour réussir.

Jean Dutourd, *Le Bonheur et autres idées* (1980).

PIED

Petit pied, grand cas.

Brantôme (1540-1614), *Les Dames galantes,* III.

Le pied qu'on veut avoir gâte celui qu'on a.

Victor Hugo (1802-1885).

PIÉTÉ

Dans chaque fidèle, il y a un prie-Dieu et une chaise.

Gilbert Cesbron, *Journal sans date*, p. 100 (1963).

PILULE (la)

La femme pilulée perd de sa fascination, les profondeurs ineffables ont perdu de leur mystère. La femme est un sourire vertical et un creux.

Maurice Jeanneret.

PIRE

Dans le mieux, il est difficile de faire mieux ; mais dans le pire, il est toujours facile de faire pire.

Curnonsky (1872-1956).

PLAGE

Tant va la cruche à l'eau qu'à la fin elle se case.

Alphonse Allais (1854-1905), *Le Mariage d'une jeune Niaise.*

PLAGE. — Un endroit où il est séant... de le montrer.

Gérard de Rohan-Chabot, *Définissons*, « Petit Littré du lettré » (1944).

PLAGIAT

Il y a de l'art à cueillir les roses.

Voltaire (1694-1778).

Son verre n'est pas grand, mais il boit dans celui des autres.

Jules Renard, *Journal*, 30 juin 1902.

PLAIDER → AVOCAT

PLAIRE

Quand on veut plaire dans le monde, il faut se résoudre à se laisser apprendre beaucoup de choses que l'on sait par des gens qui les ignorent.

Chamfort (1740-1794), *Maximes et Pensées.*

Il est impossible de plaire à tous : j'ai donc décidé de ne plaire qu'à moi seul.

Alphonse Karr (1808-1890).

Savoir plaire, c'est savoir tromper.

Étienne Rey, *Éloge du Mensonge* (1925).

PLAISANTERIE

La plaisanterie doit mordre comme une brebis, et non comme un chien.

Boccace, *Décaméron*, VI, 3 (env. 1350).

Ma façon de plaisanter est de dire la vérité. C'est la meilleure plaisanterie du monde.

Bernard Shaw, *John Bull's Other Island* (1912).

Ceux qui redoutent la blague n'ont pas confiance dans leur force. Ce sont des Hercules qui craignent les chatouilles.

Paul Valéry, *Tel Quel*, II (1943).

PLAISIR

Je n'aime pas les plaisirs innocents.

Duchesse de Longueville (1619-1679).

On a bien de la peine à avoir du plaisir.

Mme Du Deffand (1697-1780).

La vie serait supportable sans les plaisirs.

Lord Palmerston (1784-1865).

Les plaisirs sont faits pour les gens qui ne s'amusent pas...

Henri Duvernois, *Une dame heureuse* (1926).

Les plaisirs ne sont jamais vains, au moins pendant la minute où on les goûte...

Jean Anouilh, *Ornifle ou le Courant d'air, III* (1955).

Avec des feuilles de roses, on ne bâtit pas grand-chose.

Proverbe allemand.

PLAISIR et PEINE

Il n'y a pas de plaisir sans peine. Sans peine pour les autres, bien entendu.

Léon Bloy, *Exégèse des lieux communs* (1902).

PLÉBISCITE

Le plébiscite, c'est un pourboire donné au peuple pour le réduire en domesticité.

Gambetta (1838-1882).

PLÉONASME

Vierge et martyre, c'est un pléonasme.

Geoffrey Scott, *Le Portrait de Zélide* (1932).

PLÉONASME. — Une femme insatisfaite.

Jean Grenier, *Lexique* (1955).

Archétype du pléonasme : un profit honteux.

Georges Elgozy.

PLEURER

Il pleure à froides larmes.

Jules Renard, *Journal,* 22 février 1898.

Les larmes sont des perles ; on ne fait voir que les fausses.

Oscar Forel, *Aphorismes* (1957).

Certaines larmes coulent comme une source jaillit de terre ; d'autres comme déborde une citerne.

Gilbert Cesbron, *Journal sans date,* p. 138 (1963).

POÉSIE

Un poème jamais ne valut un dîner.

Berchoux, *La Gastronomie,* IV, 342 (1801).

Vos vers sont bien tournés, les rimes en sont belles ; certes les pieds y sont, mais je cherche les ailes.

Jean-François Guichard (1731-1811).

Mes poèmes pourtant demeurent sans lecteurs,
Le moindre quinquina trouve plus d'amateurs.

Tristan Derème, *La Verdure dorée* (1922).

Le luxe de la poésie écrase peu de monde.

Jean Cocteau, *Monologues de l'oiseleur* (1955).

POÈTE. — Paysagiste en états d'âme.

Dictionnaire du « Canard enchaîné » (1964).

POLICE

Cherchez la femme.

Gabriel de Sartine, *lieutenant général de police* (1774).

SARTINE, lieutenant général de police. — Il me semble, Mademoiselle, qu'une femme comme vous n'oublie pas aisément ces choses-là !
SOPHIE ARNOULD. — En effet, Monsieur, mais devant un homme comme vous, je ne suis pas une femme comme moi.

Sophie Arnould (1744-1802), *Arnouldiana.*

L'art de la police est de ne pas voir ce qu'il est inutile qu'elle voie.

Napoléon Ier, *Lettre à Fouché,* 24 mai 1800.

La police ressemble au sable où l'on s'enlise ;
plus on se débat, plus on s'enfonce.

Victor Hugo (1802-1885), ***Toute la lyre*** (1888).

Les vérités de la police sont les vérités d'aujourd'hui.

Jacques Prévert, ***Spectacle,*** « Intermède » (1951).

Il y a deux choses qui ne supportent pas la publicité : la police et l'amour.

Édouard Herriot (1872-1957), ***Notes et Maximes.***

POLITESSE

Je suis trop honnête pour être poli.

Louis Scutenaire, ***Mes Inscriptions,*** 65 (1945).

La politesse est l'art pour chacun de retarder les rides des autres.

Raymond Lindon, ***Guide du nouveau savoir-vivre, III*** (1971).

La politesse est l'art d'exalter les surfaces sans cesser d'arrondir les angles.

Hervé Bazin, ***Traits*** (1976).

Un démon poli vaut mieux qu'un saint grossier.

Proverbe libanais.

POLITIQUE (affaires publiques — régime)

Le meilleur régime politique est la monarchie absolue tempérée par l'assassinat.

Stendhal (1783-1842).

Vous avez beau ne pas vous occuper de politique, la politique s'occupe de vous tout de même.

Montalembert (1810-1870).

De toute la politique, il n'y a qu'une chose que je comprenne, c'est l'émeute.

Gustave Flaubert (1821-1880), ***Lettre à Louise Colet.***

La politique est l'art d'empêcher les gens de se mêler de ce qui les regarde.

Paul Valéry, ***Tel Quel,*** I (1943).

La politique est un chapitre de la météorologie. La météorologie est la science des courants d'air.

Édouard Herriot (1872-1957), ***Notes et Maximes.***

La politique est l'ensemble des procédés par lesquels des hommes sans prévoyance mènent des hommes sans mémoire.

Jean Mistler, ***Bon poids...*** (1976).

POLITIQUE (homme politique — politicien — député)

Les singes du peuple.

Aristophane (445-386 av. J.-C.), *Les Grenouilles.*

La conscience n'a pas plus à faire avec la galanterie qu'avec la politique.

Richard Sheridan, *La Duègne* (1775).

En politique, on n'est pas ce qu'on est ; on est ce qu'on paraît être.

Sainte-Beuve (1804-1869).

Je ne suis pas assez dépourvu de tout talent pour m'occuper de politique.

Anatole France, *Le Lys rouge,* XXVI (1894).

On dit des députés qu'ils sont « honorables » comme on dit des académiciens qu'ils sont immortels.

Jean Bernard, *365 Pensées,* CCLXXV (1925).

Qui n'a pas été député ne saurait se faire une idée du vide humain.

Léon Daudet, *Melancholia* (1930).

Si vous forcez votre voix pour obtenir le silence, vous n'aurez pas le silence et vous n'aurez plus votre voix.

Louis Barthou (1862-1934).

Un politicien est un individu dont les opinions sont opposées aux vôtres. S'il a les mêmes idées que vous, c'est un homme d'État.

Lloyd George (1863-1945).

Il s'est arrêté devant le Rubicon pour y pêcher à la ligne.

André Tardieu (1876-1945). — *Sur Aristide Briand.*

La grammaire a raison. Elle dit : un homme public, une femme publique.

Édouard Herriot (1872-1957), *Notes et Maximes.*

Quatre types d'hommes politiques :
Ceux qui pensent et agissent,
Ceux qui pensent sans agir,
Ceux qui agissent sans penser,
Et ceux qui ne pensent ni n'agissent.

Jules Moch, Avant-Propos à *La Fin de l'Impérialisme,* de John Strachey (1961).

Le plus sûr moyen d'accéder aux charges suprêmes est de donner des gages assidus de son insignifiance.

Jacques Deval, *Afin de vivre bel et bien* (1969). — Sur René Coty.

En matière politique, grimper, c'est ramper verticalement.

Georges Elgozy.

Quand quelqu'un va parler sans savoir ce qu'il va dire, il est mûr pour la politique.

Jean Rigaux.

POLITIQUE (opinion)

— Je ne partage pas ses opinions, mais comme je ne suis pas sûr qu'il les partage lui-même... Je fais de lui le plus grand cas.

Gaston de Caillavet et Robert de Flers, *L'Habit vert*, I, XII, Le Duc (1912).

Ce qui peut donner confiance dans la sincérité des opinions d'un homme, c'est de l'en voir changer.

Marguerite Grépon, *Lotissement-Journal*, 6 (1946).

POLITIQUE (parti)

Un parti est la folie de beaucoup au bénéfice de quelques-uns.

Alexander Pope (1688-1744), *Thoughts on Various Subjects*.

Dans tous les partis, plus un homme a d'esprit, moins il est de son parti.

Stendhal (1783-1842), *Vie de Napoléon*.

En politique, il vaut mieux avoir tort avec ses amis que raison avec ses adversaires.

Édouard Herriot (1872-1957), *Notes et Maximes*.

POLITIQUE (Suffrage universel) → MAJORITÉ et MINORITÉ

POLITIQUE (manière avisée d'agir)

Sous le règne de saint Louis, les nouveaux mariés ne pouvaient pénétrer dans la chambre nuptiale, la première nuit et les deux suivantes, sans en acheter la permission à leur évêque.
« C'étaient bien ces trois nuits-là qu'il fallait choisir, dit Montesquieu (1689-1755), car pour les autres, on n'aurait pas donné beaucoup d'argent. »

Il est bon de lire entre les lignes, cela fatigue moins les yeux.

Sacha Guitry (1885-1957).

La politique des yeux mi-clos.

Paul Ramadier (1888-1961).

POLTRONNERIE

N'écoutant que son courage, qui ne lui disait rien, il se garda d'intervenir.

Jules Renard (1864-1910).

Mieux vaut être couard une minute que mort tout le reste de la vie.

Proverbe gaélique.

PONCTUALITÉ

J'aime à être ponctuel... quoique cela me rende bien souvent solitaire.

Benjamin Disraeli (1804-1881).

J'adore être en avance... Jusqu'ici, c'est le seul moyen que j'aie trouvé pour allonger la vie !

Miguel Zamacoïs (1866-1955).

L'exactitude est la politesse des montres.

Jean Dutourd.

POPULARITÉ

La popularité ? C'est la gloire en gros sous.

Victor Hugo, *Ruy Blas,* III, 5 (1838).

PORNOGRAPHIE → ÉROTISME et PORNOGRAPHIE

PORTRAIT

Les femmes ne trouvent leur portrait ressemblant que lorsqu'il ressemble à ce qu'elles voudraient être.

Le peintre Jean-Gabriel Domergue (1889-1962).

PORTRAIT-EXPRESS

BATAILLE (Henri). — Rôtisseur neurasthénique de poulets faisandés.

Léon Daudet.

CLAUDEL (Paul). — Le Cervin que l'on contemple avec amour depuis sa fenêtre. On ne cause pas avec le Cervin.

François Mauriac.

COCTEAU (Jean). — Un crépitement d'étincelles, mais pas la plus petite flamme.

Pierre Brisson.

CRUSSOL (marquise de). — La sardine qui s'est crue sole. — Mlle Amieux, des conserveries de sardines, avait épousé le marquis de Crussol, fils de la duchesse d'Uzès. Elle était devenue l'égérie et la maîtresse d'Édouard Daladier. D'où l'appellation qui fit florès.

GAULLE (Général de). — Général qui fit don à la France de sa personne et de l'image de sa personne à la télévision française.

Henri Jeanson.

GRÉCO (Juliette). — Voir et entendre Juliette Gréco est un plaisir qui se suffit. Ce beau poisson maigre et noir n'a pas besoin de sauce pour passer. Gréco fournit elle-même les câpres.

François Mauriac.

GRÉGOIRE (Ménie). — Le petit Jules Verne de la quéquette.

HUGO (Victor). — Bête comme l'Himalaya.

Leconte de Lisle.

LAMARTINE. — Des îles de poésie dans un océan d'eau bénite.

Alfred de Vigny.

MALLARMÉ (Stéphane). — Intraduisible, même en français.

Jules Renard.

MAURIAC (François). — L'eau bénite qui fait pschitt.

Jean-Paul Sartre.

OTÉRO (Caroline, dite la Belle). — Le Passage des Princes. — La Vallée des Rois.

PAÏVA (la), née Thérèse Lackmann. — Qui paye y va.

RÉCAMIER (Juliette). — Fille de notaire, femme de banquier, elle distribuait des dividendes sans jamais laisser entamer son capital.

Frédéric Masson.

ROSSI (Tino). — Il a des hormones dans sa voix.

Marcel Pagnol.

SOUDAY (Paul). — Une inintelligence d'élite.

Édouard Herriot.

POSSIBLE et IMPOSSIBLE

Devant la logique, j'hésite quelquefois. Mais l'impossible m'apparaît probable, à première vue.

Alphonse Allais (1854-1905).

A l'impossible nul n'est tenu, au possible non plus.

Georges Elgozy, *Le Fictionnaire* (1973).

POSTÉRITÉ

J'entends toujours parler de la postérité. Je cherche ce que la postérité a fait pour nous.

Joseph Addison, *The Spectator*, n° 583 (1712).

La postérité n'est pas autre chose qu'un public qui succède à un autre : or, vous voyez ce que c'est que le public d'à présent.

Chamfort (1740-1794), *Caractères et Anecdotes.*

Postérité ! Pourquoi les gens seraient-ils moins bêtes demain qu'aujourd'hui ?

Jules Renard, *Journal*, 24 janvier 1906.

POUR et le CONTRE (le)

Je suis pour tout ce qui est contre et contre tout ce qui est pour.

Devise de Pierre Dac, *Les Chansonniers au paradis (1947).*

POURBOIRE

Le pourboire est un facultatif catégorique ; on a le droit de ne pas donner de pourboire ; on n'en a pas la liberté.

Auguste Detœuf, *Propos de O.-L. Barenton, confiseur* (1937).

POURBOIRE. — Si on donne, on ne vous remercie pas, ou à peine. Si on ne donne rien, on vous adresse un merci très appuyé : c'est tout bénéfice.

Maurice Chapelan, *Main courante* (1957).

POUSSIÈRE

C'est joli la poussière, c'est la poudre de riz des choses.

Natalie Clifford Barney (1876-1972).
Cité par Liane de Pougy, *Mes cahiers bleus.*

PRÉCÉDENT

Un précédent embaume un principe.

Benjamin Disraeli, *Discours à la Chambre des Communes*, 22 février 1848.

PRÉCIOSITÉ

Plus une chose est précieuse, et plus j'aime à en dénouer les ficelles. Je méprise les sots qui les coupent.

Jean Cocteau, *Potomak* (1914).

On sentait à sa fraîcheur que le jardin lui servait d'éventail.

Gabriele d'Annunzio (1863-1938), *en compliment à Mme Hubin pour sa maison de Chantilly.*

PRÉCIPITATION

Ne courez jamais après un autobus, ni après une fille ; il en viendra d'autres.

Proverbe italien.

PRÉCOCITÉ

Un sujet précoce devient un sujet de désespoir.

Henri Duvernois (1875-1937).

PRÉFÉRER

« Aimez-vous les uns les autres », a dit le Christ ; mais il n'a pas interdit les préférences.

Jacques Normand, *Pensées de toutes les couleurs* (1911).

PRÉJUGÉ

Un préjugé, c'est une vérité qu'on affirme trop. Il y a des vérités partout, mais il ne faut pas trop y croire, ni surtout y tenir.

Jules Renard, *Journal,* 25 septembre 1908.

PRÉNOM

On prend la physionomie de son prénom. Si on se prénomme Isabelle, on le devient. Aurore est un prénom où il y a de l'azur et de la lumière. Mireille est un prénom ensoleillé. Félix est de bon augure. Joseph est très éloquent. On peut se prénommer Anna, ou Lisa. Si on se prénommait Puta, on le deviendrait.

Maurice Jeanneret.

PRÉSÉANCE

La place d'honneur, c'est celle où je me trouve.

Robert de Montesquieu (1855-1921).

PRÉSENT (le)

Un bon tiens vaut mieux que deux tu l'as eu.

Jacques Audiberti, *L'Effet glapion, I* (1959)

PRÉSERVATIF

Caché sous la baudruche
Je veux, comme l'autruche,
Ne plus croire au danger.

Docteur Georges Camuset, *Les Sonnets du Docteur* (1884).

PRÉSOMPTION

Il ne faut pas poéter plus haut que le luth.

Willy (1859-1931).

Il ne faut pas péter plus haut que le cul, de peur de se brûler les ailes.

Proverbe français.

PRESSE (la) → JOURNALISME

PRÊTER

PRÊTER. — Qui donne s'appauvrit ; qui prête se ruine.

André Prévot, *Petit Dictionnaire à l'usage des Optimistes* (1947).

Prêter de l'argent fait perdre la mémoire. (A l'emprunteur.)

Proverbe français.

PRÉTÉRITION

Comment, n'ayant pas écrit de chef-d'œuvre, on entre quand même dans l'histoire littéraire : Saint-Lambert s'y trouve et y restera, parce que Mme du Châtelet trompa Voltaire avec lui et que Mme d'Houdetot le prit pour amant, de préférence à Rousseau. Je n'ose pas dire que c'est entrer dans la littérature par la petite porte.

José Cabanis, *Plaisir et Lectures,* p. 255 (1964).

Cette ordure à face de femme que je m'abstiendrai d'injurier.

Maurice Jeanneret.

PRÉTEXTE

— Les prétextes n'ont jamais besoin d'être vraisemblables. Autrement, ils seraient des raisons, non des prétextes.

André Maurois, *Aux Innocents les mains pleines,* scène II (1955).

PRÉVISION

On ne sait jamais ce qui serait arrivé si ce qui est arrivé n'était pas arrivé.

André François-Poncet, *en commentaire de la Conférence de Munich.*

PRIÈRE

La prière se résume, ordinairement, à ceci : chacun pour soi, et Dieu pour nous.

Adrien Decourcelle, *Les Formules du docteur Grégoire* (1868).

PRINCE

Tous les hommes sont des bêtes. Les princes sont des bêtes qui ne sont pas attachées.

Montesquieu (1689-1755), *Cahiers*.

Le désavantage d'être au-dessous des princes est compensé par l'avantage d'en être loin.

Chamfort (1741-1794), *Caractères et Anecdotes*.

Les princes et les belles femmes, moins ils parlent, plus ils disent.

Proverbe chinois.

PRINCIPE

Qui donc a dit : « Appuyons-nous sur les principes ; ils finiront toujours par céder ? »

Édouard Herriot (1872-1957), *Notes et Maximes*.

PRISON

L'homme accompli doit avoir passé trois ans au collège, un an à l'Université, et deux ans en prison.

Proverbe russe.

PRIVER (se)

C'est déjà bien ennuyeux de ne pas avoir d'argent, mais s'il fallait encore se priver de quelque chose...

Robert de Montesquiou (1855-1921).

Je veux bien être pauvre, mais je ne veux pas, en plus, me priver.

Tristan Bernard (1866-1947).

Il est aisé d'aller à pied quand on tient son cheval par la bride.

Proverbe français.

PRIX

Le coût fait perdre le goût.

Antoine Oudin, *Curiosités françaises* (1640).

La bonne qualité des choses offertes en réduit le prix à une insignifiante formalité.

Pierre Daninos, *Sonia, les Autres et Moi* (1952).

Ce n'est pas ce qui est beau qui est cher, mais c'est ce qui est cher qui est beau.

Proverbe yiddish.

PROCÈS

Il est avantageux de s'accommoder quand on a raison, et de plaider quand on a tort.

Voltaire, *Dictionnaire philosophique,* « Extrême » (1764).

PROFESSEUR

Ce sont les professeurs qui ont mis le désordre dans le monde.

Confucius (Ve s. av. J.-C.).

L'ennui naquit un jour de l'Université.

Variante sarcastique de l'alexandrin de Lamotte-Houdar : L'ennui naquit un jour de l'uniformité. — *C'est un mot de Mme de Chateaubriand, impatientée d'entendre Fontanes et Joubert, l'un Grand-Maître, l'autre Inspecteur général de l'Université, parler toute une soirée d'enseignement, de professeurs, de lycées, etc.*

On trouve toujours trois sortes de gens : des soldats, des putains et des professeurs.

W. Wander, *Deutsche Sprichwörter Lexicon* (1880).

Celui qui peut, agit. Celui qui ne peut pas, enseigne.

Bernard Shaw, *Bréviaire du Révolutionnaire* (1927).

Les professeurs nous sont une occasion de charité.

Montherlant, *La Ville dont le prince est un enfant,* II, I (1951).

Un professeur est quelqu'un qui parle dans le sommeil de quelqu'un d'autre.

Wystan Hugh Auden.

PROFIT

Le bon profit ne se dit pas.

Béroalde de Verville, *Le Moyen de parvenir,* « Chapitre général » (1612).

PROFITEUR

L'important n'est pas d'avoir de l'argent, mais que les autres en aient.

Sacha Guitry, *Le Scandale de Monte-Carlo,* I (1932).

PROGRÈS

Ce que nous appelons progrès est le remplacement d'un inconvénient par un autre.

Havelock Ellis (1859-1939).

PROGRÈS. — Un escalier que l'humanité redescend très vite après avoir monté lentement quelques marches.

Jean Mistler, *Bon poids...*(1976).

Le progrès me fait dresser les cheveux sur la tête, comme disait la dame électrocutée par son séchoir.

Hervé Lauwick.

PROMETTRE

Ce qu'il promet, il le tient si bien qu'il ne le lâche jamais.

Beaumarchais (1732-1799), *Opuscules.*

La promesse a des jambes ; seul le don a des mains.

Proverbe allemand.

PROPHÈTE

Il ne faut jamais faire de prophéties, surtout quand elles concernent l'avenir.

Proverbe chinois.

PROPHÈTE dans son PAYS (nul n'est)

La familiarité est exclusive de l'admiration. « M. Descartes, disaient ces bonnes gens : un grand homme ? Lui que nous avons connu tout petit. »

Paul-Jean Toulet (1867-1920), *Les Trois Impostures,* « Almanach », 121.

Le musicien du quartier n'émeut pas.

Proverbe arabe.

La perle est sans valeur dans sa propre coquille.

Proverbe indien.

PROPRETÉ

La principale propreté consistait autrefois dans les bains ; depuis l'usage du linge ils sont moins fréquents.

Abbé Jacquin, *De la Santé, ouvrage utile à tout le monde* (1762).

PROPRIÉTAIRE et LOCATAIRE

Quand on n'a pas de quoi payer son terme,
Il faut avoir une maison à soi.

Désaugiers, *Monsieur Vautour,* scène V (1805).

Tout a un terme en ce bas monde, excepté le loyer qui en a quatre !

Charles Monselet (1825-1888).

PROPRIÉTÉ

Au milieu de tant d'institutions qui tombent ou vieillissent, la propriété reste debout, assise sur la justice et forte par le droit.

L'avocat Raymond Troplong, *De la propriété* (1848).

Tant qu'on n'est pas propriétaire, on ne peut s'imaginer combien il est ignoble de porter atteinte à la propriété.

Tristan Bernard, *Le Fardeau de la liberté,* X (1897).

PROSTITUTION (fille publique)

Ce qui vient du tambour s'en retourne à la flûte.

Benserade, *Ballet des proverbes* (1652).

Celui qui n'a pas vu beaucoup de filles ne connaît pas les femmes.

Chamfort (1740-1794), *Maximes et Pensées.*

Elle a presque l'air d'une femme comme il faut, en n'étant qu'une femme comme il en faut.

Honoré de Balzac, *La Vieille Fille,* III, *in fine* (1837).

Toute fille de joie en séchant devient prude.

Victor Hugo, *Ruy Blas,* III, I, 104 (1838).

La prostitution est l'état ordinaire de la femme.

Théophile Gautier (1811-1872),
Journal des Goncourt, 22 juin 1863.

GRUE. — Trop au lit pour être honnête.

Dictionnaire de l'Amour, Académie de l'Humour français (1938).

— Quand on a été ministre ou fille publique, ne fût-ce qu'un jour, on a droit au titre toute sa vie.

République de Me César Campinchi (1882-1941) *à une dame qui, citée comme témoin devant le Tribunal correctionnel, faisait état de la récente honnêteté de ses mœurs.*

Elles gagnent leur vie à la sueur de leurs fesses.

Thyde Monnier, *Entre parenthèses* (1961).

Panier percé à la Madeleine n'est pas rateau à Piccadilly.

Aphorisme anglais.

Celle qui est à la pluie ne craint pas l'aspersion.

Proverbe arabe.

Montrer son cul pour deux liards et user pour un sou de chandelle.

Proverbe français.

Ce qui vient par le miché s'en retourne par le mec.

Variante argotique du proverbe français : Ce qui vient par la flûte s'en va par le tambour.

PROSTITUTION CLANDESTINE

Quatrain

L'amour est un dieu mercenaire,
Les dames vendent leur beauté
Et leur industrie ordinaire
Joint le gain à la volupté.

François Maynard (1582-1646), *Œuvres.*

La prostitution est l'état normal de la femme.

Théophile Gautier, *in Journal des Goncourt,* 22 juin 1863.

L'argent et l'amour sont comme ces personnes qui feignent de ne pas se connaître et qui se retrouvent sans cesse dans des rendez-vous secrets.

Abel Bonnard, *L'Argent,* IV, « L'Argent et les Femmes » (1928).

— Je suis laid.
— Je serai jolie pour deux.
— Je ne suis pas riche.
— Je serai jolie pour deux.

Marcel Achard (1899-1974), *Dictionnaire de la conversation.*

PROUVER

On prouve tout ce qu'on veut et la vraie difficulté est de savoir ce qu'on veut prouver.

Alain (Émile-Auguste Chartier), *Système des Beaux-Arts* (1920).

PROVIDENCE

La providence a mis du poil au menton des hommes pour qu'on puisse de loin les distinguer des femmes.

Épictète, *Entretiens,* I, XVI (début du IIe siècle).

Les melons sont divisés par côtes et semblent destinés à être mangés en famille.

Bernardin de Saint-Pierre, *Études de la nature* (1784).

Gustave Flaubert (*Bouvard et Pécuchet*), ajoute :... *La citrouille étant plus grosse peut être mangée avec les voisins.*

La sobriété du chameau s'accorde avec l'aridité du désert.

Émile Bayard, *Le Bon Goût* (1919).

PROVINCE

Elle avait de beaux yeux pour des yeux de province.

Gresset, *Le Méchant,* III, IX, Valère (1745).

En France, ce que pense la province importe autant que ce que pensaient mes jambes.

Henri Heine (1797-1856).

En province, la pluie devient une distraction.

Edmond et Jules de Goncourt, *Idées et Sensations* (1886).

PRUDENCE

La prudence est la mère de la porcelaine.

Proverbe allemand.

PRUDERIE → Femme prude (la)

PUBLIC (le)

Le public, le public ! Combien faut-il de sots pour faire un public ?

Chamfort (1740-1794), *Caractères et Anecdotes.*

Le public est prodigieusement tolérant : il pardonne tout, sauf le génie.

Oscar Wilde (1856-1900).

Le public veut être violé, mais comme les femmes : pas par n'importe qui.

Jean Mistler, *Bon poids...* (1976).

PUBLICITÉ

La publicité s'impose ou n'est pas. On ne réussit pas auprès de la foule par la discrétion et le marivaudage. La publicité, c'est le viol.

Auguste Detœuf, *Propos de O.-L. Barenton, confiseur* (1937).

Pourquoi ne mettrait-on pas ces mots sur un corbillard : « Il est mort parce qu'il ne buvait pas de quinquina Dubonnet » ; ou encore : « Il ne portait pas de chaussures Raoul » ?

Francis Picabia (1879-1953).

Faire du commerce sans publicité, c'est comme faire de l'œil à une femme dans l'obscurité. Vous savez ce que vous faites, mais personne d'autre ne le sait.

Stewart Henderson Britt, *New York Herald Tribune,* 30 octobre 1956.

Tout le monde est plus lourd
Qu'un léger papillon,
Tout excepté l'amour
Et le chapeau « Léon » !

Le chansonnier Dominique Bonnaud.

L'affiche : un coup de poing visuel ; la radio : un coup de poing auditif.

Marcel Bleustein-Blanchet, *La Rage de convaincre,* VIII (1974).

La publicité, vendre des courants d'air ? Ces courants d'air font tourner des moulins.

Marcel Bleustein-Blanchet, *La Nostalgie du futur,* 46 (1977).

Ne dites pas à ma mère que je suis dans la publicité... Elle me croit pianiste dans un bordel.

Jacques Séguéla.

Dieu lui-même a besoin de cloches.

Slogan lancé par la Chambre syndicale de publicité.

Nous ne vendons pas de la crème de beauté. Nous vendons de l'espoir.

Aphorisme américain.

PUCELAGE → VIRGINITÉ

PUDEUR et IMPUDEUR

L'impudeur jamais ne meurt de faim.

Ménendre, *Sentences monostiques* (IIIe siècle av. J.-C..)

La pudeur est la conspiration du silence de l'impudeur.

Bernard Shaw, *Maxims for Revolutionists* (1905).

La pudeur est une question d'éclairage.

Étienne Rey, *Maximes morales et immorales,* 457 (1914).

La pudeur est dans les yeux.

Proverbe grec.

Voir Femme et la pudeur (la) ; Homme et la pudeur (l').

PURETÉ et IMPURETÉ

La beauté d'une femme honnête semble avoir quelque chose d'incomplet. Il lui manque le mystérieux prestige de l'impureté.

Étienne Rey, *De l'Amour* (édit. de 1925).

La pureté est, comme la sainteté, un débordement de l'imagination.

Jean Giraudoux, *Pour Lucrèce,* II, I (1953).

Même le lilas blanc a une ombre.

Proverbe hongrois.

PURGATOIRE

Le plus habile des financiers est celui qui a inventé le purgatoire.

Eugène Géruzez, *Mélanges et Pensées* (1866).

PUTAIN

Prenez à toutes mains, ma fille, et vous souvienne.
Que le gain a bon goust, de quelque côté qu'il vienne.

Mathurin Régnier, *Satires, XIII*, 209-210 (1609).

S'il y avait autant d'honneur, de grâce & de commodité paisible à estre putain que d'estre femme de bien, on ne pourrait tenir les femmes.

Béroalde de Verville, *Le Moyen de parvenir,* Elégie (1612).

Il n'y a point de lignage en cul de putain.

Béroalde de Verville, *ibid.*

... elle se vend, et la nécessité
Sert alors de prétexte à sa lubricité.

Le Cabinet satyrique (1618).

Il n'est si bonne maison qui n'ait sa putain ou son pendu.

Louis Maréchal, duc de La Feuillade (1673-1725).

Aveu

Je suis putain, je le confesse,
Mais je ne veux vivre autrement :
Car souvent par un tour de fesse,
L'on devient riche en un moment.

Parnasse des poètes satyriques (1622).

Elle gagne à être connue.

Gavarni (1804-1866).

On peut tout demander à une femme, quand elle est nue, quand il fait nuit, et quand les cent drachmes sont sur le foyer.

Pierre Louÿs, *Les Chansons de Bilitis,* Indications (1894).

Quand il n'y a pas de grives, on mange des grues.

Armand Silvestre (1837-1901).

Les filles ont ceci pour elles qu'elles le sont toujours un peu plus qu'on ne pensait.

Georges Courteline, *La Philosophie de Georges Courteline* (1927).

— Quelle vie mène-t-elle ?
— Elle mène la vie du ventre.

Willy (1859-1931).

Q

QUALITÉ et DÉFAUT

Je ne sais si on se corrige de ses défauts, mais on se dégoûte de ses qualités, surtout quand on les retrouve chez les autres.

Jules Renard, *Journal,* 10 mars 1906.

Prends ton parti de mes défauts, je m'arrangerai de tes qualités !

Henri Duvernois, *Edgar* (1919).

Les grandes qualités ne dispensent pas des petites.

Georges Wolfrom, *Courts-Circuits,* 116 (1960).

Le roi a dit : « Si la reine a le nez busqué, je regarde son nombril. »

Proverbe persan.

QUERELLE

Mieux vaut arriver sur la fin d'un repas qu'au commencement d'une querelle.

John Heywood, *Proverbs in the English Tongue* (1546).

QUESTION SOCIALE (la)

L'envie qu'a chacun de chercher une position sociale différente de celle où il est né, contribue au désordre général.

Louis de La Rochefoucauld, duc de Doudeauville, *Mélanges,* « Livre de Pensées, 609 » (1861).

Les hommes sont conservateurs de ce qu'ils possèdent et communistes du bien d'autrui.

Malcolm de Chazal, *Penser par étapes,* IV (1950).

QUESTION et RÉPONSE

On faisait une question épineuse à M..., qui répondit : « Ce sont de ces choses que je sais à merveille quand on ne m'en parle pas, & que j'oublie quand on me le demande. »

Chamfort (1740-1794), *Caractères et Anecdotes.*

Les questions ne sont pas toujours indiscrètes. Mais parfois les réponses le sont.

Oscar Wilde, *An Ideal Husband,* I (1895).

Il faut résoudre les questions avant qu'elles ne soient posées : après, il est trop tard.

André Siegfried, *Quelques maximes* (1946).

Point de réponse est aussi une réponse.

Proverbe allemand.

QUEUE

QUEUE. — Appendice utile aux singes et nuisible aux hommes d'État.

Propos allusif à la mort subite d'un président de la République.

R

RACE

Les noirs sont des perles aux yeux des ladies.

Shakespeare, ***Two Gentlemen of Verone,*** V, II, 12 (1591).

RADICALISME → CAPITALISME

RADIO — TÉLÉVISION

La radio, quelle merveille ! Quand je l'arrête, quelle admirable sensation, cette profondeur du silence.

Colette (1873-1954).

La radio et la télévision fabriquent des grands hommes pour petites gens.

Gilbert Cesbron, ***Journal sans date,*** p. 133 (1963).

Les speakers le savent trop, qu'ils ne risquent ni sifflets ni pommes cuites.

Jean Mistler, ***Bon poids...*** (1976).

La télévision, c'est un type qui entre chez vous et qui s'installe.

Jacques Tati.

Le chewing-gum de l'œil.

Aphorisme américain.

RAFFINEMENT

Prenez l'aile de la perdrix et la cuisse d'une nonnain.

Rabelais, ***Gargantua,*** XXXIX (1534).

RAILLERIE

La raillerie est une insolence de bon ton.

Aristote, *Rhétorique,* II, XII, 10 (IVe s. av. J.-C.)

RAISON et TORT

Le vrai peut quelquefois n'être pas de saison,
Et c'est un très grand tort que d'avoir trop raison.

Auteur inconnu.

— Avoir raison, c'est ne pas avoir tous les torts.

Claude Vermorel, *Jeanne avec nous,* III, Bedford (1942).

RANCUNE

Il a une dent gâtée contre moi.

Jules Renard, *Journal,* 30 septembre 1897.

RANG

Si haut que l'on soit placé, on n'est jamais assis que sur son cul.

Cf. Montaigne, *Essais,* III, XIII : « ... *au plus élevé trône du monde, nous ne sommes assis que sur notre cul.*

C'est un axiome que ceux à qui tout le monde accorde la seconde place ont des titres indiscutables à la première.

Swift, *Le Conte du tonneau* (1721).

Un homme de lettres, à qui un grand seigneur faisait sentir la supériorité de son rang, lui dit : « Monsieur le Duc, je n'ignore pas ce que je dois savoir, mais je sais aussi qu'il est plus aisé d'être au-dessus de moi qu'à côté. »

Chamfort (1740-1794), *Caractères et Anecdotes.*

Ne soyons pas trop haut placés
Mais encor faut-il l'être assez.

Franc-Nohain, *Cinquante Fables,*
« Le Hérisson, les Chardons et l'Âne » (1929).

Le cul voudrait arriver avant la tête, mais la tête ne veut quand même pas.

Georges Duhamel, *Le Désert de Bièvres* (1935).

RAYONNEMENT

Vous pouvez réfléchir la lumière d'autrui, mais vous ne pouvez irradier que votre propre lumière.

Proverbe chinois.

RÉALISME

Les romanciers d'hier tenaient peu compte des salpingites.

Georges Wolfrom, *Courts-Circuits,* 210 (1960).

RÉBELLION

Le succès est la seule justification de la rébellion.

T. B. Reed, *Discours à la Chambre des représentants,* 12 avril 1878.

RÉCIPROCITÉ

Mentez pour moi et je jurerai pour vous.

Proverbe écossais.

Comme tu me joueras du tambour, je te jouerai de la flûte.

Proverbe libanais.

RÉCLAME

Les choses ne valent que ce qu'on les fait valoir.

Molière, *Les Précieuses ridicules,* IX (1659).

RÉCOMPENSE

Une récompense imméritée est la plus douce des injustices, au moins pour celui qui en est l'heureuse victime.

Marcel Pagnol, *Discours de réception à l'Académie française, 27 mars 1945.*

RÉCONCILIATION

On nous réconcilia; nous nous embrassâmes; et depuis ce temps-là, nous sommes ennemis mortels.

Lesage, *Le Diable boiteux,* III (1709).

Un homme que je sais se réconcilia avec son ennemi, quand celui-ci fut proche de mourir, pour avoir ses entrées à son lit de mort, et pouvoir jouir de son agonie.

Henry de Montherlant, *Carnets* XLII (1942).

RECONNAISSANCE

J'ai remarqué qu'il fallait remercier les hommes le moins possible, parce que la reconnaissance qu'on leur témoigne les persuade aisément qu'ils en font trop.

Benjamin Constant (1767-1830), *Journal intime.*

La reconnaissance est une vertu prospective plutôt que rétrospective.

Comtesse de Blessington, *Desultory Thoughts and Reflections* (1839).

RÉFLÉCHIR

Réfléchir ? — Ça vous avance bien, quand vous êtes bête !

Adrien Decourcelle, *Les Formules du docteur Grégoire* (1868).

— Il vaut mieux ne pas réfléchir du tout que de ne pas réfléchir assez. Vous, vous ne réfléchissez jamais assez, alors ne réfléchissez pas du tout.

Tristan Bernard, *Triplepatte,* III, VIII (1905).

Un homme tirait au sort toutes ses décisions. Il ne lui arriva pas plus de mal qu'aux autres qui réfléchissent.

Paul Valéry, *Tel Quel,* I (1941).

La plupart des gens préféreraient mourir que de réfléchir. C'est d'ailleurs ce qu'ils font.

Bertrand Russel.

REGARD

Les yeux sont les entremetteurs du péché.

Proverbe hébreu.

RÈGLE d'OR

La règle d'or, c'est qu'il n'y a pas de règles d'or.

Bernard Shaw, *Bréviaire du Révolutionnaire* (1927).

REINE

Point de diadème qui guérisse la migraine.

Proverbe allemand.

RELATIVITÉ

Il y a bien des gens qui coucheraient volontiers avec la femme d'un ami, mais refuseraient avec dégoût de fumer dans sa pipe.

Georges Courteline (1860-1929).

Un instant de tendre abandon ne diffère d'un attentat à la pudeur que par l'absence de gendarme.

René Clair. — Album de l'Exposition « Peintres témoins de leur Temps », Musée Galliéra, Paris, janvier 1964.

RELIGION

Devant que d'entrer au feu, si ce n'était assez d'une Trinité, je confesserais plutôt une Quaternité.

Jacques Tahureau, *Dialogues non moins profitables que facétieux,* II (1565).

J'eusse été près du Gange esclave des faux dieux,
Chrétienne dans Paris, musulmane en ces lieux.

Voltaire, *Zaïre,* I, I, 107-108, Zaïre (1732).

La vérité ne luit point de sa propre lumière et on peut éclairer les esprits avec la flamme des bûchers.

Turgot, ***Lettres sur la Tolérance*** (1754).

De tous les plaisirs, les jansénistes ne nous passent que celui de nous gratter.

Montesquieu (1689-1755), ***Mes pensées.***

Quel mal fais-je quand je ne crois pas faire une bonne œuvre en allant tous les huit jours entendre parler latin à un homme qui gesticule devant une table carrée, y boit un coup, se retourne pour me parler latin, me salue et s'en va ?

Le citoyen Chantreau, ***Les Documents de la raison*** (1792).

Ce n'est point parce que l'on prêche dans les églises que les paratonnerres y sont inutiles.

Lichtenberg (1742-1799), ***Aphorismes.***

Il ne reste guère en France du catholicisme que le bruit des cloches.

Eugène Pelletan (1813-1884).

Un général nommé Ferragues, rapporte Victor Hugo (1802-1885), voulant guérir une religieuse possédée du diable, lui fit donner force clystères.

Pour nous frapper d'une façon profonde,
Son audace n'admet que des coups éclatants.
C'est en sept jours, recta, qu'il a créé le monde,
Alors que pour cette œuvre il avait tout son temps.

Tristan Bernard, ***La Petite Femme de Loth,*** opéra bouffe, I, X (1900).

Voyons, si Dieu n'existait pas, comment aurait-il un fils ?

Aurélien Scholl (1833-1902).

Comme homme, le Christ est admirable. Comme Dieu, il laisse dire : « Quoi ! C'est tout ce qu'il a pu faire ? »

Jules Renard, ***Journal*** (1906).

On change plus facilement de religion que de café.

Georges Courteline, ***La Philosophie de Georges Courteline*** (1927).

Dans l'Église, il vaut mieux obéir sans croire que croire sans obéir.

Édouard Herriot (1872-1957), ***Notes et Maximes.***

Le monde créé en six jours, une coquetterie dont nous faisons les frais.

Jacques Deval, ***Afin de vivre bel et bien*** (1969).

Non seulement Jésus-Christ était fils de Dieu, mais encore il était d'excellente famille du côté de sa mère.

Mgr Louis de Quélen, archevêque de Paris (1778-1839), ***Sermons.***

REMÈDE

Presque tous les hommes meurent de leurs remèdes et non pas de leurs maladies.

Molière, ***Le Malade imaginaire,*** III, 3, Béralde (1673).

Nous nous donnons plus de maux que la médecine ne peut nous fournir de remèdes.

Jean-Jacques Rousseau (1712-1778).

REMÈDE : agent thérapeutique qui guérit rarement le mal qu'on a, mais donne à chaque instant un mal qu'on n'avait pas.

Georges Courteline, ***La Philosophie de Georges Courteline*** (1927).

REMERCIEMENT

Un grand merci ne se met pas dans la poche.

Proverbe russe.

REMORDS

Le remords des mauvaises actions qui ont bien réussi n'a jamais étouffé grand monde.

Étienne Rey, ***Maximes morales et immorales,*** 639 (1914).

Il y a des remords dont le souvenir embaume.

Montherlant, ***La Reine morte,*** III, 6, Ferrante (1938).

RENONCER

Il ne faut pas jeter le manche après s'être cogné.

Charles Morellet, ***Calembredaines*** (1952).

REPAS

Un repas est insipide, s'il n'est assaisonné d'un grain de folie.

Érasme, ***Éloge de la folie*** (1509).

On ne vieillit pas à table.

Laurent Joubert, ***Erreurs populaires et Propos vulgaires*** (1579).

Un dîner sans façon est une perfidie.

Joseph Berchoux, ***La Gastronomie,*** IV (1801).

Toutes les cérémonies, lorsqu'on est à table, sont toujours au détriment du dîner. Le grand point, c'est de manger chaud, proprement et beaucoup.

Grimod de La Reynière, *Almanach des Gourmands*, « Variétés nutritives, 219 » (1803).

On ne peut savoir si on a bien dîné que le lendemain matin.

Le docteur Véron, *qui était connu pour les fastes de sa table, Mémoires d'un bourgeois de Paris* (1854).

Ce que l'on dit à table doit être enveloppé dans la nappe.

Proverbe italien.

Voir Manger ; Boire ; Mets.

REPENTIR

REPENTIR. — Serviteur fidèle et disciple du châtiment. Il se révèle d'habitude à un stade de la conversation qui n'est pas incompatible avec la continuité du péché.

Ambrose Bierce, *Devil's Dictionary* (1906).

On ne se repent bien que des fautes que l'on n'est plus en état de commettre.

Anatole France (1844-1924).

RÉPÉTITION

La répétition est la plus forte des figures de rhétorique.

Napoléon Ier (1769-1821), *Maximes et Pensées.*

REPOS

Le changement de travail est une espèce de repos.

Gilles Ménage (1613-1692), *Ménagiana.*

Trop de repos n'a jamais fait mourir personne.

Tristan Bernard (1866-1947).

Quand on ne travaillera plus les lendemains des jours de repos, la fatigue sera vaincue.

Pierre Dac (1896-1975).

RÉPUBLIQUE

Que la République était belle sous l'Empire !

Alphonse Aulard (1849-1928). — *Le mot a été lancé en 1885, il servait de légende à un dessin de Forain.*

Il y a deux sortes de républicains : les bonapartistes (*les durs*) et les orléanistes (*les mous*).

Léon Bérard (1876-1960).

RÉPUTATION

De qui dépendent les réputations ? Presque toujours des gens qui n'en ont pas.

Prince Charles-Joseph de Ligne (1735-1814).

Quand on parle du loup, il finit par l'apprendre.

Ambrose Bierce (1838-1914).

La bonne réputation est un collier de perles. (Il peut se rompre en un instant.)

Proverbe arménien.

Là où est le musc (une bonne réputation), ***il est inutile de balancer des parfums.***

Proverbe chinois.

RÉSOLUTION

Les résolutions sont comme les anguilles ; on les prend aisément, on les tient difficilement.

Alexandre Dumas père (1803-1870).

Les bonnes résolutions sont des chèques tirés sur une banque où l'on n'a pas de compte ouvert.

Oscar Wilde, *The Picture of Dorian Gray,* VIII (1891).

RESPECT

RESPECTER. — Admirer à distance.

Georges Elgozy, *Le Fictionnaire* (1973).

RESPECT HUMAIN

RESPECT HUMAIN. — Un hommage que la vertu rend au vice.

Adrien Decourcelle, *Les Formules du docteur Grégoire* (1868).

... dans tout divertissement qui se respecte bien,
La chaleur animale se doit de céder le pas au respect humain.

Jacques Prévert, *Spectacle,* « Dans ce temps-là... » (1951).

RESTAURANT → HÔTELS et RESTAURANTS

RÉTRACTATION

Il y a des gens qui retirent volontiers ce qu'ils ont dit, comme on retire une épée du ventre de son adversaire.

Jules Renard, *Journal,* 11 décembre 1901.

RETRAITE

L'ennui naquit un jour de l'uniforme ôté...

Gilbert Cesbron, *Journal sans date,* p. 172 (1963).

La retraite est la ménopause des hommes.

X. Y. Z.

RÉUSSIR

A l'heure qu'il est, le chemin le plus sûr pour pleinement réussir : la vulve d'une vieille.

Juvénal, *Satires,* I, 39 (env. 60).

— Oui, il est arrivé, mais dans quel état !

Alfred Capus, *L'Adversaire,* I, VII (1903).

L'homme qui a réussi, c'est celui qui peut gagner plus qu'une femme ne peut dépenser. La femme qui a réussi, c'est celle qui est arrivée à trouver un tel mari.

Sacha Guitry (1885-1957).

RÊVE — RÊVERIE

La rêverie est le dimanche de la pensée.

Henri-Frédéric Amiel, *Fragments d'un journal intime,* 29 avril 1852.

Rêver, c'est dormir avec des illustrations dans le texte.

Eugenio d'Ors y Rovira (1882-1954).

RÊVE et RÉALITÉ

... L'action n'est pas la sœur du rêve.

Baudelaire, *Les Fleurs du mal,* CXVIII (1857).

Tout bonheur que la main n'atteint pas n'est qu'un rêve.

Joséphin Soulary, *Sonnets humoristiques* (1858).

Quel est le rêve qui vaut mieux que la réalité ? — Rêver qu'on est marié.

Comtesse Diane, *Livre d'or,* 85 (1895).

RÉVOLUTION

On ne fait pas les révolutions avec de l'eau de rose.

Chamfort (1741-1794). — Cité par Marmontel, *Mémoires,* XIV.

Un pur trouve toujours un plus pur qui l'épure.

Ernest Picard (1821-1877).

Les conservateurs désirent conserver les vieilles injustices et les révolutionnaires en veulent de nouvelles.

Maurice Jeanneret.

RICHES (les)

Il y a des vertus que l'on ne peut excercer que lorsqu'on est riche.

Rivarol (1735-1801), *Notes, Pensées et Maximes.*

Si l'argent ne fait pas le bonheur, rendez-le !

Jules Renard, *Journal,* 26 décembre 1905.

Un idiot pauvre est un idiot, un idiot riche est un riche.

Jean-Paul Laffitte, *Jéroboam ou la Finance sans méningite* (1920).

Que la vie serait agréable si les gens qui ont de l'argent s'en servaient comme s'en serviraient ceux qui n'en ont pas.

Roland Dorgelès, *Synthèses* (1932).

Quel dommage qu'il faille mourir soi-même ! (*Sans que l'on puisse payer quelqu'un pour se faire remplacer.*)

Mots que se mit à dire le milliardaire Édouard Lebey, *malade et sentant venir sa fin. — Cité par* Paul Léautaud (1872-1956), *Journal littéraire.*

J'avais trois cents millions à dépenser par an. Mettez-vous à ma place.

Farouk Ier, *Mémoires* (1958)

RICHES (les NOUVEAUX)

Les nouveaux riches scellent leur coffre-fort avec une hostie.

C *Comtesse de Noailles (1876-1933). Cf. Édouard Herriot, Notes et Maximes,* p. 137.

RICHES et PAUVRES

Le pauvre accepterait bien le rhumatisme du riche.

Juvénal, *Satires,* XIII, 96 (env. 120).

Les pauvres dorment mieux sur la paille que les riches sur leurs lits magnifiques.

Mme de Maintenon (1635-1719), *Lettres et Entretiens.*

La pauvreté paraît bizarre aux riches. Ils ont du mal à comprendre pourquoi ceux qui ont faim ne sonnent pas pour qu'on serve le déjeuner.

Walter Bagehot (1826-1877).

Le soleil brille pour tout le monde, mais il brille plus fort pour ceux qui ont le temps de le contempler.

Charles Péguy (1873-1914).

Les millionnaires font la chasse à l'éléphant, les pauvres la chasse aux punaises.

Aminado, *Pointes de feu* (1938).

— ... Ces malheureux devraient se réjouir de leur excellent estomac au lieu de se plaindre, quand il y a tant de millionnaires gastralgiques.

Jean Anouilh, *Léocadia*, IV, Le Prince (1939).

Les pauvres sont responsables de leur pauvreté. Mais pas les riches de leur richesse !

Jean Giraudoux, *La Folle de Chaillot*, II (1945).

Malgré ce que disent les riches, l'argent fait le bonheur des pauvres, mais malgré ce que disent les pauvres, il ne fait pas le bonheur des riches.

Jean d'Ormesson, *Arrivisme, snobisme et dandysme* (1963).

Le riche est soigné par le docteur, le pauvre est sauvé par le travail.

Proverbe polonais.

RIDE

RIDES. — Des sillons où, la plupart du temps, il n'a rien poussé.

Pierre Véron, *Carnaval du Dictionnaire* (1863).

RIDICULE

L'envers d'une sainte.

Titre d'une pièce de François de Curel (1892).

Le ridicule est comme la mauvaise haleine ; on ne le remarque que chez le voisin.

Malcolm de Chazal, *Penser par étapes*, III (1950).

RIRE

La plus perdue de toutes les journées est celle où l'on a pas ri.

Chamfort (1741-1794), *Maximes et Réflexions.*

Nous sommes ici-bas pour rire.
Nous ne le pourrons plus au purgatoire ou en enfer.
Et, au paradis, ce ne serait pas convenable.

Jules Renard, *Journal*, 25 juin 1907.

Dis-moi de quoi tu ris, je te dirai qui tu es.

Marcel Pagnol.

On n'a pas souvent l'occasion de rire et ce ne sont pas les autres qui riront pour nous !

Guy Foissy, *L'Événement* (1979).

On n'est jamais puni pour avoir fait mourir de rire.

Proverbe chinois.

RIRE et PLEURER

On peut pleurer le dimanche sans avoir ri le vendredi.

Déformation du proverbe cité par Racine, *Les Plaideurs,* I, I, 2 : *Tel qui rit vendredi dimanche pleurera.*

Qui rit vendredi, c'est toujours ça de pris.

François Cavanna.

ROI, REINE

Déplaire au roi ou avoir tort, c'est la même chose.

Bussy-Rabutin (1618-1693).

Les rois sont avec les ministres comme les cocus avec leurs femmes : ils ne savent jamais ce qui se passe.

Voltaire (1694-1778), *Le Sottisier.*

Il est plus facile de tresser une couronne que de trouver une tête digne de la porter.

Goethe (1749-1832), *Maximes et Réflexions.*

Ce qui importe, ce n'est pas ce qu'ils pensent de moi ; c'est ce que je pense d'eux.

La reine Victoria (1819-1901).

Les rois ont autre chose à faire que du pathétique personnel.

Jean Anouilh, *Antigone,* Créon (1942).

Si à midi le roi te dit qu'il fait nuit, contemple les étoiles.

Proverbe persan.

ROMAN

Quelquefois, je lis des romans. C'est ainsi que je mets mon esprit à la diète.

Le savant naturaliste Daubenton (1716-1800).

Le roman policier s'adresse aux couches les plus basses de la bêtise humaine.

Paul Claudel (1868-1955).

ROSSERIE

A une de ses amies qui venait de faire un riche mariage, Anna de Noailles glissait : « *Ne prenez donc pas l'air infatué d'une femme de ménage qui fait un extra dans une riche maison.* »

Anna de Noailles (1876-1933).

ROUGIR

Personne ne rougit dans le noir.

Benjamin Whichcote, *Moral and Religious Aphorisms* (1753).

Si je rougis parfois de ce que je fais, c'est le plaisir !

Natalie Clifford Barney, *Pensées d'une Amazone* (1921).

RUGBY

Le rugby est un jeu de voyous qui ne doit être pratiqué que par des gentlemen.

X. Y. Z.

RUSSIE

Un proverbe dit : *Grattez le Russe, vous trouverez le Cosaque.* C'est faux, il n'y a pas besoin de gratter.

Abel Hermant, *Le Cycle de lord Chelsea,* II.
Note de lord Chelsea sur le *Livre d'or* de lady Chislehurst (1923).

Impossible n'est pas français. Inviolable n'est pas russe.

Georges-Armand Masson, *L'Amour de Ah ! jusqu'à Zut !* (1960).

La Russie est un rébus enveloppé de mystère au sein d'une énigme.

Winston Churchill (1874-1965).

S

SADISME

Au moins, les sadiques ne sont pas indifférents aux souffrances qu'ils causent.

Natalie Clifford Barney, *Pensées d'une Amazone* (1921).

SAGESSE

Ce n'est pas être sage,
D'être plus sage qu'il ne faut.

Quinault, *Armide,* IV, 19-20 (1686).

— Il faut bien que sagesse se passe.

Gaston de Caillavet et Robert de Flers,
Les Sentiers de la Vertu, III, VI (1903).

D'un sage qui se dévergonde : « Il a mis beaucoup de vin dans son eau… »

Gilbert Cesbron, *Journal sans date,* p. 257 (1963).

La sagesse n'est pas un remède que l'on puisse avaler.

Proverbe nigritien.

SAINT

Les saints en bois sculpté ont plus fait dans le monde que les saints vivants.

Lichtenberg, *Aphorismes* (1799).

Saint. — Pécheur mort, revu et édité.

Ambrose Bierce, *Devil's Dictionary* (1906).

SALONS (les)

Elle sucre son thé avec des scandales.

Samuel Rogers (1763-1855).

Harems pour les hommes, haras pour les femmes.

Abel Hermant (1862-1950).

SALUER

Les hommes saluent du chapeau, les dames saluent du cul.

Béroalde de Verville, *Le Moyen de parvenir,* « Dessein » (1612).

Toutes les fois que vous voyez une duchesse, sortant d'un hôtel garni, à sept heures du matin, son corset sous le bras — ne la saluez pas — c'est plus poli.

Adrien Decourcelle, *Les Formules du docteur Grégoire* (1868).

Je salue les huissiers le premier, pour être sûr qu'ils me salueront.

Un ancien ministre.

SANTÉ

La santé, c'est l'unité qui fait valoir tous les zéros de la vie.

Fontenelle (1657-1757), *Maximes et Pensées.*

On a beau avoir une santé de fer, on finit toujours par rouiller.

Jacques Prévert.

SAPHISME → LESBIEN (amour)

SARCASME

Comment vous vouloir du mal ? N'êtes-vous pas ce que j'aurais pu vous souhaiter de pire ?

Natalie Clifford Barney, *Éparpillements* (1910).

— Que pensez-vous des femmes ?
— Heureusement qu'on les habille.

Réflexion d'un couturier.

SATIÉTÉ

A la longue, les fleurs des jardins d'Aphrodite perdent de leur fragrance.

Pindare, *Odes néméennes,* VII, 52 (ve s. av. J.-C.)

Toujours du pâté d'anguille finit par lasser.

Les Cent Nouvelles nouvelles, X (1515). *A propos de satiété sexuelle.*

SATIÉTÉ. — Le sentiment que l'on éprouve pour une assiette après avoir mangé son contenu, Madame.

Ambrose Bierce, *Devil's Dictionary* (1906).

Une maîtresse ancienne, c'est comme du chewing-gum trop longtemps mâché.

Maurice Jeanneret.

SATYRE

Telle supporte plus facilement un coup d'épée que la vue de l'arme.

Paraphrase de Sénèque, *Lettres à Lucilius,* LVII.

Lorsqu'on a une tête de satyre, on n'est affreux que pour les hommes.

Émile Pontich, *Les Cahiers d'un Individualiste* (1911).

SAVANT

Le premier degré de la folie est de se croire savant.

Fernando de Rojas (1475-1538).

Dans son puits de science, il n'avait pas d'eau fraîche.

Jules Renard, *Journal,* 21 mai 1895.

SAVOIR

Savoir que l'on sait ce que l'on sait et que l'on ne sait pas ce que l'on ne sait pas, voilà le vrai savoir.

Confucius, *Livre des sentences,* II, 17 (ve s. av. J.-C.).

Il y a trois sortes de savoirs : le savoir proprement dit, le savoir-faire, et le savoir-vivre ; les deux derniers dispensent assez bien du premier.

Talleyrand (1754-1838).

SAVOIR-FAIRE

Les fleurs ne sont jamais pour ceux qui en bousculent les pots.

Gabriel Delaunay, *L'Herbe et le Vent,* 85 (1970).

Le monde est rond : qui ne sait nager va au fond.

Proverbe français.

SCANDALE

Pourvu qu'on ne le sache, il n'importe comment,
Qui peut dire que non, ne pèche nullement.

Mathurin Régnier, *Satires,* XIII, 147-148 (1609).

Le scandale du monde est ce qui fait l'offense,
Et ce n'est pas pécher que pécher en silence.

Molière, *Tartuffe,* IV, v, 1505-1506 (1664).

Le scandale n'est jamais retombé que sur ceux qui le provoquent.

Jean Giraudoux, *Électre,* II, 5 (1937).

SCATOLOGIE

Il sent mauvais : on se demande si sa mère n'aurait pas accouché par le derrière.

Cyrano de Bergerac (1619-1655).

Oui, je penserai à vous. La prochaine fois que j'irai où le roi va à pied.

Jules Jouy (1855-1897).

Ces gens-là font de la peinture sous eux.

Jean Gérôme, *Le Journal des Artistes* (avril 1894).

SCEPTICISME

SCEPTICISME. — Le droit de légitime défense de la raison.

Pierre Véron, *Le Carnaval du Dictionnaire* (1863).

Le scepticisme est la plus facile des philosophies.

Anatole France (1844-1924), *La Vie des livres.*

SCIE

— As-tu vu la ferme ?
— Quelle ferme ?
— Ta gueule !

Alphonse Allais, *Le Sourire,* 6 avril 1901.

SCRUPULE

Les scrupules sont les obstacles que franchissent les bons coureurs.

Marguerite Crépon, *Lotissement-Journal* (1946).

Qualité rigoureusement nécessaire pour échouer en tout.

Georges Elgozy, *Le Fictionnaire* (1973).

SECRET

L'ami le plus dévoué se tait sur ce qu'il ignore.

Alfred de Musset, *Carmosine,* III, 3 (1865).

SECRET. — La chose que les gens partagent le plus volontiers.

Jean Mistler, *Bon poids...* (1976).

SECRÉTAIRE

Une secrétaire est une personne à qui l'on dicte des fautes de français et qui vous restitue des fautes d'orthographe.

Pierre de Brissac, *La Suite des temps* (1974).

SECTARISME

SECTAIRE. — Celui qui ne voit qu'une étoile dans le ciel.

André Prévot, *Petit Dictionnaire à l'usage des Optimistes* (1947).

SEIGNEUR

Il a toujours grand air, même pour dire m...

Sacha Guitry (1885-1957). — *Sur son père, Lucien Guitry.*

SEINS (les)

Votre devant, en vérité,
Sert bien votre gentil derrière.

Compliment, en forme de distique octosyllabique,
du comte de Maurepas (1701-1781)
à la duchesse de Châteauroux, maîtresse de Louis XV.

... Couler une main libre autour d'un sein neigeux.

Alexandrin d'un poète non identifié.

On est plus près du cœur quand la poitrine est plate.

Louis Bouilhet, *Œuvres poétiques* (1880).

Le sein est un pléonasme dont on ne se plaint pas.

Daniel Darc (Mme Marie Rénier), *Petit Bréviaire du Parisien* (1885).

De l'influence du physique sur le moral : la femme qui a une poitrine exorbitante est une femme arrogante.

Jules Laforgue (1860-1887), *Mélanges posthumes.*

Autant qu'en puisse contenir la main d'un honnête homme.

Charles Monselet (1825-1888).

Une femme sans poitrine, c'est un lit sans oreillers.

Anatole France, *La Rôtisserie de la Reine Pédauque,* XVII (1893).

Les satellites de la lune.

Armand Silvestre. — Préface à *Le Pantalon féminin. Un chapitre inédit de l'Histoire du Costume,* de Pierre Dufay (1906).

Les jolis petits païens !
C'est tout' la femme.

Quand on les a dans la main,
Mais oui, madame,
C'est tout' la femme
Qu'on tient !

Albert Willemetz, ***Phi-Phi,*** III, 5, chanson « ***Les petits païens*** » (1918).

Comme on connaît ses seins, on met un soutien-gorge.

Propos de chansonnier.

SENS (les)

L'esclavage des sens n'a pas été compris dans l'abolition de l'esclavage.

Franc-Nohain, ***Guide du Bon Sens,*** IV, VII « La Luxure » (1932).

Ces plaisirs qu'on nomme, à la légère, physiques...

Colette, ***Ces plaisirs...*** (1950).

SENS MORAL

Les animaux supérieurs ne sont jamais atteints de cette maladie qu'on appelle le sens moral.

Mark Twain (1835-1910).

Une fois qu'on a chassé le sens moral, ce n'est pas comme le naturel, il ne revient pas au galop.

Maurice Donnay (1859-1945).

SENSATION

Le mépris de la sensation est un parricide pour la pensée.

Nicole (Françoise Parturier), ***Les Lions sont lâchés*** (1955).

SENTENCE

Rien de plus simple : une maxime qui doit briller à la fois par la clarté, la brièveté, la moralité et la nouveauté.
Rien de plus simple, comme vous voyez !

Adrien Decourcelle, ***Les Formules du docteur Grégoire*** (1868).

SENTIMENT

Sensation digérée.

Adrien Decourcelle, ***Les Formules du docteur Grégoire*** (1868).

Ils n'ont aucun sentiment. Pas même le sentiment du sentiment.

Édouard Herriot (1872-1957) ***évoquant, en 1940-1945, Pétain et les gens de Vichy.***

SENTIMENT (premier)

Il n'y a que le cœur qui aille aussi vite que les hirondelles.

Lacordaire, *Lettre à Madame Swetchine,* 4 septembre 1835.

Méfiez-vous du premier mouvement, il est toujours généreux.

Talleyrand (1754-1838). — Cf. Stendhal, *Mémoires d'un Touriste :* Je me souviens du mot de M. de Talleyrand aux jeunes secrétaires d'ambassade : « *Méfiez-vous,* etc. »

Les premières impressions jouent dans notre vie le rôle d'ingénues.

Comtesse Diane, *Glanes de la vie,* 205 (1895).

La première impression est toujours la bonne, surtout quand elle est mauvaise.

Henri Jeanson (1900-1970).

SENTIMENTALITÉ

Camelote du cœur.

Natalie Clifford Barney, *Nouvelles Pensées d'une Amazone* (1939).

SERMENT

Les serments sont des mots, et les mots ne sont que du vent.

Samuel Butler, *Hudibras,* II, 2 (1644).

Le serment qui n'est pas à faire n'est pas à tenir.

Georges Herbert, *Jacula prudentum* (1651).

SERMENT. — Je n'ai qu'une parole. Mais je n'ai pas de mémoire.

Marcel Achard (1899-1974), *Dictionnaire de la conversation.*

SERMON

Un sermon qui dure trois heures est une erreur cléricale.

Punch, V, 153 (1843).

SERVICE

Les hommes ne s'attachent point à nous en raison des services que nous leur rendons, mais en raison de ceux qu'ils nous rendent !

Eugène Labiche, *Le Voyage de M. Perrichon,* IV, 8 (1860).

Un service vaut ce qu'il coûte.

Victor Hugo, *L'Homme qui rit,* II, I, x (1866).

Il y a des services si grands qu'on ne peut les payer que par l'ingratitude.

Alexandre Dumas père (1802-1870), *Mes Mémoires.*

Un service n'oblige que celui qui le rend.

Nestor Roqueplan (1804-1870), *Nouvelles à la main.*

SERVICE. — Ça et son parapluie, c'est ce que l'on oublie le plus facilement.

Pierre Véron, *Le Carnaval du Dictionnaire* (1890).

Les hommes ne sont pas très rares qui aiment à faire payer les services qu'on leur rend.

Georges Courteline, *La Philosophie de Georges Courteline* (1927).

SÉVÉRITÉ

Sévérité bien ordonnée commence envers soi-même.

Pierre Reverdy, *En vrac* (1956).

SEXE

La femme a toutes les parties de l'homme. La seule différence est d'une bourse pendante au-dehors ou d'une bourse pendante au-dedans.

Théophile de Bordeu, *Médecin* (1722-1776).

Au-dessous du nombril, il n'y a ni religion ni vérité.

Cité par Chamfort (1741-1794), *Maximes et Pensées,* appendice II.

Le sexe a ses raisons que la raison ne connaît pas.

Docteur Jeanne Stéphani-Cherbuliez, *Le Sexe a ses droits* (1946).

Le sexe, c'est grave. Où l'homme le met, tout le reste y passe. Ce que la femme y accueille l'emplit jusqu'aux cheveux.

René Barjavel, *Les Années de la liberté,* 24 décembre 1972.

V. Femme (le sexe de la) ; Homme (le sexe de l').

SEXES (inégalité des)

On ne reverra de cent lustres
Ce que, de notre temps, nous a fait voir Ninon,
Qui s'est mise, en dépit du con,
Au nombre des hommes illustres.

Sur Ninon de Lenclos (1620-1705). — Auteur inconnu.

Même si tu es fille de sultan, tu finiras par te trouver au-dessous d'un homme.

Carlo de Landberg, *Proverbes du peuple arabe* (1883).

La querelle des sexes s'éteindra le jour où la femme ne commencera plus de jouir à la seconde où le mâle finit[1].

Fagus, *Aphorismes* (1908).

Les femmes ne seront vraiment les égales des hommes que lorsqu'elles accepteront d'être chauves et trouveront cela distingué.

Alfred Capus (1858-1922).

Je conviendrais bien volontiers que les femmes nous sont supérieures, si cela pouvait les dissuader de se prétendre nos égales.

Sacha Guitry, *Toutes réflexions faites,* VI (1947).

L'égalité de la femme et de l'homme : il n'y a pas d'égalité absolue. L'équilibre n'est fait que d'oscillations compensées.

Paul Guth, *Saint-Naïf* (1949).

La femme est capable de tous les exercices de l'homme, sauf de faire pipi, debout, contre un mur.

Colette (1873-1954).

La femme n'est pas un être inférieur, c'est l'homme qui est un être supérieur.

Cité ironiquement par Françoise Parturier, *Chroniques* (1964).

Le sexe de l'homme, c'est un membre, le sexe de la femme, c'est un organe.

Gérard Zwang, *Le Sexe de la femme* (1974).

Voir Homme (l') ; Femme (la).

SI

Si les citadins lavaient leur linge sale en famille, les blanchisseuses feraient faillite.

Georges Elgozy, *Le Fictionnaire* (1973).

Si Schubert avait bu notre fortifiant, il aurait pu achever sa symphonie.

Maurice Jeanneret.

Si ma tante avait été un homme, elle serait mon oncle.

Proverbe anglais.

---

1. C'est un fait naturel. L'orgasme féminin est en retard pour donner libre cours à l'éjaculation masculine fécondante.

SILENCE

SILENCE. — Minimum de politesse que l'on attend des autres.

Georges Elgozy, *Le Fictionnaire* (1973).

SIMPLICITÉ

Ce n'est pas si simple que ça, d'être simple.

Pierre Reverdy, *En vrac* (1956).

Le silence est l'interprète de la joie.

Proverbe arabe.

SINCÉRITÉ

Un peu de sincérité est une dangereuse chose et beaucoup de sincérité est absolument fatal.

Oscar Wilde, *Intentions,* « The Critic as Artist », II (1891).

Ne soyez pas trop sincère,
Le cœur n'est pas l'atout.

Marcel Achard, *Voulez-vous jouer avec moâ ?* I, III,
Chanson d'Isabelle (1923).

Il est toujours dangereux d'être sincère, à moins d'être également stupide.

Bernard Shaw, *Bréviaire du Révolutionnaire* (1927).

N'ayons pas le fétichisme de la sincérité. La prostitution elle-même n'est sincère qu'au bordel.

Georges Wolfrom, *Courts-Circuits,* 97 (1960).

SINÉCURE

SINÉCURE. — Comme qui dirait une femme dont vous auriez la dot sans être forcé de...

Pierre Véron, *Carnaval du Dictionnaire* (1863).

SINGE

Je ne saurais regarder longtemps un singe sans me sentir profondément humilié.

William Congreve (1670-1729).

Le singe imite l'homme : c'est pour cela que l'on dit qu'il fait des grimaces.

Émile Pontich, *Les Cahiers d'un Individualiste* (1911).

SLOGAN

Vous mourez, nous nous occupons du reste.

You die, we do the rest. — Slogan publicitaire
de l'industrie funéraire, aux États-Unis.

Dites-le avec des fleurs.

Henri Bernstein (1876-1953).

Pour parler franchement, votre argent m'intéresse.

Slogan publicitaire de la *Banque Nationale de Paris* (1962).

SNOBISME

Le vrai snob est celui qui craint d'avouer qu'il s'ennuie quand il s'ennuie ; et qu'il s'amuse, quand il s'amuse.

Paul Valéry, *Mélanges,* « Instants » (1941).

SNOB. — Homme qui envoie son chien apprendre à aboyer à Londres.

Philippe Jullian, *Dictionnaire du snobisme* (1958).

SOBRIÉTÉ

SOBRE. — Homme qui manque d'estomac.

Dictionnaire de l'Académie de l'Humour français. Jules Lévy (1934).

SOCIALISME → CAPITALISME — SOCIALISME

SOCIÉTÉ

La société serait une chose charmante si on s'intéressait les uns aux autres.

Chamfort (1740-1794), *Caractères et Anecdotes.*

SODOME et GOMORRHE

Sodome, c'est une maladie ; Gomorrhe, c'est une tendance, ou une prédilection.

Jean Lorrain (1855-1906).

Gomorrhe est la chétive contrefaçon de Sodome.

Colette, *Le Pur et l'Impur* (1932).

Lui vouait à Corydon le culte qu'elle consacrait à Bilitis.

Gabriel de Lautrec (1850-1947).

Il aime plus son prochain que ses prochaines. Elle aime plus ses prochaines que son prochain.

Pierre Dac (1896-1975).

Voir Lesbien (amour) ; Sodomite (amour).

SODOMITE (AMOUR)

Zeus ayant façonné l'homme oublia d'y mettre la pudeur. Aussi ne sachant par où l'introduire, il lui ordonna d'entrer par le fondement. Elle regimba tout d'abord contre cet ordre qui l'indignait. Puis elle dit : « Si Eros entre par là, moi, j'en sortirai aussitôt. »

Fables d'Esope (Antiquité grecque).

Avec un mignon, pas de querelles nocturnes ; il ne se plaint pas que tu ménages tes forces et que tu ne lui fais pas perdre le souffle à son invite.

Juvénal, *Satires*, VI, 35-37 (env. 120).

César, maître de Rome, et Nicomède, roi de Bithynie, se donnaient les preuves de la plus vive amitié. Et le Sénat romain avait surnommé César « la reine de Bithynie ».

Suétone (70-141), *Vies des douze Césars.*

La toute dernière définition du ***pédéraste*** : c'est un homme qui s'amuse là où les autres s'emmerdent.

Les Goncourt, *Journal* (10 février 1886).

Lorsqu'on interrogeait Oscar Wilde sur ses relations avec les hommes et les femmes :
— ***Mais est-ce que vous n'allez jamais avec les femmes ?***
Il répondait :
— ***Si, par vice !***

Oscar Wilde (1856-1900)

Un homme derrière lequel il se passe quelque chose.

Sur Jean Lorrain (1855-1906).

Judicieuse observation d'un homosexuel : — Certes, je suis bien capable de donner du plaisir à une femme, c'est de le partager tout à fait que je ne puis répondre.

Marcel Jouhandeau, *Ces Messieurs* (1951).

Ces pédérastes, quelle race étonnante ! Elle augmente sans cesse, alors qu'ils ne se reproduisent jamais !

Yves Mirande (1875-1957).

On demandait à un couturier réputé pédéraste :
— ***Que pensez-vous des femmes ?***
Il répondit :
— ***Heureusement qu'on les habille !***

X. Y. Z.

Un garçon qui est à la fois Rodrigue et Chimène.

X. Y. Z.

Voir Sodome et Gomorrhe.

SŒUR

Ruiné, tu peux aller chez ton ami, mais non chez ta sœur.

Proverbe indien.

SOI

L'amour de soi-même est une idylle qui ne finit jamais.

Oscar Wilde (1856-1900).

Je ne connais qu'un cas d'amour total : c'est celui qu'on a pour soi-même.

Mark Twain (1835-1910).

On ne se méfie jamais assez de soi-même.

Georges Bernanos (1888-1948).

On n'est jamais si bien *asservi* que par soi-même.

Gilbert Cesbron, *Journal sans date* p. 57 (1963).

SOI (connaissance de)

Il y a des miroirs pour le visage, il n'y en a pas pour l'esprit.

Baltasar Gracian, *Oraculo manual,* 69 (1647).

SOI (sacrifice de)

Le sacrifice de soi est une chose qui devrait être condamnée par les lois. Cela démoralise les gens pour lesquels on se sacrifie.

Oscar Wilde (1856-1900).

SOLDAT → OFFICIER et SOLDAT

SOLEIL

Le soleil : l'or des pauvres.

Natalie Clifford Barney, *Éparpillements* (1910)

Le soleil luit pour tout le monde... Davantage tout de même pour ceux qui habitent en plein midi.

Jacques Normand, *Nouvelles Pensées de toutes les couleurs* (1928).

SOLIDARITÉ

Chacun pour tous et Dieu pour soi.

Auguste Detœuf, *Propos de O.-L. Barenton, confiseur* (1937).

SOLITUDE

L'homme aime être seul pour être seul et la femme pour être seule avec quelqu'un.

Maurice Dekobra.

SOLLICITEUR

Un solliciteur est un philosophe qui a pour devise : « Aide-moi, le Ciel m'aidera ! »

Adrien Decourcelle, ***Les Formules du docteur Grégoire*** (1868).

SOMMEIL → DORMIR

SOT, SOTTISE

Les sots sont ici-bas pour nos menus plaisirs.

Gresser, ***Le Méchant,*** II (1747).

Un tel est un sot, c'est moi qui le dis, c'est lui qui le prouve.

Duclos (1804-1772).

Ah ! que n'est-il des miroirs pour l'esprit !

Lebrun-Pindare (1729-1807), ***Épigrammes.***

Le sot a un grand avantage sur l'homme d'esprit : il est toujours content de lui-même.

Napoléon Ier (1769-1821), ***Maximes et Pensées.***

L'ennui qu'inspire un sot ne le quitte jamais.

Baour-Lormian (1770-1854).

Quatre sortes de personnes dans le monde : les amoureux, les ambitieux, les observateurs et les imbéciles. Les plus heureux sont les imbéciles.

Hippolyte Taine, ***Vie et Opinions de Thomas Graindorge,*** V (1867).

Il a toujours le petit mot pour faire rire de lui.

Jules Renard, ***Journal,*** 1er novembre 1889.

La bêtise humaine est la seule chose qui donne une idée de l'infini.

Ernest Renan (1823-1892).

J'aime mieux les méchants que les imbéciles, parce qu'ils se reposent.

Alexandre Dumas fils (1824-1895).

Quelle différence entre la bêtise et la sottise ? — La bêtise ne comprend pas, la sottise comprend de travers.

Comtesse Diane, ***Livre d'or,*** 34 (1895).

L'esprit est tout le contraire de l'argent : moins on en a, plus on est satisfait.

Paul Masson (Lemice-Terrieux), ***La Plume*** (1896).

On ne peut pas être et avoir été.
Vous vous trompez, et la preuve, c'est qu'on peut avoir été un imbécile et l'être encore.

Léon Bloy, *Exégèse des lieux communs*, XI (1902).

— Heureux les simples d'esprit. Ils ont le royaume des cieux. Et ça n'est rien ! Ils ont les femmes !

Gaston de Caillavet et Robert de Flers,
Miquette et sa mère, III, XII (1906).

Un imbécile ne s'ennuie jamais : il se contemple.

Remy de Gourmont, *Promenades philosophiques*, III (1909).

Le génie peut avoir des limites mais la stupidité est sans bornes.

Elbert Hubbard (1856-1915).

Il deviendrait subitement idiot qu'on ne s'en apercevrait pas.

Robert de Montesquiou (1855-1921).

Passer pour un idiot aux yeux d'un imbécile est une volupté de fin gourmet.

Georges Courteline, *La Philosophie de Georges Courteline* (1927).

Heureux le pauvre « en esprit » ! Ce qui est beau, ce n'est pas d'être privé, ni même de se priver, c'est de ne pas sentir la privation.

Henri Bergson, *Les Deux Sources de la morale et de la religion*, I (1932)

Trois éléments sont difficiles à dompter : les océans, les femmes et les imbéciles.

Proverbe espagnol.

La mère des idiots est toujours enceinte.

Proverbe français.

Voir Bêtise.

SOUPLESSE

Qualité pour les reins ; mais défaut, pour l'échine.

Adrien Decourcelle, *Les Formules du docteur Grégoire* (1868).

SOURIRE

Certaines femmes ont le sourire stéréotypé. Elles ne l'enlèvent que pour dormir.

Jacques Deval.

Si tu n'as rien à offrir, alors offre ton sourire.

Proverbe chinois.

Un sourire raccourcit les distances.

Proverbe français.

Un homme souriant ressemble à une pistache ouverte.

Proverbe turkestan.

SOUTENEUR

— Pour trouver une bonne place de souteneur, c'est aussi difficile que d'entrer au Conseil d'État.

Tristan Bernard, *Le Fardeau de la Liberté,* III (1897).

Souteneur :
— Un qui gagne à tous les coups.
— Celui qui transforme l'écarté en réussite.
— Écumeur de bidet.

Ludovic O'Followell, *A. B. C. de l'Humour* (1958).

SOUVENIR

Ma foi, s'il m'en souvient, il ne m'en souvient guère.

Thomas Corneille, *Le Geôlier de soi-même,* II, VI, Jodelet (1655).

On n'invente qu'avec le souvenir.

Alphonse Karr, *Les Guêpes* (avril 1841).

Les souvenirs et les nuages changent vite de forme.

Jacques Deval, *Afin de vivre bel et bien* (1969).

Les souvenirs, comme les confitures,
Laissent remonter leur sucre.

Hervé Bazin, *Traits* (1976).

SPORT

L'homme qui ne sait pas courir, sauter, nager, c'est comme une automobile dont on n'aurait jamais employé que la première vitesse.

Jean Giraudoux, *Le Sport* (1928).

A un journaliste qui s'étonnait de ne le voir pratiquer aucun sport, Tristan Bernard (1866-1947) répondait :
— ***Mon cher, j'en suis dispensé à titre d'apôtre.***

On fait du sport pour bien se porter.

Claude Sergent, *L'Humour vert* (1964).

SPORT PROFESSIONNEL

L'amateur aime tellement le sport qu'il veut en vivre.

Robert Dieudonné, *Le Manuel du parfait Sportif,* « Aphorismes » (1924).

Le professionnel est une fille publique qui doit vivre chaste.

Jean Giraudoux, *Le Sport* (1928)

STAR

Dans les milieux de luxe et de plaisir, la femme est plus excitée qu'amoureuse : un four qui chauffe toujours et où rien ne cuit.

Étienne Rey, *De l'Amour* (1925).

La carrière d'une star commence au moment où elle ne peut pas entrer dans son chemisier et finit au moment où elle ne peut plus entrer dans sa jupe.

Orson Welles.

STATISTIQUE

Il y a trois sortes de mensonges : les simples mensonges, les sacrés mensonges et les statistiques.

Mark Twain (1835-1910), *Autobiography*, I, 246.

La statistique : une personne complaisante qui ne refuse rien de ce qu'on lui demande habilement.

Édouard Herriot (1872-1957), *Notes et Maximes*.

Les statistiques sont comme les bikinis : elles révèlent ce qui est suggestif et cachent ce qui est vital.

Samuel B. Taylor.

STÉRILITÉ

Une épouse stérile rend un ami agréable et précieux.

Juvénal, *Satires*, V, 140 (env. 120).

STYLE

La platitude du style vient de l'âme.

Edmond et Jules de Goncourt, *Idées et sensations* (1886).

Caressez longuement votre phrase et elle finira par sourire.

Anatole France (1844-1924).

Parmi les styles clairs, il y en a qui ont la saveur de l'eau de roche, mais d'autres la fadeur de l'eau filtrée.

Fernand Vandérem, *Gens de qualité*, « Minimes » (1938).

On croit que le style est une manière compliquée de dire des choses simples, alors que c'est une manière simple de dire des choses compliquées.

Jean Cocteau (1891-1963).

SUBJONCTIF

... Un soir, entre autres, Mme Aubernon[1] nous avait soumis ce problème, vraisemblablement inspiré du sonnet d'Arvers.
« Une femme peut-elle être aimée d'un homme sans soupçonner son amour ? »
Sujet piteux au possible et qui avait accompli le plus brillant tour de table, quand, revenant à Mme Aubernon, il obtint d'elle cette formule de conclusion :
— Eh bien, moi, quand j'étais toute petite fille, un vieux général m'a aimée deux ans sans que je le susse.
Toutes les têtes s'inclinaient d'un coup sous l'effroi du fou rire, lorsque par bonheur Mme Aubernon ajouta :
— N'est-ce pas que c'est drôle ?

Fernand Vandérem, ***Gens de qualité*** (1938).

SUBLIME

Le beau est supérieur au sublime parce qu'il est permanent, tandis que le sublime est passager.

Frédéric Amiel, ***Journal intime*** (6 décembre 1870).

SUCCÈS

Rien ne réussit comme le succès.

Alexandre Dumas père, ***Ange Pitou*** (1851).

DÉFINITION DU SUCCÈS. — La valeur personnelle multipliée par les circonstances.

Alfred Capus (1858-1922). Cf. Jules Renard, ***Journal,*** 20 octobre 1908.

— Le secret du succès n'est guère connu que de ceux qui n'ont pas réussi.

Marcel Achard, ***Turlututu,*** I, (1962).

SUFFISANCE

Quand quelqu'un n'est plein que de lui-même, il fait un joli petit paquet.

John Ruskin (1819-1900).

SUFFISANCE. — Façon pour certains d'accabler les autres... de leur infériorité.

Gérard de Rohan-Chabot, ***Définissons,*** « Petit Littré du lettré » (1944).

---

1. Le salon de Mme Aubernon de Nerville (1825-1899) réunissait les célébrités littéraires de son époque.

SUFFRAGE UNIVERSEL → POLITIQUE (Suffrage universel)

SUICIDE

SUICIDE. — La plus difficile des évasions.

Pierre Véron, *Carnaval du Dictionnaire* (1863).

Que de gens ont voulu se suicider et se sont contentés de déchirer leur photographie.

Jules Renard, *Journal* (1888).

SUISSE

Les Suisses sont des gens qui ont beaucoup d'argent et beaucoup d'esprit, mais qui ne font jamais voir ni l'un ni l'autre.

Chevalier de Boufflers (1738-1815).

Chaque Suisse transporte avec lui ses glaciers.

Hugues Rebell (1867-1905).

Les Suisses, s'ils avaient fait leur pays, ils l'auraient fait moins haut.

Carl Spitteler, *poète suisse* (1845-1924).

Les Suisses sont de braves gens qui ne s'occupent pas d'autrui, à seule fin d'éviter qu'autrui ne s'occupe d'eux.

Charles-Ferdinand Ramuz, *écrivain suisse* (1878-1947).

Dieu veille sur la Suisse... c'est pas fatigant !

Maurice Jeanneret.

Nous autres Suisses, lorsque nous écoutons l'hymne national la main sur le cœur, nous vérifions avant toute chose si notre portefeuille est toujours bien là.

Willy Ritschard, *conseiller fédéral chargé du portefeuille des Finances.*

SUPERFLU → NÉCÉSSAIRE et le SUPERFLU (le)

SUPÉRIEUR et SUBALTERNE

Les rapports de supérieur à inférieur interdisent les bonnes manières.

Bernard Shaw, *Maxims for Revolutionists* (1905).

Prendre la femme d'un inférieur est un crime — d'un égal est un droit — d'un supérieur est un devoir... parfois pénible.

Aphorisme militaire.

SUPÉRIORITÉ et INFÉRIORITÉ

Les êtres supérieurs oublient volontiers leur supériorité, à condition que les autres s'en souviennent.

Marie Valyère, *Nuances morales* (1899).

SUPERSTITION

Quelques personnes redoutent à table le nombre treize. Ce nombre n'est à craindre qu'autant qu'il n'y aurait à manger que pour douze.

Grimod de La Reynière, *Almanach des Gourmands*, « Variétés nutritives » (1803).

TREIZE. — Éviter d'être treize à table, ça porte malheur. Les esprits forts ne devront jamais manquer de plaisanter : « Qu'est-ce que ça fait, je mangerai pour deux. » Ou bien, s'il y a des dames, de demander si l'une d'elles n'est pas enceinte.

Gustave Flaubert, *Dictionnaire des Idées reçues* (1853).

SURNOM

Et ce seul nom me dispense
D'en dire plus long.

Henri Meilhac et Ludovic Halévy, *La Belle Hélène*, opéra bouffe (1864).

SURNOMS (quelques)

BERNSTEIN (Henry). — **Divan le Terrible.**
CAILLAVET (Léontine Lippmann, comtesse de). Egérie d'Anatole France. — **La Bonne sous France.**
COCTEAU (Jean). — **Un ping-pong d'esprit.**
COLET (Louise). — **Vénus en marbre chaud.** *Alfred de Musset.*
GÉRALDY (Paul) et LUBIN (Germaine). — **Eux brouillés.**
GUIMARD (la danseuse Madeleine), qui était maigrelette. — **Le squelette des Grâces.**
JOUVENEL (Henry de). — **La Braguette enchantée.**

Eugène Merle.

LORRAIN (Jean). — **La Bonne Lorraine.**
LOYNES (Mme Jeanne de). — **Le Vieil Abreuvoir.**

Surnom allusif qui coule de source.

MAUPASSANT. — **Le Taureau triste.** Taine.

SÉVERINE. — **Notre-Dame de la Larme à l'œil.**
TARDIEU (André). — **Le Mirobolant.**
TÉRY (Gustave). — **La Truie verticale.** Léon Daudet.
ZOLA (Émile). — **Le Grand Fécal.**
Sur un personnage de haute taille : **Le Sot en hauteur.**
Sur des demoiselles : **Framboise. — Nénuphar rose. Noix de coco. — Petit clapotis. — Petite secousse.**
Sur une dame connue pour ses goûts saphiques : **Tire-boutons.**

SURRÉALISME

Je demandais à un homme pauvre comment il vivait ; il répondit : « Comme un savon, toujours en diminuant. »

Swift (1667-1745), *Opuscules.*

Oh ! que c'est malheureux que la femme mange, même des fraises dans du lait !

Xavier Forneret, *Encore un an de Sans Titre* (1839).

SYLLOGISME

Le jambon fait boire, le boire désaltère, donc le jambon désaltère.

Montaigne, *Essais,* I, XXVI (1580).

Si tu bois du vin, tu dormiras bien ; si tu dors, tu ne pécheras pas ; si tu ne commets pas de péchés, tu seras sauvé. *Ergo,* bois du vin, c'est le salut.

(Syllogisme bavarois du XVIe s.)

Personne n'accepte de conseils, mais tout le monde acceptera de l'argent, donc l'argent vaut mieux que les conseils.

Swift, *Thoughts on Various Sujects* (1706).

Un bon mangeur est un brave homme, car un bon mangeur digère bien, et qui digère bien est un brave homme.

Benjamen Disraeli, *The Young Duke,* XII (1831).

En dehors de mon métier d'écrivain, je ne suis bon à rien. En conséquence, on peut dire qu'un bon à rien peut facilement devenir écrivain.

François Mauriac (1885-1970).

Gide, qui est très intelligent, se trouve stupide en face de Malraux, or je me trouve aussi stupide devant Malraux, donc je suis aussi intelligent que Gide.

Henri Jeanson (1900-1970).

Les juives sont lubriques. La Sainte Vierge était juive. Donc N.S.J.-C. n'a pas été conçu par le Saint-Esprit.

Proverbe yiddish.

SYNDICAT

Il est plus facile de se séparer de sa femme avec qui on vit depuis trente ans et qui vous a donné cinq enfants, que de licencier un délégué syndical.

Henri Eschbach.

SYMPATHIE → ANTIPATHIE et SYMPATHIE

SYPHILIS — COUP de PIED de VÉNUS

Souvent femme avarie,
Bien fol est qui s'y fie.

Adolphe Dennery (1811-1899).

Ainsi que disait notre François premier :
« Souvent femme avarie. »
Il en sut quelque chose, étant fort coutumier
De la galanterie.

Raoul Ponchon, *La Muse au cabaret,* La Formule 606 (1920).

T

TABAC

Un bon cigare est un aussi grand réconfort pour un homme qu'une crise de larmes l'est pour une femme.

Lord Lytton (1803-1873).

Cesser de fumer est la chose la plus aisée qui soit. Je sais ce que c'est : je l'ai fait cinquante fois.

Mark Twain (1835-1910).

Une femme est seulement une femme, mais un bon cigare, c'est quelque chose en plus.

Ruydard Kipling (1865-1936).

Deux catégories d'êtres humains, les fumeurs et les enfumés.

Jean Mistler, *Bon poids*... (1976).

TACITURNITÉ

Les silencieux ne sont pas forcément des penseurs. Il y a des armoires fermées à clef qui sont vides.

Madeleine Brohan, *sociétaire de la Comédie-Française* (1833-1900).

TACT

Ne me parlez de mes dettes, à moins que vous ne vouliez les payer.

George Herbert, *Jacula prudentum* (1651).

Le tact est une qualité qui consiste à peindre les autres tels qu'ils se voient.

Lincoln (1809-1865).

Le tact : une aptitude au mensonge.

Aurélien Scholl (1833-1902).

Le tact dans l'audace, c'est de savoir *jusqu'où on peut aller trop loin.*

Jean Cocteau, *Le Rappel à l'Ordre* (1926).

C'est avoir du tact, avec quelqu'un qui n'a pas de tact, que de n'en montrer aucun.

Raymond Lindon, *Guide du nouveau savoir-vivre,* III (1971).

TACTIQUE

Mettre la queue où la tête ne passe pas.

Proverbe italien : Mettere la cada dove non va il capa.

Me Raymond Hubert plaidait aux Assises pour un meurtrier. C'était le 24 décembre. Il parla pendant huit heures, et, à minuit, il dit avec émotion :
— Voilà, j'en ai terminé. C'est Noël. Jésus est né. Je vous laisse seuls, Messieurs les Jurés, avec votre conscience. Recueillons-nous.
L'inculpé fut acquitté.

La Presse judiciaire.

TAILLE

Aux petits sacs sont les meilleurs épices.

Gabriel Meurier, *Sentences notables* (1568).

Il est un peu petit, mais au lit cela ne se voit pas.

Propos de la duchesse de Chevreuse (1600-1679) *sur un de ses amants.*

Pour qu'une femme soit à la hauteur d'un homme, il faut qu'elle lui arrive à l'épaule.

Henri Duvernois, *Les Demoiselles de perdition* (1911).

— Des femmes, les plus petites, c'est pour qu'elles ne soient pas, Orlando, plus hautes que ton cœur.
— Et les autres, penses-tu ?
— Les autres s'agenouillent.

Paul-Jean Toulet (1867-1920), *Les Trois Impostures,* « Almanach », 81.

Un oisif semble encore plus oisif quand il est de haute taille.

Tristan Bernard (1866-1947).

Les hauts talons ont été certainement inventés par une femme qu'on avait embrassée sur le front.

Le couturier Jacques Fath.

Une petite femme disait : « *Dès que je parle à quelqu'un, il faut que je lève la tête. Ça me prendra du temps avant d'avoir un double menton.* »

Maurice Jeanneret.

Petit pot est bientôt chaud.

Proverbe anglais.

Petite femme, grand cas.

Proverbe italien. — En italien, le sexe de la femme se dit *cazzo* ou *caso.*

La joie a un petit corps.

Proverbe nigritien.

TAIRE (se)

Les mots que l'on n'a pas dits sont les fleurs du silence.

Proverbe japonais.

Voir Parler ou Se taire.

TAIRE (se) (Qui ne dit mot consent)

Le silence répond oui.

Euripide, *Oreste* (Ve s. av. J.-C.)

Le silence est une jeune mariée qui a avalé un os le jour de ses noces.

Proverbe nigritien.

TALENT

Si nous forçons notre talent
Personne ne nous fera grâce.

Franc-Nohain, *Cinquante Fables,* « La Baleine volante » (1929).

Le talent a besoin de gestion.

André Siegfried, *Quelques maximes* (1946).

TECHNICIEN — TECHNOCRATE

J'appelle techniciens, ceux qui se trompent selon les règles.

Paul Valéry (1871-1945).

Le technocrate existe parce qu'on l'a bombardé général avant de lui apprendre à marcher au pas. On lui sert le homard thermidor avant qu'il sache le goût du rata.

Gabriel Delaunay, *L'Herbe et le Vent,* 179 (1970).

Un technocrate, c'est un homme qui croit que les problèmes ont des solutions.

Maurice Jeanneret.

TÉLÉPHONE

On vous sonne. Et vous y allez.

Le peintre Edgar Degas (1834-1917).

TÉLÉVISION → RADIO-TÉLÉVISION

TÉMOIN

Il y a trois sortes de témoins. D'abord, celui qui a bien vu mais doute de ce qu'il a vu. Ensuite, celui qui a mal vu et croit avoir bien vu. Enfin, celui qui n'a rien vu et jure avoir tout vu.

André Prévot, *Petit Dictionnaire à l'usage des Optimistes* (1947).

TEMPÉRANCE

Tempérant. — Un homme qui commande en maître à toutes les passions qu'il n'a pas.

Adrien Decourcelle, *Les Formules du docteur Grégoire* (1868).

TEMPS

Le temps, c'est de l'argent. Et surtout sur nos cheveux.

Henri Rochefort (1830-1913).

Il n'y a que le temps qui ne perde pas son temps.

Jules Renard, *Journal,* 25 octobre 1905.

Je veux bien donner mon temps ; je me refuse à le perdre.

Eugène Fleuré, *Le Baluchon* (1977).

TEMPS (fuite du)

On ne se console du sentiment de la fugitivité qu'au couvent ou au lit...

Nicole (Françoise Parturier), *Les Lions sont lâchés* (1955).

TEMPS (météorologie)

Mieux vaut un sale temps que pas de temps du tout.

Un personnage du théâtre de Labiche.

Le temps et le chose des femmes ont toujours fait comme ils ont voulu.

Proverbe valdotain.

TENTATION

Le seul moyen de se délivrer d'une tentation, c'est d'y céder.

Oscar Wilde, *The Picture of Dorian Gray,* II (1891).

Hâtez-vous de céder à la tentation de peur qu'elle ne vous passe.

Édouard Herriot (1872-1957), *Notes et Maximes.*

TESTAMENT

TESTAMENT. — Le seul moyen qu'ont les morts de se venger des vivants.

André Prévot, *Petit Dictionnaire à l'usage des Optimistes* (1947).

TÊTE

Une jolie tête ? C'est comme si vous vous décidiez d'après le bouchon de la bouteille.

Anatole France (1844-1924). cf. Jean-Jacques Brousson, *Anatole France en pantoufles.*

THÉÂTRE

L'AMI. — Je ne comprends pas votre sévérité pour ce spectacle. Le public l'adore.
AUREVILLY. — Oui, mais il est le seul.

Barbey d'Aurevilly (1808-1889).

Personne dans un théâtre n'a moins d'importance que l'auteur de la pièce.

Tristan Bernard, *Monsieur Codomat,* prologue (1908).

Au théâtre, les gens veulent sans doute être surpris, mais souvent *avec ce qu'ils attendent.*

Tristan Bernard, *Auteurs, acteurs, spectateurs,* XX (1909).

L'auteur écrit une pièce, les acteurs en jouent une autre — et le public en comprend une troisième.

Charles Baret, *imprésario.*

Il y a des soirs où le public n'a pas de talent.

Louis Jouvet (1887-1951). — *Cité par* Pierre Humbourg, *Fantômes en papier blanc,* p. 83.

THÉORIE et PRATIQUE

La pratique est la seule théorie qui profite.

Daniel Darc (Mme Marie Régnier), *Petit Bréviaire d'un Parisien* (1883).

Le collectivisme est une très belle idée. L'ennuyeux, c'est qu'on peut la mettre en pratique. *(Sur les « kibboutz » ou fermes communautaires.)*

Ephraïm Kishon, *Les Petites Filles de Loth* (1964).

THÈSE

De l'influence des queues de poissons sur les ondulations de la mer.

Ernest Reyer (1823-1909).

Le point et virgule dans les manuscrits mérovingiens.

Proposition de soutenance de thèse doctorale.

TIMIDITÉ

TIMIDITÉ. — Résultat de l'opinion généralement exagérée que l'on se fait du mérite des autres.

Gérard de Rohan-Chabot, *Définissons,* « Petit Littré du lettré » (1944).

Le timide n'ose pas dire que son derrière lui appartient.

Proverbe français.

TITRES et DIGNITÉS

M. Bergeret n'était pas heureux. Il n'avait reçu aucune distinction honorifique. Il est vrai qu'il méprisait les honneurs. Mais il sentait qu'il eût été plus beau de les mépriser en les recevant.

Anatole France, *L'Orme du Mail,* XIII (1897).

Demander la Légion d'honneur au gouvernement, c'est une politesse à lui faire.

Émile Bergerat (1845-1923), *Souvenirs d'un enfant de Paris.*

Lucien Guitry (1860-1925) disait que Claude Monet était Grand-Croix du dédain de la Légion d'honneur...

Sacha Guitry (1885-1957), *Le Petit Carnet rouge.*

Maurice Ravel refuse la Légion d'honneur : encore faut-il ne pas l'avoir méritée.

Erik Satie (1866-1925).

— Le ruban ! C'est trop petit. Ça ne cache rien. Ce n'est qu'à partir de la cravate qu'on ne voit plus ce qu'il y a dessous.

Jean Anouilh, *Ornifle ou le Courant d'air,* III (1955).

La rosette, c'est le grain de beauté des dames de mon âge.

Mme Béatrice Dussane.

TOILETTES (les)

La nature humaine est forcée d'avouer à certaines heures qu'elle doit se soumettre à des exigences parfois assez tyranniques et imprévues, qu'il lui faut renoncer à l'apparence

poétique d'un corps céleste et que la solitude lui devient indispensable.
La régularité de ces habitudes méditatives est une des conditions les plus sérieuses de bonne santé et par conséquent de beauté.

Comtesse de Tramar, *Le Bréviaire de la femme* (1903).

TOLÉRANCE

La tolérance, il y a des maisons pour ça.

Paul Claudel (1868-1955). — *Cité par* Jules Renard, *Journal*, 13 février 1900.

S'il fallait tolérer aux autres ce qu'on se permet à soi-même, la vie ne serait plus tenable.

Georges Courteline, *La Philosophie de Georges Courteline* (1924).

Toute tolérance devient à la longue un droit acquis.

Clemenceau (1841-1929).

TOUJOURS

C'est surtout « Fontaine, je boirai toujours de ton eau » qu'il faudrait se garder de dire !

Gilbert Cesbron, *Journal sans date*, p. 253 (1963).

TOURISME

Le tourisme est l'industrie qui consiste à transporter des gens qui seraient mieux chez eux, dans des endroits qui étaient mieux sans eux.

Jean Mistler, *Bon poids...* (1976).

TRAC

« Tu verras, petite, quand tu auras du talent ! »

Réflexion de Sarah Bernhardt (1844-1923) *à une jeune actrice qui se réjouissait de n'avoir jamais le trac.*

TRADITION

Les traditions — comme les femmes — sont faites pour être à la fois respectées et bousculées.

Jean d'Ormesson, *Réponse au discours de réception de Marguerite Yourcenar, à l'Académie française, 22 janvier 1981.*

TRADUCTION

Traduire Horace, c'est transvaser du champagne : la mousse fuit !

Louis-Sébastien Mercier (1740-1814).

Les traductions sont comme les femmes : quand elles sont belles, elles ne sont pas fidèles ; et quand elles sont fidèles, elles ne sont pas belles.

Edmond Jaloux (1878-1949).

TRAIN

La trépidation excitante des trains
Vous glisse des désirs dans la moelle des reins.

Alphonse Allais, *Rose et Vert Pomme* (1894).

TRAITRISE

Les Judas, aujourd'hui, ne se pendent plus. Ils pendent les autres.

Gaston Andréoli, *Pensées d'un Médecin* (1963).

TRAVAIL

Le travail ne rend pas beau.

Honoré de Balzac (1799-1850).

L'homme n'est pas fait pour travailler. La preuve, c'est que cela le fatigue.

Tristan Bernard (1866-1947).

On devient plutôt bossu que riche en travaillant.

Proverbe russe.

TRAVAIL et OISIVETÉ

Rien ne me fascine plus que le travail : je peux rester assis et le contempler pendant des heures.

Jerome K. Jerome (1859-1927).

TRAVESTI

Caliste

Caliste propre et bien frisée,
Forçant l'ordre et son destin,
Pour me venir voir un matin,
S'était en page déguisée.

La petite assez avisée,
Craignait qu'en jupe de satin,
A son teint délicat et fin,
La porte lui fût refusée.

Mais son pourpoint ne cachait pas
La rondeur de ses doux appas.
Elle me parut si gentille

Que, pour la garder du soupçon,
Je la traitai, non pas en fille,
Mais comme un aimable garçon.

Le Parnasse satyrique du XVIIIe siècle.

Le langage de l'amour abuse des invertissements, et telle dame dit : ma cocotte ! à son amant qui l'appelle : son chéri.
Il y a une estampe où l'on voit un couple d'amants travestis aux vêtements l'un de l'autre. Lui, est assis, d'un air soumis et tendre, sur le bord d'une ottomane, les genoux joints. Et elle, chez qui se traduit l'espoir d'un étrange délice... lui lève le bas de sa jupe.

Paul-Jean Toulet (1867-1920), *Les Trois impostures*, III.

TRÉPAS

Épitaphe

Je suis mort d'avoir entrepris
Entre les jambes d'une dame,
Bien heureux d'avoir rendu l'âme
Au même lieu où je la pris.

Parnasse satyrique (1623).

TRICHER

TRICHEUR. — Un individu qui ne joue pas pour s'amuser !

Adrien Decourcelle, *Les Formules du docteur Grégoire* (1868).

TROMPER

On peut tromper tout le monde pendant quelque temps et quelques personnes tout le temps, mais on ne peut tromper tout le monde tout le temps.

Abraham Lincoln (1809-1867).

TUER

Même quand on ne tient pas à tuer les gens, on est bien aise de pouvoir le faire.

Juvénal, *Satires*, X, 96 (env. 120).

Les morts,
C'est discret ;
Ça dort,
Bien au frais.

Jules Laforgue, *Moralités légendaires* (1887).

Tuer est toujours une sottise. Il ne faut jamais rien faire dont on ne puisse parler après dîner.

Oscar Wilde, *The Picture of Dorian Gray,* XIX (1891).

Il y a toujours des raisons au meurtre d'un homme. Il est, au contraire, impossible de justifier qu'il vive.

Albert Camus, *La Chute* (1958).

TYRAN

Domitien

« ... Il s'agit d'un turbot ; daignez délibérer
Sur la sauce qu'on doit lui faire préparer. »
Le Sénat mit aux voix cette affaire importante,
Et le turbot fut mis à la sauce piquante.

Berchoux, *La Gastronomie,* chant I (1801).

Napoléon III

Si l'Empereur faisait un pet,
Geoffroi dirait qu'il sent la rose,
Et le Sénat aspirerait
A l'honneur de prouver la chose.

Edmond Héraud, *écrivain satiriste du Second Empire.*

U-Z

USURIER

Je lui ai emprunté un mouchoir et il m'a réclamé une paire de draps.

Aurélien Scholl (1833-1902).

UTILE et INUTILE

Les plus belles choses du monde sont les plus inutiles : par exemple les paons et les lys.

John Ruskin, *The stones of Venice,* I, 2 (1880).

VACHE ENRAGÉE

J'ai mangé de la vache enragée dans ma jeunesse, et encore, pas tous les jours.

Marcel Achard (1899-1974).

VALOIR (se faire)

Importance. — Voulez-vous en avoir ? Commencez, d'abord, par vous en donner.

Adrien Decourcelle, *Les Formules du docteur Grégoire* (1868).

Il est moins important de travailler que de faire savoir qu'on travaille.

Tristan Bernard (1866-1947).

Si vous ne soufflez pas dans votre trompette, nul ne le fera à votre place, mais n'assourdissez personne.

Proverbe anglais.

VANITAS VANITATUM

Tout lasse, tout casse, tout passe.

Formule du Moyen Age où la triple assonance traduit la vanité des choses.

VANITÉ

Les hommes se répartissent en trois classes : les vaniteux, les orgueilleux, et les autres.
Je n'ai jamais rencontré les autres.

Auguste Detœuf, *Propos de O.-L. Barenton, confiseur* (1937).

Ce que Dieu a fait de mieux, c'est que chacun se trouve bien comme il est.

Proverbe breton.

VANTARDISE

Les gens que vous tuez se portent assez bien.

Corneille, *Le Menteur,* IV, II 1164, Cliton à Dorante (1643).

VÉNALITÉ

Tout le monde n'est pas à vendre, mais nombreux sont ceux qui sont à acheter.

Jean Bernard, *365 Pensées,* XLVI (1925).

VENGEANCE

En vieillissant, on s'aperçoit que la vengeance est encore la forme la plus sûre de la justice.

Henry Becque (1837-1899), *Notes d'album.*

« La vengeance est un plat qui se mange froid » — si froid qu'on l'oublie souvent à la glacière.

Gilbert Cesbron, *Journal sans date,* p. 229 (1963).

Les montagnes ne se rencontrent pas, mais les hommes.

Proverbe latin.

VENTRE

Le ventre est notre prochain le plus immédiat.

Malcolm de Chazal, *Sens plastique* (1948).

Le ventre ne fait pas de crédit.

Proverbe anglais.

Dans ton ventre, tu as les noces, et dans le mien, il n'y a pas même les fiançailles.

Proverbe géorgien.

VÉRITÉ

Qu'est-ce qui empêche de dire la vérité en riant ?

Horace, *Satires* (Ier siècle av. J.-C.)

La vérité fait rougir le diable.

Shakespeare, *King Henry IV,* I, III (1597).

Il ne faut pas montrer la vérité nue, mais en chemise.

Gomez de Quevedo (1580-1645).

La vérité jette, lorsqu'elle est à un certain carat, une manière d'éclat auquel on ne peut résister.

Cardinal de Retz (1613-1679), *Mémoires.*

En cherchant la vérité, il est tombé dans le puits qui la contenait.

Beaumarchais (1732-1799), *Opuscules.*

JACK. — Voilà, mon cher Algy, la vérité pure et simple.
ALGERNON. — La vérité est rarement pure et jamais simple.

Oscar Wilde, *The Importance of being Earnest,* I (1895).

Je me demande parfois si, mieux que le soleil et la mort, la vérité peut se regarder en face.

André Siegfried, *Quelques maximes* (1946).

VÉRITÉ n'est pas BONNE à DIRE (toute)

En sortant leur vérité du puits, les indiscrets répandent l'eau partout.

Jules Renard, *Journal,* 1er août 1903.

— La vérité salit le puits.

Marcel Achard, *Nous irons à Valparaiso,* I (1948).

La vérité est une bombe dont les effets tuent à la fois celui qui la lance et celui qui la reçoit.

Nicole (Françoise Parturier), *Les Lions sont lâchés* (1955).

Si vous voulez passer pour un menteur, dites toujours la vérité.

Logan P. Smith.

VÉRITÉ et MENSONGE

Toutes les vérités ne sont pas bonnes à dire et tous les mensonges sont bons à entendre.

Suzanne Brohan, *sociétaire de la Comédie-Française* (1807-1887).

Il n'est pas possible de dire la vérité, mais on peut faire des mensonges transparents : c'est à vous de voir au travers.

Jules Renard, *Journal,* 16 février 1902.

Il vaut toujours mieux dire la vérité, à moins évidemment que vous ne sachiez particulièrement bien mentir.

Jerome K. Jerome (1859-1927).

— Qu'est-ce qui est vrai ? Allez vous y retrouver parmi le faux vrai, le vrai faux, le vrai vrai et le faux faux.

Armand Salacrou, *Histoire de rire,* III (1939).

Un seul mensonge fait plus de bruit que cent vérités.

Georges Bernanos, *Le Chemin de la Croix-des-Ames* (1942).

VERS et PROSE

Pour écrire en prose, il faut absolument avoir quelque chose à dire. Pour écrire en vers, ce n'est pas indispensable.

Mme Louise Ackermann, *poétesse* (1813-1890).

La rime, c'est le meilleur tambour.

Jean Giraudoux, *La Guerre de Troie n'aura pas lieu,* II, IV, Hécube (1935).

La rime suit l'idée et parfois la précède.

Tristan Bernard (1866-1947).

VERTU

La vertu a bien des prédicateurs et peu de martyrs.

Helvétius (1715-1771), *Maximes et Pensées.*

Une des propriétés de la vertu, c'est de ne pas exciter l'envie.

Rivarol, *De l'Homme,* p. 177 (1800).

Il y a un jour de l'année, Messieurs, où la vertu est récompensée.

Ernest Renan, *Rapport annuel sur les prix de vertu,*
Académie française, 4 août 1881.

Ce n'est pas tout d'être vertueux. Il faut se consoler de l'être.

Étienne Rey, *Maximes morales et immorales,* 5 (1914).

Ici-bas, c'est la loi commune,
Nul ne saurait s'y dérober,
Toutes choses, une à une,
Finissent toujours par tomber.

La pêche tombe du pêcher,
Du ciel tombe la nuit sereine,
La Marne tombe dans la Seine
Et la Vertu dans le Péché...

Albert Willemetz, *Phi-Phi,* II, 10 (1918).

A la différence de la dévaluation des monnaies, celle de la vertu ne paraît pas résulter de la surabondance.

Thierry Maulnier, *Discours à l'Académie sur les prix de vertu, 11 décembre 1969.*

VERTU et VICE

J'aime mieux un vice commode
Qu'une fatigante vertu.

Molière, *Amphitryon,* I, iv. 681-682 (1668).

Il y a des vices et des vertus de circonstance.

Napoléon Ier (1769-1821), *Maximes et Pensées.*

Le vice est toujours puni. La vertu aussi.

Gustave Flaubert (1821-1880).

Les vices ont cela de bon qu'ils nourrissent quantité de gens vertueux qui, sans eux, mourraient de faim.

Daniel Darc (Mme Marie Régnier), *Sagesse de Poche* (1885).

La vertu consiste non à s'abstenir du vice, mais à ne pas le désirer.

Bernard Shaw, *Maxims for Revolutionists* (1905).

VÊTEMENT

Il est plus facile à une prostituée vêtue de fourrure d'entrer au temple, qu'à dix honnêtes femmes en haillons de pénétrer dans la maison d'un homme de bien.

Proverbe chinois.

On est reçu selon l'habit et reconduit selon l'esprit.

Proverbe russe.

VEUF

Épitaphe

Ci-gît ma femme. Ah ! qu'elle est bien
Pour son repos et pour le mien.

Jacques Du Lorens (1583-1658). *Satires.*

Un homme était en deuil, de la tête aux pieds : grandes pleureuses, perruque noire, figure allongée. Un de ses amis l'aborde tristement : « Eh ! Bon Dieu ! qui est-ce donc que vous avez perdu ?
— Moi, dit-il, je n'ai rien perdu : c'est que je suis veuf. »

Chamfort (1740-1794), *Caractères et Anecdotes.*

Un veuf qui se remarie vite, c'est un hommage à la femme qu'il vient de perdre.

André Siegfried, *Quelques maximes* (1946).

Le chanceux perd sa femme, le malchanceux perd son cheval.

Proverbe géorgien.

VEUVAGE

Le veuvage est une fête que l'on célèbre seul.

Louis Bourdon. — Cf. Comtesse Diane, *Livre d'or,* 89 (1895).

VEUVE

Une dame grande, et ma parente, à qui j'avais demandé si elle n'avait point envie de convoler :
— Nenny, me respondit-elle, je n'ai envie que de conjouir.

Brantôme (1540-1614), *Les Dames galantes,* IV.

C'est un époux vivant qui console d'un mort.

Regnard, *Le Joueur,* II, ii, 464 (1696).

Un épagneul tendrement adoré,
Mourut dans les bras de sa dame,
Au même instant, le mari rendit l'âme,
Fort à propos pour être pleuré.

Anthologie du XVIIIe siècle.

Un bon moment pour faire la cour à une femme, c'est quand elle revient d'enterrer son mari.

Thomas Fuller, *Gnomologia* (1732).

Andromaque, en moins d'un lustre, remplaça deux fois Hector.

Jean-Baptiste Rousseau, *Épîtres* (1736).

Le mort le plus chargé de couronnes d'immortelles aurait souvent tort de ressusciter.

Claudia Bachi, *Coups d'Éventail,* 436 (1856).

On ne jette pas le coffre au feu
Parce que la clef en est perdue.

Auguste Brizeux, *Proverbes bretons* (1860).

Quand son troisième mari est mort, elle est devenue blonde de chagrin.

Oscar Wilde (1856-1900).

JACQUES. — Je savais seulement qu'elle avait une tenue parfaite, des relations distinguées et que, veuve, elle avait porté pendant quelques mois un grand deuil et un demi-chagrin.
LUCIEN. — Oui, pendant un an, le noir l'a rendue triste.

Gaston de Caillavet et Robert de Flers,
Le Cœur a ses raisons..., scène II (1902).

HÉLÈNE. — Depuis combien de temps êtes-vous veuve ?
LAURE. — Depuis douze ans.
HÉLÈNE. — Est-ce que vous regrettez votre mari ?
LAURE. — Pas encore.

Alfred Capus, *Notre jeunesse*, I, 5 (1904).

Plus d'un grand homme, à peine mort, il n'en reste rien, ou qui pis est — leur veuve.

Paul-Jean Toulet (1867-1920), *Les Trois Impostures*, « Almanach », 196.

Sur sa couche solitaire, la veuve fait un double rêve. (Elle rêve de ses amours mortes et de ses prochaines amours.)

Proverbe afghan.

Jamais n'épousez une veuve, à moins que son mari n'ait été pendu.

Proverbe écossais.

Celui qui épouse une veuve trouvera souvent une tête de mort dans son assiette.

Proverbe espagnol.

Celui qui épouse une veuve fait comme les savetiers : il travaille en vieille besogne.

Proverbe français.

VICE

Qu'est-ce que le vice ? Un goût que l'on ne partage pas.

Jean Lorrain, *La Nostalgie de la Beauté* (1895).

Dans le couvent du diable, on est profès sans noviciat. (Le vice s'apprend vite.)

Proverbe français.

VICISSITUDES

On est gai le matin, on est pendu le soir.

Voltaire, *Charlot ou la Comtesse de Givry*, II, VII (1767).

A force de mal aller, tout ira bien.

Proverbe français.

VIE (généralités)

Une histoire de fous contée par un idiot.

Shakespeare (1564-1616), *Macbeth*, V, 5.

Ces choses-là sont rudes.
Il faut pour les comprendre avoir fait ses études.

Victor Hugo, *La Légende des siècles*, Les Pauvres Gens, 241-242 (1852).

La vie est un oignon qu'on épluche en pleurant.

Armand Masson, *Pour les quais* (1905).

Le carnaval étrange de la vie.

Paul Valéry, *La Soirée avec Monsieur Teste* (1931).

On ne comprend rien à la vie tant qu'on n'a pas compris que tout y est confusion.

Henry de Montherlant, *Carnets,* XLII (1942).

Le voyage vaut la peine d'être fait. Mais une fois seulement. Pas un voyageur qui voudrait recommencer.

Winston Churchill (1874-1965).

La vie, c'est une panique dans un théâtre en feu.

Jean-Paul Sartre (1905-1980).

VIE (art, manière de vivre)

Prendre la vie au sérieux burlesque.

Jules Renard, *Journal,* 18 avril 1894.

Ne prenez pas la vie trop au sérieux : de toute façon, vous n'en sortirez pas vivant.

Elbert Hubbard (1856-1915).

— On ne vit qu'une fois ! — Et encore !

Marcel Achard, *Colinette,* II, Polo (1942).

Dans la vie, on ne regrette que ce qu'on n'a pas fait.

Jean Cocteau (1889-1963).

VIE (les choses de la)

Un peu de vanité et un peu de volupté, voilà de quoi se compose la vie de la plupart des femmes et des hommes.

Joseph Joubert (1754-1824), *Pensées, Maximes et Essais.*

La vie est faite de bonheurs approximatifs et de malheurs certains.

Clemenceau, *Lettre à Marcelle Langlois* (1927).

La Femme aura Gomorrhe et l'Homme aura Sodome,
Et, se jetant de loin un regard irrité,
Les deux sexes mourront chacun de leur côté.

Vigny, *La Colère de Samson,* 78, 79, 80 (1839).

Celui qui n'a pas mêlé à une soirée de printemps l'évocation d'une femme chérie ne sait pas le prestige du monde.

Jean de La Varende (1887-1959).

VIE (lutte pour la)

Le lion est fait de mouton assimilé.

Paul Valéry, *Aphorismes* (1930).

VIE (sens et usage de la)

Il faut être quelqu'un, non quelque chose.

Édouard Herriot (1872-1957), *Notes et Maximes*.

La vie la plus belle est celle que l'on passe à se créer, non à procréer.

Natalie Clifford Barney (1876-1972).

VIE et MORT

La vie est chère, mais la mort est à bon marché !

Jean Dolent, *Façons d'exprimer* (1900).

— Il n'y a qu'une chose certaine dans la vie ! c'est qu'on la perd.

Marcel Achard, *Le Moulin de la Galette*, II, Auguste (1951).

La vie : une course contre la mort… Le meilleur ne gagne pas.

Henri Jeanson (1900-1970), *Soixante-dix ans d'adolescence*, Épigraphe.

VIVANTS et les MORTS (les)

Si le mort prend le vif, dit-on, le vif le lui rend bien.

Henry de Montherlant, *Les Lépreuses*, I (1937).

VIEILLESSE

Et ces deux grands débris se consolaient entr'eux.

Delille, *Poème des Jardins*, chant IV (1780).

Vieillir est ennuyeux, mais c'est le seul moyen que l'on ait trouvé de vivre longtemps.

Sainte-Beuve (1804-1869). — Cité par Anatole France,
Le Crime de Sylvestre Bonnard, II.

La vieillesse arrive brusquement, comme la neige. Un matin, au réveil, on s'aperçoit que tout est blanc.

Jules Renard, *Journal* (1901).

VIEILLESSE. — Période de notre existence pendant laquelle nous composons avec les vices que nous chérissons encore, en vitupérant ceux que nous n'avons plus la hardiesse de pratiquer.

Ambrose Bierce, *Devil's Dictionary* (1906).

Et dire que les vieux arbres sont si beaux !

Henri Duvernois, *Crapotte,* XX (1911).

LOULOU. — Enfin, j'ai de beaux restes.
ANTOINE. — Très beaux. Dommage qu'il y en ait si peu.

Marcel Achard, *Noix de Coco,* I, IV (1935).

Comme on complimentait Matisse (1869-1954) sur sa verdeur :
— *Maître, vous n'avez pas quatre-vingts ans, mais quatre fois vingt ans !*
Le vieux peintre répondit :
— *Pourquoi pas vingt fois quatre ans ?*

Il n'est qu'une manière de bien vieillir : c'est de mourir auparavant.

Georges Elgozy, *Le Fictionnaire* (1973).

Quittez le monde avant qu'il ne vous quitte.

Proverbe allemand.

Pour devenir centenaire, il faut commencer jeune.

Proverbe russe.

VIEILLESSE chez l'HOMME et la FEMME (la)

En vieille grange on bat bien, mais de vieux fléaux on n'en fait rien de bon.

Jacob Le Duchat, *Ducatiana* (1738).

En vieillissant, l'homme fait son visage et la femme le défait.

Goethe (1749-1832). *Le Complexe de Faust.*

Le vieillard est amer, la vieille femme est aigre.

Victor Hugo, *Portefeuille* (1845).

Les hommes ont l'âge qu'ils sentent et les femmes celui qu'elles montrent.

Proverbe italien.

VILLE → CAMPAGNE et VILLE

VIN

Qu'ils sont doux
Bouteille jolie,
Qu'ils sont doux
Vos petits glouglous !

Molière, *Le Médecin malgré lui,* I, V, Sganarelle (1666).

Distique

Je préfère aux baisers des plus belles du monde,
Les humides baisers d'une tasse profonde.

Parnasse satyrique du XVIIIe siècle.

Rien ne fait voir l'avenir couleur de rose comme de le contempler à travers un verre de chambertin.

Alexandre Dumas père (1803-1870).

Il y a plus de philosophie dans une bouteille de vin que dans tous les livres.

Louis Pasteur (1822-1895), *reprenant à son compte une phrase de son père.*

Le vin, pour noyer le chagrin,
Est un remède souverain.

Raoul Ponchon, *La Muse au cabaret,* Distique étrusque (1920).

Des vins à vous remettre l'homme sur la femme.

Arletty (Léonie Bathiat, dite)

Le vin est nécessaire, Dieu ne le défend pas, sinon il eût fait la vendange amère.

Proverbe français — Anjou.

Le vin de Bourgogne fait beaucoup de bien aux femmes, surtout quand ce sont les hommes qui le boivent.

Proverbe français — Bourgogne.

VIOL

Une femme ne peut faire moindre résistance que de crier.

Marguerite de Navarre, *L'Heptaméron,* I, X, (1559).

Mais un Cupidon sous la jupe
Vaut mieux qu'un poignard dans le sein.

François Maynard (1582-1646), *Les Priapées.*

Une marquise de la Régence avait été violée par son cocher : « Sortez, lui dit-elle, et tâchez que cela ne se renouvelle pas. »

Adrien Decourcelle, *Les Formules du docteur Grégoire* (1868).

Les viols plaisent parfois aux violées.

Georges Elgozy, *Nos mécontemporains,* 185 (1970).

Coco Chanel (1883-1971) rentrait chez elle, à Cannes, dans la nuit, le long de la mer. Le rivage était désert. Des viols y avaient été perpétrés. Une amie, qui l'accompagnait et lui rappelait ces attentats, lui demanda :
— ***Préférerais-tu mourir ou subir ?***

La réponse de Chanel fut :
— *Je n'ai pas envie de mourir.*

VIRAGO

Le plus grand ridicule, pour une femme, c'est d'être un homme.

Joseph de Maistre (1753-1821).

VIRGINITÉ

La virginité est une fleur que Cypris défend de laisser faner.

Eschyle, *Les Suppliantes,* 1002 (Ve s. av. J.-C.)

La fille expliqua à sa nourrice qu'elle avait perdu sa virginité en tombant d'une échelle.

La Râmâyana (IIe s. av. J.-C.)

La pinte plus chère d'un bon tonneau de vin est au percer.

Charles Bourdigné,
La Légende joyeuse de Maistre Pierre Faifeu, XXIII (1527).

Je trouve plus aisé de porter une cuirasse toute sa vie qu'un pucelage.

Montaigne, *Essais,* III, V (1588).

Bien peu retournent du bal qui n'ayent la raye trempée.

Cholières, *Les Après-Dinées,* III (1589).

La Jeune fille à qui l'œil estincelle
Me fait juger qu'elle n'est point pucelle.

Guillaume Bouchet, *Les Serées,* XIX (1597).

Les vierges doivent être vues plutôt qu'entendues.

Thomas Middleton, *More Dissemblers besides Women,* I (1625).

La virginité est le plus riche trésor des filles, mais il est bien malaisé de garder longtemps un trésor dont tous les hommes portent la clef.

Maréchal de Bassompierre (1579-1646).

Il est bon de garder sa fleur ;
Mais, pour l'avoir perdue, il ne se faut pas pendre.

La Fontaine, *Contes et Nouvelles,* « La Fiancée du roi de Garbe » (1664).

… Quelle chose ? C'est celle-là
Que fille dit toujours qu'elle a.
Ce que je sais, c'est qu'en tel cas,
Fille qui ment ne pèche pas.

La Fontaine, *Contes et Nouvelles,* « Nicaise » (1671).

Des femmes adroites font de la virginité une fleur qui périt et renaît tous les jours, et se cueille la centième fois plus douloureusement que la première.

Montesquieu, *Lettres persanes,* LVIII (1721).

PUCELAGE. — Petit oiseau qui n'a pas de queue. Quand on lui en met une, il s'envole.

Piron (1689-1773).

C'est une des superstitions de l'esprit humain d'avoir imaginé que la virginité est une vertu.

Voltaire (1694-1778), *Le Sottisier.*

A trop préserver un bouton
On flétrit souvent bien des roses...

Distique octosyllabique du XVIIIe siècle.

Et ton amour m'a fait une virginité.

Victor Hugo, *Marion Delorme,* V, 2, Marion (1829).

Marie me disait d'un monsieur quelconque, qui lui faisait la cour : « *Il m'intimide tant, ce monsieur, qu'il me semble qu'avec lui je retrouverais mon pucelage.* »

Journal des Goncourt (année 1852).

Quatrain

Montijo plus belle que sage
De l'Empereur comble les vœux,
Ce soir, s'il trouve un pucelage,
C'est que la belle en avait deux.

Épigramme sur le mariage de Napoléon III et d'Eugénie de Montijo (1853).

Si une fille tarde à donner la fleur du pot à lait, c'est qu'elle n'a pas encore rencontré celui qu'elle attend pour le renverser.

Lady Wilde, *mère d'Oscar Wilde.* cf. H. L. Mencken, *Dictionary of Quotations.*

Il fut reçu docteur en droit,
N'ayant jamais à ce qu'on croit
Connu la fleur ni la fleuriste,
Et je ne sais rien de plus triste !

Maurice Donnay, *Adolphe ou le Jeune Homme triste* (1891).

— Elle a un mérite qui les résume tous : c'est une vraie jeune fille.
— Si elle n'a que celui-là, quand elle sera mariée, elle ne l'aura plus... et alors, que lui restera-t-il ?

Maurice Donnay, *Chères Mesdames,* XXX, « Un mariage » (1895).

La plus belle fille du monde ne peut donner ce qu'elle n'a plus.

Armand Silvestre (1837-1901).

Les pucelages c'est comme les porte-monnaie. Il s'en perd tous les jours... Mais on n'en trouve jamais.

Adrien Hébrard, ancien directeur du *Temps* (1833-1914).

L'honneur, c'est comme les allumettes : ça ne sert qu'une fois...

Marcel Pagnol, *Marius,* IV, 4, César (1929).

Elle était vierge. Mais de si peu que cela ne vaut guère d'en parler.

Henry de Montherlant, *Les Célibataires,* VI (1934).

Il n'est pas de virginité qui vaille l'expérience.

Mme George-Day, *Propos sur l'Homme* (1957).

Le pucelage n'est plus un trésor, c'est un fardeau. C'est un service à rendre aux jeunes filles que d'en faire des femmes. Il y a des hommes qui poussent la complaisance jusque-là.

Maurice Jeanneret.

Prendre ne doit à la chandelle : argent, toile, ni pucelle.

Proverbe français.

VIRILITÉ

Une fois n'est rien, deux font grand bien, trois c'est assez, quatre c'est trop, cinq c'est la mort d'un gentilhomme, sinon qu'il fût affamé ; au-dessus, c'est affaire à charretiers.

Bonaventure des Périers,
Nouvelles Récréations et Joyeux Devis, LXXXVI (1558).

Les testicules dépendent de la manière dont on les soulève.

Steenackers et Tokunosuké, *Cent Proverbes japonais* (1886).

Mon pinceau, c'est mon phallus.

Boldini (1845-1931).

Ni l'or ni la grandeur ne nous rendent Taureau.

Jacques Prévert, *Spectacle,* « La Corrida » (1951).

VISAGE

VISAGE. — Miroir de l'âme. Alors il y a des gens qui ont l'âme bien laide.

Gustave Flaubert (1821-1880), *Dictionnaire des Idées reçues.*

VISITE

Ceux qui me rendent visite me font honneur. Ceux qui ne m'en rendent pas me font plaisir.

Le théologien Jean Morin (1591-1659).

Celui qui ne fait pas plaisir en arrivant fait plaisir en partant.

Proverbe breton.

VOCATION

Ma vocation, c'est ma jambe.

Talleyrand (1754-1838) *qui était pied-bot, fut contraint par sa famille à prendre l'état ecclésiastique.*

VOCATION. — Un courant qu'il est bon d'entraver à sa source — pour voir si c'est un fleuve ou si ce n'est qu'un ruisseau.

Adrien Decourcelle, *Les Formules du docteur Grégoire* (1868).

Si j'avais dit à mon père, sévère ingénieur, que je voulais écrire, il m'aurait demandé : *A qui ?*

Maurice Donnay (1859-1945). — Cité par Marcel Pagnol, *Discours de réception à l'Académie française.*

La vocation est un résultat. La vocation n'est que le résultat de la pratique.

Jean Piat, *Les Plumes des paons* (1980).

VOISIN

Celui qui a un bon voisin, disent les Grecs, possède un bien très précieux. Cela est également vrai de la femme du voisin.

Nicolas Bentley.

VOIX

Elle a eu la voix prise dans une porte.

Jules Renard, *Journal,* 4 octobre 1904.

Un bonbon anglais que l'on suce avec l'oreille.

*Mot d'*Edmond Rostand (1868-1918) *sur la voix acidulée de l'actrice Suzanne Reichenberg.*

La voix est un second visage.

Gérard Bauer (1888-1967), *Carnets.*

VOLER, VOLEUR

Il y a plus de voleurs que de gibets.

Clément Marot, *Épître à Lyon Jamet, 138* (1526).

Les voleurs ont le respect de la propriété : ils souhaitent simplement que la propriété des autres devienne la leur afin de mieux pouvoir la respecter.

G. K. Chesterton (1874-1936).

Un voleur est un gaillard prêt à tout pour finir honnête homme.

Jacques Deval, *Afin de vivre bel et bien* (1969).

Voir Dupes et Filous.

VOLONTÉ

— Si j'avais eu plus de volonté, j'aurais peut-être gêné le hasard. La volonté des hommes contrarie souvent la bonne volonté du destin.

Tristan Bernard, *Triplepatte,* V, IV, La Baronne Pépin (1906).

J'ai de la volonté pour les choses qu'il faut faire, mais non pour celles qu'il ne faut pas faire.

Françoise Christophe, *France-Soir,* 21 janvier 1964.

VOLUPTÉ

Ha ! que c'est une douce mort
De mourir sans perdre la vie !

Les Satyres bastardes, « Gaillardise » (1615).

Le plaisir est comme un lit de roses, mais le pli d'une seule suffit pour incommoder beaucoup.

Fontenelle (1657-1757).

Je te vois sans cesse... la tête renversée et les paupières baissées, aux lèvres ce sourire profond et si beau qui précède l'oubli du monde...

*Lettre d'*Anatole France *à la comtesse de Caillavet* (1888).

On ne monte pas au ciel sans traverser des nuées.

Professeur Andrée Binet, *L'Amour et l'Émotion chez la Femme* (1948).

J'ai fait ça en douce
Et j'ai connu sur le gazon
La grande secousse
Et le fameux frisson.

Chanson de Mistinguett (1873-1956).

On sue bien par trop grant aise.

Proverbe français du XVIe siècle.

Voir Jouir ; Jouissance.

VOYAGE

Les voyages sont la partie frivole de la vie des gens sérieux et la partie sérieuse de la vie des gens frivoles.

Mme Swetchine (1782-1857).

Il y a moins de bénéfices à espérer d'un billet de loterie que d'un billet de chemin de fer.

Paul Morand, *Le Voyage,* Notes et Maximes (1927).

Où que l'on aille en voyage, cela fait toujours plaisir de rentrer chez soi.

Neil Armstrong, astronaute, *au retour de la Lune, en juillet 1969.*

Pierre qui roule favorise les audacieux.

Proverbe français.

VULGARITÉ

Aucun crime n'est vulgaire, mais toute vulgarité est un crime.

Oscar Wilde (1856-1900).

— Donnez-nous au moins un exemple de vulgarité. Faites-nous comprendre...
— Un exemple de vulgarité ? Eh bien, par exemple, confondre grossièreté et vulgarité.

Henry de Montherlant, *Carnets,* XXXI (1936).

Le sage parle des idées, l'intelligent des faits, le vulgaire de ce qu'il mange.

Proverbe mongol.

VULNÉRABILITÉ

Qui a le cul pailleux a toujours peur que le feu n'y prenne.

Proverbe français du XVIe siècle.

WHISKY

Le whisky ne change pas la vie, mais il modifie la vision des choses.
Exemple : avant un verre de scotch, on pense : « Cette maison est jolie, mais elle est chère. Après : cette maison est chère, mais elle est jolie. »

Cécil Saint-Laurent, *Livre des amateurs d'alcool* (1972).

ZÈLE. — Montrez-en si vous voulez, mais n'en faites jamais.

Dictionnaire de l'Académie de l'Humour français. — Pierre Valdagne (1934).

ZÉLÉ. — Se dit d'un collaborateur dont on ne peut rien dire d'autre.

Pierre Daninos, *Le Jacassin* (1962).

La composition de ce livre
a été effectuée par Bussière à Saint-Amand,
l'impression et le brochage ont été effectués
sur presse CAMERON
dans les ateliers de la S.E.P.C. à Saint-Amand-Montrond (Cher)
pour les Editions Albin Michel

Achevé d'imprimer en mars 1983
N° d'édition 7880. N° d'impression 2035-1315
Dépôt légal : avril 1983

Imprimé en France